憲法與基本法
研　究　叢　書

"一國兩制"下的
香港法治和管治研究

A Study on Rule of Law and Governance
in Hong Kong under "One Country, Two Systems"

李浩然　　著

總序

　　基本法是"一國兩制"方針的法律化、制度化，關於基本法的研究一直伴隨着"一國兩制"事業的不斷深化而演進。迄今為止，基本法研究大概可以劃分為三個階段。

　　第一階段是從 1980 年代初"一國兩制"提出，到 1990 年、1993 年兩部基本法分別獲得全國人大通過，這個階段基本法研究的主要任務是如何把"一國兩制"從方針政策轉化為具體的法律條款，成為可以操作的規範，最終的成果就是兩部偉大的法典——香港特別行政區基本法和澳門特別行政區基本法。

　　第二階段從基本法獲得通過到基本法開始實施、香港和澳門分別於 1997 年和 1999 年回歸祖國，這個階段基本法研究集中在兩個方面，一是對基本法文本的詮釋解讀，主要是由參與基本法起草的老一代專家學者進行，也有一些媒體寫作了不少著作，給我們留下了寶貴的第一手資料；二是研究如何把基本法的相關條款與政權移交的政治實踐相結合，實現港澳原有制度體制與基本法規定的制度體制的對接，這是超高難度的政治法律工程，最終實現了政權的順利移交和港澳的成功回歸。

　　第三階段是從 1997 年、1999 年港澳分別回歸、基本法開始實施以來，基本法研究經歷了一段低谷時間，大家都以為既然港澳已經順利回歸，基本法已經開始實施，基本法研究可以劃個句號了，於是刀槍入庫，馬放南山，本來已經成立的全國性研究組織"基本法研究會"也無疾而終。2003 年香港基本法第 23 條立法遇挫後，大家才意識到基本法研究不是完成了，而是從實施之日起，故事才真正全面開始。特別是近年來，在國家和香港、澳門有關部門的大力推動下，基本法研究逐漸成為顯學。2013 年更成立全國性學術團體"中國法學會香港基本法澳門基本法研究會"，內地和港澳的大學紛紛成立關於基本法的研究機構，基本法研究越來越繁榮。

有人問，基本法研究前途如何？我認為基本法研究前途光明，無論從法學理論或者政治實踐上，基本法研究都是一項長期的偉大事業。美國憲法只有七千餘字，從起草到開始實施以來，美國人和全世界的學者已經研究了兩百多年，今天還在持續不斷地研究，永無止境。各有一萬多字的兩部基本法，需要研究的問題極其複雜繁多，從某種意義上說，基本法研究比單純研究"一國一制"的美國憲法更複雜，1997 年基本法開始實施才是萬里長征邁出的第一步，漫長的路還在後邊。基本法這本書要讀懂、讀好、用好確實不容易！既然"一國兩制"是國家長期堅持的基本國策，是中國特色社會主義的重要組成部分，"一國兩制"的實踐、創新永無止境，那麼，基本法的研究也就永無止境，是值得終身為之奮鬥的偉大事業，責任重大，使命光榮。

但是，長期以來，基本法研究存在碎片化問題，成果沒有很好地整合，形成規模效應，產生應有的學術和實踐影響力。這正是編輯出版這套叢書的目的。三聯書店的朋友希望我出面主編這套叢書，我欣然應允。一方面為中國內地、港澳和海外研究基本法的專家學者提供出版自己著作的平台，另一方面也為社會公眾特別是國家和港澳從事基本法實踐的部門和人士了解這些研究成果提供方便。

這套叢書的名稱叫做"憲法與基本法研究叢書",為什麼加上"憲法"二字?我認為這是必須的,研究基本法一定不能離開中國憲法,港澳兩個特別行政區不可能離開國家而單獨存在,兩部基本法也不可能離開中國憲法而單獨存在。基本法不是從天而降獨立存在的法律文件,它們是特別行政區的憲制性法律,但絕對不能說是特別行政區的"憲法"。基本法在港澳地方層面具有凌駕地位,超越任何機關和個人,具有最高法律效力,無論行政長官或者行政、立法和司法機關,或者任何公職人員、市民都要遵守基本法,按照基本法辦事。但是在國家層面,基本法是憲法的"子法",憲法是其"母法",基本法的生命來自憲法。如果說"一國"是"兩制"之根、之本的話,憲法就是基本法之根、之本,離開國家憲法來看待基本法、來研究基本法,那就是無源之水,無本之木,基本法研究就一定會枯竭,而不會枝繁葉茂,基本法的理論和實踐就一定會走樣、變形。我們不能假裝香港澳門沒有憲法,只有基本法,不能誤國誤民、誤港誤澳。"一個國家、一部憲法",這是放之四海而皆準的真理。天無二日,國無二君,同樣國無二憲,一個國家只能有一部具有主權意義的憲法;如果一國有兩部憲法,那就是兩個國家了。既然憲法和基本法共同構成了特別行政區的憲制基礎,我們就必須把基本法研究放在整個中國大憲制架構下,根據"一國兩制"的方針,去詮釋基本法的理論和實踐。

這才是基本法的本來面目,也才是研究基本法所應採取的實事求是的科學態度。這不僅是政治上大是大非的原則問題,而且也是基本的學術誠實(intellectual honest)問題。我們必須以科學誠實的態度,以對國家和港澳高度負責的精神,立場堅定、旗幟鮮明、毫不含糊地去展現事物本來的面目，讓世人看到真相，儘管真相有時讓人痛苦。我們果斷地把"憲法"兩字加上，就是希望把基本法研究放在整個國家的憲制架構和憲法理論體系之下來展開，這樣才真正有可能發展出一套中國憲法關於基本法的次理論體系，才能真正適應香港回歸後憲制的革命性變化，為基本法定好位，為特別行政區定好位，減少無謂的政治法律爭議，把時間和精力放在建設特別行政區上。因此這套叢書就定名為"憲法與基本法研究叢書"。

在這裏，我特別感謝三聯書店（香港）提供的平台，感謝侯明女士和顧瑜女士的大力推動，讓海內外研究基本法的專家學者可以有一個穩定的出版渠道，及時發表自己的著作，為憲法和基本法的實踐、為繁榮"一國兩制"和基本法的學術研究做貢獻。

王振民

2017 年 7 月 4 日於北京

序言

　　有幸參與恩師王振民教授主編的"憲法與基本法研究叢書"，秉承法學理論和政治實踐結合的原則，我從自己的文章著作中，選取並編撰成本書，並著力探討三大主題：政治與管治、基本法與司法、國籍與對外交往。這三方面正是為"一國兩制"的實踐，帶來最核心制度創新的環節，也因而產生了大量的理論挑戰。

　　對於政治與管治問題，本書主要論述了不同地方授權模式的比較、香港政治利益整合機制的轉變探索、以及本地的基層管治問題。至於基本法與司法方面，本書主要討論了憲法在特區的適用問題、基本法解釋的理論問題、司法案例中的中央與特區關係，以及世界各地混合司法管轄制度的實踐問題。而對外交往方面，本書則主要探討了香港居民國籍問題和香港參與國際條約的問題。這些文章中，有專門針對香港情況作分析的，也有能夠幫助理解香港情況的比較研究。

　　得編輯的提議，筆者以一篇鄧小平論"一國兩制"的深意作緒言，為整書的討論立下理論背景框架，也藉此表達我對鄧公提出"一國兩制"構想解決香港問題的敬意。

　　我也趁此感謝一起撰寫這些文章，或多年來協助我進行研究的同道。另外還有三聯書店，以及侯明、顧瑜和蘇健偉等諸位同仁，感謝他們肯為基本法的研究成果提供出版幫助。

　　希望本書能夠為憲法和基本法的實踐、為"一國兩制"和基本法的學術研究做出貢獻。

李浩然博士

榮譽勳章，太平紳士

目錄

緒論

鄧小平論 "一國兩制" 的深意

原載國務院港澳事務辦公室《港澳研究》2014 年第 3 期

————————— • —————————

一、引子

從大歷史的角度來看,香港問題並不是 "資本主義" 和 "社會主義" 的衝突對抗,而是二者如何共容於 "一國" 之中的問題。"一國兩制" 便是解決該意識形態紛爭的鎖匙。"一國兩制" 的核心理念提出了一個高於各種主義的概念:民族復興和國家發展(即 "一國")作為 "兩制" 共存的基礎。根據這個理念往下發展,回歸五十年之後選擇哪一種 "主義" 繼續運作社會,便只是一種工具的選擇。只有明白設計 "一國兩制" 背後的深層意義,才能更清楚香港在整個國家發展過程中該如何自處、如何更順暢地發展與內地的關係。

"一國兩制",就是 "香港現行的政治、經濟制度,甚至大部分法律都可以保留。當然,有些要加以改革。香港將實行資本主義,現行的許多適合的制度要保持"[1]。"一國兩制" 是解決中國統一問題的具體制度安排,背後具有深層次的政治理念,並與當代 "資本主義" 和 "社會主義"、中國的發展方略概念有著千絲萬縷的關係。時任英國首相戴卓爾夫人將 "一國兩制"

稱為一個"天才的政治構想"，鄧小平的回應是："如果'一國兩制'的構想是一個國際上有意義的想法的話，那要歸功於馬克思主義辯證唯物主義和歷史唯物主義，用毛澤東的話來說就是實事求是。"[2]

在香港問題的整個解決過程中，始終有三個主要的爭論點：主權問題、1997年以後中國採取什麼方式來管理香港、中英兩國政府如何使1997年前的十五年不出現重大波動。"一國兩制"根本而言是一個具有創造性的方案，不僅要解決和平收回主權的問題，更要解答收回之後如何管理的問題。香港回歸以後，在社會主義主體裏面突然出現了一個完全是資本主義的小局部。香港的整個社會結構都是資本主義的，跟社會主義的內地存在著主義上的對抗，如果不妥善解決這個問題，將意味著國體的迷失。如果對香港實行社會主義改造的話，遇到的問題同樣巨大，和平解決香港問題更難實現。

香港問題到最後，就是一條路，就是從理論和思想上解決兩制共存的問題。而這條路需要全新的理論支持。鄧小平把此構想歸功於馬克思主義，向我們指出研究"一國兩制"的方向：不僅有"兩制"，還有"一國"。"一國"是"兩制"的前提，也是解決"兩制"共存的關鍵。"一國"不僅僅是國土、政權的統一，更重要的是它創造了一個更加統一，也更加適合中國國情的新政治理念。

二、"一國兩制"提出的歷史背景

從近代歷史上看，中國遭遇列強數次入侵，國土淪喪。

由於 1840 年鴉片戰爭的戰敗，1842 年清政府與英國簽訂《南京條約》，永久割讓香港島；1860 年第二次鴉片戰爭戰敗，同年與英國簽訂《北京條約》，永久割讓九龍半島南端；1898年，英國以《展拓香港界址專條》租借新界，租期 99 年。

1557 年，葡萄牙人正式取得在澳門的居住權；1845 年，葡萄牙單方面宣佈澳門為 "自由港"；1849 年，葡萄牙人趕走清政府駐澳官員；1851 年侵佔澳門半島南部的氹仔島；1863 年侵佔澳門半島中部的塔石、沙崗、新橋、沙梨頭、石牆街各村；1864 年佔據澳門半島南部的路環島；1874 年強行將關閘界北移；1879 年佔據澳門半島中部的龍田村；1887 年與清政府簽訂《中葡會議草約》和《中葡北京條約》，規定 "中國允准葡國永駐管理澳門及屬澳之地，與葡治理他處無異"。

1894 年甲午戰爭戰敗，1895 年與日本簽訂《馬關條約》，割讓台灣、澎湖等島嶼；1945 年，日本第二次世界大戰戰敗，歸還割地。

1949 年中華人民共和國成立，建國前一天通過的《中國人民政治協商會議共同綱領》規定："中華人民共和國為新民主主義即人民民主主義的國家，實行工人階級領導的、以工農聯盟為基礎的、團結各民主階級和國內各民族的人民民主專政，反對帝國主義、封建主義和官僚資本主義，為中國的獨立、民主、和平、統一和富強而奮鬥。"

1986 年，鄧小平在回答美國記者華萊士的提問時，談到統一問題的必要性："這首先是個民族問題，民族的感情問題。凡是中華民族子孫，都希望中國能統一。"[3] 香港問題、澳門問題是主權問題，台灣問題是內政問題。

中華人民共和國成立以後，面臨的局面是如何解決統一問題，不僅僅是政權的統一問題，而且是民族的統一問題。也就是說，由於歷史原因，在不同制度下生活的內地 / 大陸人、香港人、澳門人、台灣人，如何都成為繼承歷史的中國人。解決 “兩制” 共存的契機正在於此：要用一個在內涵上更深更強的 “一國” 理念來統一。社會主義與資本主義的對抗，是馬克思在分析解決歐洲問題時提出來的解決方法。它並沒有、也不可能是為了解決中國歷史問題提出來的。而中華民族的重新統一，才是具有中國國情的現實問題。因此，在主義之爭的問題上，還有一個更大的挑戰，那就是中華民族與世界其他民族的關係，也就是自鴉片戰爭以來的民族復興、崛起，屹立於世界民族之林的迫切需要。所以說，國家統一也就是民族復興工程的其中一個組成部分。

三、“一國兩制” 的核心理念：民族復興和國家發展

“一國兩制” 的核心理念是提出了一個高於各種主義的概念：民族復興和國家發展（即 “一國”）作為 “兩制” 共存的基礎。

（一）提出民族復興和國家發展作為高於各種主義的概念

馬克思根據歐洲經驗，提出的具體解決方案具有歷史性和地域性，但是他據以得出這些方案的思想卻具有理論普遍性。所以，在運用馬克思主義來解決中國問題時，鄧小平便特別強調解放思想。“不解放思想不行，甚至於包括什麼叫社會主義這個問題也要解放思想。”[4] “解放思想，就是使思想和實際相符

合，使主觀和客觀相符合，就是實事求是。"[5]

馬克思用社會制度作為實現理想的途徑，所以他不能允許
不同性質工具的共存。[6]要解決兩制共存問題，就要繞過社會制
度和理想之間的必然聯繫。從制度層面上看，中國近代歷史經
歷了數次重大轉變，包括帝制的終結，以及社會主義和資本主
義分據的局面。於是，主義的對抗成為了民族統一問題上一個
難解的死結。但問題是民族概念是否必須建立在制度的統一之
上？那麼，現在問題的關鍵，便從主義之爭轉換到了去尋找中
國人的民族認同上。

"一國兩制" 構想提供的解決香港、澳門、台灣問題的創造
性，正在於用 "一國" 的認同來消解社會主義和資本主義之爭。
這個方案符合中國實情，能和平地解決統一問題。在同一民族
和國家的基礎之上，原有的社會主義和資本主義能夠共存。而
該方案並沒有違反中國共產黨堅持走社會主義道路的原則。鄧
小平在談到這個問題時說，"中國的主體、十億人口的地區堅
定不移地實行社會主義。主體地區是十億人口，台灣是近兩千
萬，香港是五百五十萬，這就是十億和兩千萬和五百五十萬人
的關係。"[7]允許一部分人、一部分地區先富起來，然後共同富
裕。香港、台灣、澳門獨立地看是資本主義私有制，但是在 "一
國" 的背景下，不談公有制和私有制，只從發展水平的角度看
就成了部分地區率先發展。

（二）主義工具化服務於 "一國"

馬克思主義解決傳統社會和制度爭論的方法，是用另外一
套制度來推翻代替舊制度。[8]正如《哥達綱領批判》中所言："社

會主義社會是剛剛從資本主義的社會中產生出來的，因此它在各方面，在經濟、道德和精神方面都還帶著它脫離出來的那個舊社會的痕跡。"[9] 也就是說，社會主義或者共產主義對待資本主義，只有舊制度的痕跡，卻無法容忍舊制度整體地存在，共存更是不可能。馬克思主義對於對立的統一方法是一種徹底的否定，不僅否定了對立，連對立雙方也否定了，於是有了巴黎公社、俄國革命等形式。

前面已經論及，香港問題的和平解決，有賴於對立雙方共存的統一，而非壓倒性地否定和批判。"一國兩制"方針提出，香港回歸後繼續走資本主義道路，並至少保持五十年不變。曾經有一位日本友人問，為什麼是五十年，有什麼根據。鄧小平的回答是："中國要真正發達起來，接近而不是說超過發達國家，那還需要三十年到五十年的時間。如果說在本世紀內我們需要實行開放政策，那麼在下個世紀前五十年內中國要接近發達國家水平……如果開放政策在下一個世紀前五十年不變，那麼到了後五十年，我們同國際上的經濟交往更加頻繁，更加相互依賴，更加不可分，開放政策就更不會變了。"[10] 可見，五十年不變的理據來自於經濟發展，或者說生產力。這一思路來自於對社會主義本質的再認識。五十年後，香港和內地經濟狀況趨近的時候，即在生產力發展能力上達到同一水平之後，香港仍舊無須轉變其資本主義制度。

可是，共產主義作為一種解決歷史上社會形態對抗的解決方案，由於採取的是徹底否定的方式，所以共產主義與資本主義、封建社會也是對立的。這種對立表面上體現為社會結構不同、生產力發展之容量不同，實際則體現在是否有超越社會之完善人性的理想上。這種理想的實現是需要社會和經濟基礎的。21 世紀中葉以後，雖然社會主義與資本主義在經濟基礎上趨同了，甚至超過了資本主義，但是在社會結構上，社會主義理論認為，資本主義仍舊不具備實現超社會理想實現的可能性，因為根據社會主義理論，資本主義普遍的私有制和貧富分配不均使得個人處於壓抑、屈從的地位，人性無法解放。可以設想，五十年後，甚至更長的時間，只要香港實行資本主義制度，在理想的層面上雙方仍然是對抗不兼容的。當然，同樣可以依照生產力發展原理設想，兩地便會順從經濟規律而自動選擇具有優越性的制度來運作社會，而 "主義" 的分別實際上也不會再存在了。可是，這個設想不是 "一國兩制" 所賴以解決香港問題的關鍵。兩種制度的共存和統一才是此構想的重點所在。

四、再認識運動造就 "主義" 工具化的理論環境

上世紀 80 年代以前，社會主義和資本主義相互競爭。二者在社會生活的事實層面上並沒有必然的對抗性，但對社會的解讀則存在不同的標準。例如資本主義強調個人自由優先於社會，所以社會正義就是多數人的決定，因而強調程序正義的重要性。而社會主義則重視平等，重點研讀社會與個人的關係，因而強調個體權利的同時，也強調義務的重要性。這種不同的標準，因 20 世紀 80 年代以前兩大陣營的緊張關係，在政治現實層面上異化為不可改變的主張，且雙方都沒有鬆綁的餘地。

隨著改革開放，內地進行了對於社會主義本質的再認識運

動，從而帶來了政治理念的轉變。這場運動的主要發起人物是鄧小平。他曾說過，我們曾經浪費了二十年的時間。這是指中華人民共和國成立以後在經濟建設上，經歷了從 1957 年至 1960 年的"大躍進"，以及 1966 年至 1976 年的"文化大革命"。說這二十年浪費了，是有前提語境的，那就是"在經濟建設上"。這是用數字作為標準，這個說法的正確性並不難證明，但問題是為什麼要站在經濟指標上來討論？在"文化大革命"時期，經濟問題並不是主義之爭的核心，而是在異於經濟的其他方面產生了爭執的焦點。這個焦點的內容是什麼，對解決本文的問題並不重要，重要的是焦點改變了。焦點的改變意味著在競爭上已經轉換了標準，一種新的標準產生了。

中國共產黨以馬克思主義來指導中國革命實踐，"而馬克思象赫拉克利特一樣斷言，一切事物都處於流變之中，而所有的流變都是運動。要理解所有事物的特徵，有必要把握運動的普遍規律，即支配自然、人類歷史和思想的規律。"[11] 毛澤東被譽為馬克思主義思想的忠實繼承者，然而他所進行的革命，並不是重述馬克思的理論，而是把馬克思主義與中國革命實踐相結合。他的主張在於把馬克思、恩格斯創立的辯證唯物主義和歷史唯物主義"用中國語言概括為'實事求是'四個大字"[12]。顯然在馬克思主義與中國革命實踐之間是有一些距離的，不僅中國的革命者們意識到這個問題，馬克思自己也早就提示"不可能完全地、一勞永逸地解釋事物，而只能解釋事物的變化"[13]。這與他認為"事物既沒有本質也沒有固定的存在，他們是歷史或過程"[14] 的思想是一致的。

轉變發生在 20 世紀 70 年代末，"從以階級鬥爭為綱轉到以四化建設為中心，從停滯封閉轉到改革開放，還有當前進行的各種改革工作，都是在變。"[15] 這次的轉變將爭執焦點移到了經濟問題上，"社會主義的根本任務是發展生產力，逐步擺脫貧困，使國家富強起來，使人民生活得到改善。"[16] 焦點的轉換產生了一些問題，就是如何對待原有的焦點。於是，改革進行過程當中，不得不對社會主義的本質以及社會主義與資本主義的區別和關係做出新的解釋。於是，在經濟焦點下，闡述社會主義的原則也就理所當然地使用經濟的角度。如何判斷我們是否還堅持社會主義原則呢？"一條是公有制經濟始終佔主體地位，一條是發展經濟要走共同富裕的道路，始終避免兩極分化。"[17] 這與建黨初期的鬥爭對象"三座大山"已有很大的差別了。正名不僅僅是要重新建立政治主張的標準，還必須要解釋說明焦點或者標準的轉換是合理的。

馬克思主義的原則被認為在實踐中發展了。馬克思花了大量的精力來研究經濟問題，想通過掌握經濟發展的規律來解讀現代社會。他的重要批判對象是傳統的政治經濟學——把資本主義看作一個靜止的原則。因此，馬克思關於資本主義必然滅亡的論斷，闡明的原理同樣是運動變化的。進一步追問：是什麼因素使資本主義趨向滅亡？馬克思主義經濟學研究得出的結論是生產力。生產力是不斷發展的，而由於結構的原因，每種社會形態，對生產力都有一定的限制，當生產力發展突破該限制的時候，這個結構也就被摧毀了。資本主義的產生被認為是一次生產力的解放，而解放後的生產力重新又被桎梏起來。再次的解放將毀滅這個昔日的解放者，而新的解放者則是一個有更大"容量"的結構，這就是共產主義。馬克思在哲學上發展運動的思想被運用到經濟領域，解釋了社會發展的規律。以馬克思主義理論推動改革的鄧小平說："在我們中國共產黨看來，普遍真理有這樣一條，就是消滅封建主義、資本主義，實現社會主義，將來還要實現共產主義。"[18]

現在可以看出，上世紀 70 年代末期對社會主義本質的再認識，就可以被合理地理解了。在這種認識下，經濟建設雖然是"現階段"的主要任務，然而它所表達的內涵卻是新的社會研讀標準，即資本主義和社會主義的不同社會結構。社會結構的差異需要通過生產力來界定。這種界定的標準是生產力容量，而不是生產力的實際數值。因此，當時資本主義發達國家國民生產總值普遍高出社會主義國家並不能作為反面的證據。當前的情況被看作"社會主義初級階段"，鄧小平評價說："現在雖說我們也在搞社會主義，但事實上不夠格，只有到下世紀中葉，達到了中等發達國家水平，才能說真的搞了社會主義，才能理直氣壯地說社會主義優於資本主義。"[19] 如果按照經濟發展"三步走"的計劃，在 21 世紀中葉，中國的經濟實力將達到中等發達國家水平。此時，對抗雙方剛剛站到同一條起跑綫上，"比賽"才開始。鄧小平認為，當資本主義經濟發展停滯時，社會主義仍然能繼續發展，其優越性便體現出來。這種勝利正是結構的勝利，而不是數值的勝利。所以他提出，"姓'資'還是姓'社'的問題，判斷的標準，應該主要看是否有利於發展社會主義社會的生產力，是否有利於增強社會主義國家的綜合國力，是否有利於提高人民的生活水平。"[20]

回到兩種主義的競爭關係上，對社會主義本質的再認識，"解放了思想"，轉換了競爭焦點，即改變了本身的標準，這種轉變符合馬克思主義變化發展的哲學。這裏必須提到兩種轉變的模式。一種是僅僅改變了所謂"彼"和"我"的內容和界限，另一種則是在消滅原有"彼"和"我"的基礎上，上升到更高層次的"我"（即"正、反合論"的基礎）。對轉換模式的選擇會導致出現如下局面：無論如何尋找、研究"彼"、"我"的真正界限在哪裏，最後都會回到彼此的絕對對立；而且這種對立是無法化解的，結果是在對立中僵滯，變化發展便不可能繼續進行。要繼續發展，只能否定現有的對立局面，在否定中造就更進一步的"我"，也同時產生對應的新的"彼"，以及新的對立面。這就是馬克思主義對立統一的辯證方法。第一種轉換模式的問題是，它雖然使"彼"、"我"的內容和界限改變，但是該轉變從來沒有經歷一個"彼"、"我"統一的過程。第二種模式則產生了統一。前者改變的僅僅是爭的內容；後者則將"彼"、"我"統一到了一個新的名下，產生的新爭論也將在此新名下進行，其爭執的問題也將不同於原來的領域。後一種轉換模式對於在思想上解決香港問題非常重要，也是本書用以解讀"一國兩制"的基本思路。

當鄧小平重新出來主持中央工作的時候，"主義"的競爭關係問題才算進入到一個新的階段。前面已經論及，在爭執焦點以外的模糊領域，通常被"彼"、"我"雙方作工具化處理，擇善而取。爭執焦點的轉換造成的結果之一，是開放的局面。該局面正是由於原來的焦點已經從該領域被移除，使得該領域有可能被工具化，如引進市場經濟。這段時期一系列的正名工作完成了"社會主義也可以有市場經濟"的論證。之所以需要進行這項工作，正說明市場經濟在原來的爭論中處於焦點位置，是非此即彼的問題。其他在原有爭論中被認為是不可動搖的原則，在焦點轉換之後也可以作為工具，進入到日常的生活，具體表現就是改革開放。而諸如私有制的問題，貧富分配的問題仍舊不可動搖。這並不是因為開放的議程還沒有進入到那一步，而是由於這些問題本身是當前爭論的焦點，是非此即彼的，也是不能開放的。這些問題維繫了當下"我"對於我之所以為我的認識和界定。一旦以工具化處理，則將導致"我"的迷失。

所以"我們發揮社會主義固有的特點，也採用資本主義的一些方法，目的就是要加速發展生產力"[21]。在"浪費了的二十年"中，社會主義與資本主義處在一種更為全面的對抗當中，就是常說的"左"的路子。諸如金融市場、企業管理，以及法治等等，並不被認為是工具，而是資本主義本身。而焦點轉換之後，都從對抗中開放，降格為工具、方法和手段，與在歷史上更早時期所引進的物質設備處於同樣的層面上。所以，"引進先進技術設備後，一定要按照國際先進的管理方法、先進的經營方法、先進的定額來管理，也就是按照經濟規律管理經濟。"[22] 承認外國的管理、經營方法符合經濟發展規律，可以為我所用，實現"我"的目的，因而也就脫離了對主義、形式的執著。

五、結語

總之，"一國兩制"作為一種政治主張，把上世紀 80 年代之前的那種不可變的"資本主義"和"社會主義"之爭的內涵，降格為工具層面。並同時提出一個更高層次的統一概念：民族復興和國家發展，為“兩制”的並存提供了政治理念。按這個理念往下發展，回歸五十年之後選擇哪一種“主義”繼續運作社會，就只是一種工具的選擇。屆時，根據鄧小平對內地經濟發展的預測，兩地已經不會存在明顯的差別。兩個地區便會自然而然地選擇更加良好的社會運作工具，或是兩地已經摸索出一種新的社會模式。這是建基於經濟發展所做出的政治預測。只有到了那個時候，整個回歸的過程才算完成。所以，回歸一方面是解決眼前的問題，另一方面更是中國國家發展工程的一個組成部分。而這個國家發展工程背後反映的是民族復興的理想。

只有明白設計“一國兩制”背後的深層意義，才能更清楚香港在整個國家發展過程中該如何自處、如何更順暢地發展與內地的關係。

| 註釋 |

1. 鄧小平：《鄧小平論 "一國兩制"》，香港：三聯書店（香港）有限公司 2004
   年版，第 2 頁。

2. 同上，第 37 頁。

3. 同上，第 44 頁。

4. 鄧小平：《鄧小平文選》第二卷，北京：人民出版社 1994 年版，第 312 頁。

5. 同上，第 364 頁。

6. 馬克思解決傳統社會形態之爭的方法，是批判地發展超社會的人性理想。古
   典哲學家堅信人性的完善，但也必須要通過不平等的制度來實現對於整體人
   類生活的善意管理。其中著名的比如柏拉圖筆下描繪的那個由哲學王統治的
   共和國。在這個共和國中，那些生活在銀質和銅質階層的人們由於天生的愚
   昧也只配享有辛勤的勞動和服從。而共產主義社會卻是讓至少大多數人都能
   徹底解放。這個理想被認為太高、太樂觀也太不切實際。可是我們應該嚴格
   地區分 "共產主義理想" 和 "共產主義社會"。共產主義理想追求的是人性
   的徹底解放，當它實現的時候當然是人人皆為堯舜的大同盛世，此時社會已
   經沒有存在的必要了，一切的作為手段的制度都將消亡在人對其自身目的性
   的認同和實現當中。然而當它還處於理想狀態的時候，人性仍舊還是被蒙蔽
   的、是有待完善的。因此，共產主義社會所面對的仍然還是待完善的人，他
   們的種種缺陷並沒有被馬克思所忽略，所以制度、強制仍然存在，即社會形
   態並沒有消亡。可是，社會的目的卻不以自身存在為目的，而是完全把自己
   降低到工具的地位，以協助實現人性的解放和完善。人類將面對的是全新的
   時代，人們不再為了滿足需要而奮鬥，而是為了實現更高的目標。共產主義
   社會並不是歷史的終結，而只是一個舊歷史階段的結束和新歷史階段的開端。

   實際上，該理想是古典哲學一直在追求的目標，雖然在名稱和論證上有不同
   的發展，但無論是人性的完善還是人的自由，最終目標是一致的，就是要人
   認識到何為人並且依此去實現。只不過馬克思採用了不同的實現路徑，他並
   沒有去尋求個人修煉、昇華的方法，而是用了更普遍全面的方法 —— 社會制
   度。與此相反，啟蒙思想家們，則反覆宣說了一個事實，人性的種種缺陷是
   不可避免的，要結束人與人的普遍戰爭，只有在妥協中結成社會。社會本身
   並不具有高尚的目標，也不擔負拯救的重任，它僅僅是一種秩序化的生活方
   式。社會的目的就是維持動態的平衡，使得其中之各種力量相互制約不至於
   越軌，可以說其目的就是自身。因此，社會人這個概念自然只能具有工具的
   意義。資本主義理論正是指向這樣的生活狀態，所以它的制度越精細、運作

緒
論

越有效，對於社會的認可就越穩固。而慾望、權利觀念等等，作為社會用以控制人的手段更是獲得神聖不可侵犯的地位，這正是馬克思要反對的狀況。共產主義理想追求恢復人性，要超越社會禁錮，實現解放。另一方面，從"彼"、"我"關係上來看，人性對於社會的超越也將解決社會形態當中長期的對抗，而在共產主義理想中得到新的統一。人們關注的問題將不是社會結構、經濟制度的差異，而是人性的完善與否。

7. 鄧小平：《鄧小平文選》第二卷，第 103 頁。

8. 鄧小平同時也引用馬克思主義哲學把問題上升成為民族問題。

9. 〔德〕馬克思、〔德〕恩格斯：《馬克思恩格斯文集》第三卷，北京：人民出版社 2009 年版，第 434 頁。

10. 鄧小平：《鄧小平文選》第二卷，第 102–103 頁。

11. 〔美〕列維·施特勞斯、約瑟夫·克羅波西主編，李天然等譯：《政治哲學史》，石家莊：河北人民出版社 1993 年版，第 935 頁。

12. 鄧小平：《鄧小平文選》第二卷，第 278 頁。

13. 同上，第 926 頁。

14. 同上，第 934 頁。

15. 鄧小平：《鄧小平文選》第三卷，北京：人民出版社 1994 年版，第 283 頁。

16. 同上，第 264–265 頁。

17. 同上，第 149 頁。

18. 鄧小平：《鄧小平文選》第一卷，北京：人民出版社 1994 年版，第 259 頁。

19. 鄧小平：《鄧小平文選》第三卷，第 225 頁。

20. 同上，第 372 頁。

21. 同上，第 149 頁。

22. 鄧小平：《鄧小平文選》第二卷，第 129–130 頁。

政治與管治

單一制國家地方授權模式的新發展
—— 英國 "蘇格蘭模式" 和中國 "一國兩制" 比較研究及兼論英國的權力下放改革

原載國務院發展研究中心港澳研究所《港澳研究》2008 年春季號，

內容經過更新整理

—— ● ——

英國的 "蘇格蘭模式" 和中國的 "一國兩制" 模式是單一制國家中央向地方授權模式的兩種新發展。"蘇格蘭模式" 是英國政府根據《蘇格蘭法》及相關文件的規定向蘇格蘭議會授予部分的國家原始立法權，及向蘇格蘭行政機關授予相應的行政權力（多以私法途徑運用於公共領域）；中國的 "一國兩制" 模式則是中國中央政府通過憲法途徑建立特別行政區，並以基本法授予相應的管理內部事務的權力。這兩種模式所使用的法律框架截然不同。英國使用的是 "協議書模式"，中國使用的則是 "憲法性文件模式"。這兩種法律模式的影響不同，主要反映在英國的新形式議會至上原則 vs 中國的司法參與，以及英國的普通法解釋 vs 中國中央政府和特區司法機關的基本法解釋。這兩種模式都豐富了單一制國家中央與地方關係的理論，增強了單一制國家的地方民主化和行政靈活性，並在維持中央 "原權力" 的基礎上，將行使國家權力的制度安排向多元化方向拓展，從而為不同社會政治背景的單一制國家提供了重要的授權模式參考。

一、英國"蘇格蘭模式"和中國"一國兩制"地方授權模式比較

（一）豐富了單一制國家中央與地方的關係理論

1. 增強了單一制國家的地方民主化和行政靈活性

"蘇格蘭模式"和"一國兩制"模式對單一制國家的中央與地方關係具有重要發展意義。傳統的單一制理論認為，國家是由一些沒有自主權的普通地方區域組成，國家權力主要集中在中央政權機關，地方政府只是中央政府的派出機關，代表中央政府在地方行使國家權力。因此，需要建立起一個全國統一的政治制度（包括統一的立法機關、法律制度和一部憲法），以方便中央政府行使權力。這種追求統一制度的政治理念容易忽略地方區域的特殊利益。與之相反，聯邦制認為國家只把涉及主權和防衛的部分權力交給聯邦政府行使，各聯邦成員仍然保留大部分對內權力，可以更好地顧及地方區域的獨特利益，因此，幅員遼闊的國家實行聯邦制要比單一制優越。

但"蘇格蘭模式"和"一國兩制"也可使單一制國家的中央對地方授權呈現出多樣性和靈活性。這兩種模式使得單一制國家的地方政府在不具備獨立主體資格的情況下也可根據中央政府的授權而行使部分本屬中央政府行使的權力，容許單一制國家在地方政府不具備獨立主體資格的情況下，與中央機關就

權力的行使進行協商，並獲得授權。這種安排不但能促進地方
行政民主化在幅員遼闊的單一制國家中得到發展，也使其地方
行政更加靈活，能夠擺脫全國統一制度的掣肘，而更好地適應
地方的獨特利益。

　　"蘇格蘭模式"和"一國兩制"模式的關鍵是抓住了單一制
國家的核心問題 —— 國家創設的權力重心，並在該權力重心框
架下使國家的權力形式向多元化地方形態拓展。這反映出 20 世
紀 90 年代以來行政程序民主化的進步。

2. 在維持中央"原權力"的前提下達到行使國家權力的機制呈現多元化格局

　　"蘇格蘭模式"和"一國兩制"模式的核心，是在不改變單
一制國家"原權力"來源的前提下，以靈活的安排處理中央與
地方的關係，實現中央權力與地方權力之間的巧妙平衡。"蘇格
蘭模式"通過《蘇格蘭法》建立了蘇格蘭議會，並在該法的附
件五中規定了英國國會保留的權力，以及授予蘇格蘭議會的部
分原始立法權。由英國政府和三個獲得授權的地方行政機關（包
括蘇格蘭、威爾士和北愛爾蘭）簽訂的一份諒解備忘錄和四份
協議書提供了進一步的法律框架，內容分別涉及國際關係、歐洲
聯盟、對工業的財政支持，以及統計和公共紀錄等事務。另外，
由英國政府的各個部門和該三個地方行政機關簽訂的 24 份雙邊
協定也對此做出了規定。中國的"一國兩制"模式則根據《中華
人民共和國憲法》（以下簡稱"憲法"）成立了特別行政區，並
通過基本法確立了特別行政區的政治、經濟、法律和社會模式。

　　中、英兩國的經驗表明，在單一制國家的權力結構下，行

使國家權力的制度安排是可以透過法律文件來分工的。單一制國家行使國家權力的機制，並不是傳統理論當中只有從上而下的一塊鐵板，也可以是多元化、具有靈活性的。而中央政府行使國家權力的途徑，也不是只能夠直接地由中央政府行使立法權力，而地方政府負責執行。英國的經驗是，國家立法權當中的蘇格蘭內部立法權，由原來只掌握在英國國會的手中，透過授權改變成由英國國會和地方議會（如蘇格蘭議會）共同掌握。中國的經驗則是，國家立法權當中的特區內部立法權，從原來只掌握在全國人民代表大會的手中，透過授權改變成由全國人大和特別行政區立法會共同掌握。在行政權方面，英國是透過四份協議書及 24 份雙邊協議把權力授予三個地方行政機關。中國則是根據基本法的規定，把特區內部行政事務的管理權授予特別行政區行政長官。

　　中、英兩國授權經驗的關鍵是在中央所維持的國家權力的源頭之內，安排中央和地方的立法機關，分工進行原始立法。即在一個國家權力源頭設立兩個進行原始立法的制度安排，如英國國會和英國國會所授權的蘇格蘭議會並行、中國全國人民代表大會和全國人大所授權的特別行政區立法會並行。這與過去單一制國家下，只能由一個立法機關行使國家權力、進行原始立法的安排有很大不同。當然，兩個分工制度是不同的。英國透過《蘇格蘭法》附件五的規定保留了英國國會的立法權，並把之外的權力劃歸於蘇格蘭議會。中國則透過基本法保留了中央人民政府關於國防、外交等對外事務的權力，而將管理對內事務的權力授予特別行政區。需要說明的是，這兩種模式都不排除原立法根源對已經做出授權的事項進行立法。

中、英兩國經驗中關於權力安排的規定顯示出一個重要特點，就是國家權力中的任何部分都可以做出授權，包括傳統的單一制理論所通常認為的必須掌握在中央手裏的核心權力，如英國地方議會的原始立法權，以及中國特別行政區的終審權等。

但是，這種授權並不等於英國國會或中國全國人大因此失去了所授予地方的權力。英國國會和中國全國人大所擁有的是國家權力的"原權力"，地方議會所擁有的原始立法權力是這種"原權力"的一種延伸，是通過中央授權而產生。因此，這種授權不會對中央權力有任何削弱。基於這種前提，英國國會承諾不會就蘇格蘭內部事務自行立法，中國政府也承諾在依法行使外交和國防事務等權力外，不干涉屬於特別行政區"高度自治"範圍內的事務。

中央對地方的授權以及對所授予地方權力的尊重，造成國家權力行使過程的多元化格局。這種多元化格局的基礎，是需要結合中央的原權力才能出現的。從立法的技術層面看，英國的《蘇格蘭法》採取反面排除的方法給蘇格蘭議會授權，把英國國會保留事項以外的權力全部交給蘇格蘭議會；而中國的特別行政區基本法則是透過正面的方式羅列出授予特區的權力。顯然，如果"原權力"不存在的話，就不會出現排除或羅列地方權力的內容。

（二）"蘇格蘭模式"和"一國兩制"模式的法律框架

1. 協議書模式 vs 憲法性文件模式

中英兩國政治背景的不同導致它們通過不同的法律途徑對地方進行授權。英格蘭和蘇格蘭擁有基本相同的政治制度和法律系統。因此，英國政府對蘇格蘭的授權可比較單純地站在行政角度考慮並通過相應的法律程序來完成，即英國國會透過《蘇格蘭法》對蘇格蘭議會進行立法權的授權，英國政府通過相關的諒解備忘錄、協議書和雙邊協議對蘇格蘭的行政機關進行行政授權。其餘的制度問題（包括總體政治結構、地方經濟和社會制度等）則繼續按照全國性制度實行。"蘇格蘭模式"涉及的相關協議書主要是英國國會與蘇格蘭議會，以及英國政府與蘇格蘭行政機關之間的約定，協議書性質屬私法文書，均無法律效力。但由於立法和行政事務又屬公法範疇，因而形成了這些文書既是私法、又有公法元素的複合性法律性質。

中國內地與香港、澳門的政治、經濟、社會制度和法律體系根本不同。基於這種情況，中國政府對特別行政區的授權就選擇了"憲法性文件模式"，即從憲法層面著手，透過憲法和相關的憲法性文件來確保內地的社會主義和香港、澳門的資本主義制度並行。這樣，特別行政區基本法就應運而生，成為特別行政區的憲法性法律文件，對特別行政區的政治、經濟、法律、社會體制以及居民的權利義務等問題都做出明確規定。

從憲法學角度看，"蘇格蘭模式"所使用的憲法體系還是原本全國性的那套，"一國兩制"模式所使用的憲法體系則是憲法加上特別行政區基本法作為憲政架構。這兩種授權模式都是在尊重並保證中央"原權力"的前提下授予地方一定的實際權力。但是，兩者在立法的技術層面上卻有很大差別。《蘇格蘭法》和相關協議書沒有事先設定權力範圍，而是在就具體事務進行協調後（如議會、行政、財務安排、稅務安排和司法運作等），通過訂立相關協議書文件來規定該項事務。特別行政區基本法則是預先設定一個框架，界定好中央和特區的權力分配，然後由相關的中央立法機關、行政機關，或特區立法機關、行政機關各自制定細則和負責實施。

這樣的安排，當然與上述的環境背景和授權情況有關。但是，英國的普通法和不成文憲法背景也在當中起了一定的作用。這種法律安排實際上就是把私法運用在公共事務上的一個明顯例子。與英國不同的是，中國實行大陸法系，更加重視法律體系的完整性和成文憲法，因此制定出基本法作為規管特區事務的憲法性特別法。[1]英國的情況是沒有成文憲法，所以更傾向把政治制度安排具體事務化。當然，這兩種法律安排都有值得互相借鑒的地方。

2. 兩種法律模式所導致的影響

"蘇格蘭模式" 主要是依據中央和地方政府的內部協議來確定授權內容，因此，授權安排及相關問題的解決主要是透過行政手段，通過中央和地方政府的雙方協商來確定。如果需要進入司法程序，基於相關協議的私法性質，法院的裁決雖然會有公共事務方面的考慮，但會主要根據雙方協議的內容來裁決。這樣，英國議會主權至上的傳統加上現時的中央和地方議會權力分配協議文件，演繹出一套新的議會主權至上原則，即中央和地方議會的地位至上。只要中央和地方議會在規定的範圍內行使權力，就在該範圍內擁有最高權威。由於該種模式的相關協議文件均屬具體的操作性指導文件，加上普通法的文義解釋傳統，法院在做出裁決時會主要依據協議的內容。這就強化了文義主義在有關授權問題司法運作上的作用。

"一國兩制" 模式由於授權內容是依據憲法性文件來確立，因此也就促進了公法主義在授權問題上的應用。憲法性文件具有概括性和一般性特質，因而也就經常需要透過司法解釋來加以明確闡述，如香港回歸以來，對基本法做出司法解釋的案例就達到 270 個左右之多。[2] 司法解釋往往需要引入價值判斷和立法原意作為依據，也容易促成司法機構地位的提升。

這兩種不同的法律安排對修改已做出的授權也會有不同影響。在英國的協議模式下，修改過程從法理上來說只需要中央政府和地方政府雙方同意便可。中國的 "一國兩制" 模式就需要根據修改憲法性文件的特別規定來處理。如根據香港基本法第 159 條規定，基本法的修改需要經過香港特區的全國人民代表大會代表三分之二多數、香港特區立法會全體議員三分之二多數和行政長官同意後，交由香港特別行政區出席全國人民代表大會的代表團向全國人民代表大會提出。一般來說，憲法性法律的修改都要比一般法律的修改更加嚴謹。所以，"一國兩制" 模式有助維持授權安排的穩定性，而英國的協議模式則更具動態和靈活性。

（三）授權的具體運作問題

1. 西洛錫安[3] 問題和地方對國家事務的參與

英國國會議員是由英格蘭、蘇格蘭、威爾士和北愛爾蘭四個地區的選民選出。蘇格蘭議會和英國國會實行地方授權後，英國國會議員不能再就西洛錫安事務進行投票，而蘇格蘭選出的英國國會議員卻可以繼續就英格蘭事務進行投票。這樣，蘇格蘭選出來的國會議員就享有不公平的優越地位。學術上稱這種情況為"不對稱聯邦主義／邦聯主義"（Symmetrical Federalism／Confederalism），即比較弱勢的一方得到直屬中央的地區所不能享有的優越待遇。香港的情況某種程度上與此類似。

由於倫敦的西敏寺（Westminster，或譯為威斯敏斯特）除了對英格蘭內部立法負責之外，同時還是英國國會成員，所以英格蘭居民只有選舉國會議員的權利。相比之下，蘇格蘭居民則擁有兩個投票權：一是選舉自己地方議會的議員，二是選舉國會的議員。蘇格蘭在國會的議員有權投票決定全國事務（包括英格蘭事務），而英格蘭在國會的議員卻沒有權利決定蘇格蘭的內部事務。

《蘇格蘭法》對此問題做出妥協，主要是就蘇格蘭在英國議會的議員名額做出妥協。該法第 86 條修訂了 1986 年的《議會選區法》（有關席位分配規則），廢除蘇格蘭應有不少於 71 個選區（席位）的規定。政府白皮書也宣佈在下一次選區邊界委員會審查中，蘇格蘭不少於 71 個選區的規則將不再適用。

中國的特別行政區和中國內地也有類似情況。特別行政區的內部立法由特區立法會負責，內地的全國性立法則由全國人民代表大會負責，其中的少部分法律依據基本法附件三的規定在特區內實施。特別行政區按照基本法規定選出的特區全國人大代表有權參與全國性事務的表決，而全國人大卻不會參與特區的內部事務管理。這就形成了特區不公平的優越地位。

當然，由於中國的全國人大和英國國會都需要負責本國的國防和外交等事務，負責制定部分全國性的適用法律，因此也不能完全割斷地區議會與國家議會的聯繫。由於英國國會和中國的全國人大分別兼有負責英格蘭地區和中國內地的立法工作義務，來自蘇格蘭地區和特別行政區的議員都可以參與，所以，這些地區在英國國會和全國人大中的議席數目多少才能夠充分代表本地區的利益訴求，便成為一個值得思考的問題。

對蘇格蘭議員而言，同時面臨一個兩難局面。來自蘇格蘭的議員如果過多地參與倫敦事務，就會影響對本地事務的精力投入；但如減少對英國國會事務的參與力度，就會降低蘇格蘭在英國的影響力。這個問題自從上世紀 70 年代起就一直困擾著來自蘇格蘭地區的議員。

對此，有些人士主張可由英國國會中的蘇格蘭籍議員在蘇格蘭討論自己的問題；另一些人士則主張分開選舉兩個議會的議員，各自獨立行事，同時，蘇格蘭大委員會（Scottish Grand Committee）定期在愛丁堡會面，而不需要再到倫敦商議蘇格蘭事務。這些問題自上世紀 20 年代起就開始為相關改革帶來困擾。如果那些被選入英國國會的蘇格蘭議員再組成蘇格蘭議會，如何確保他們能有足夠的時間處理蘇格蘭議會以及英國國會兩個議會的工作呢？單獨選舉蘇格蘭議會成員的辦法也有很多問題，這會削弱蘇格蘭代表在西敏寺的地位，削弱蘇格蘭對於英國乃至世界事務的影響力。而且，將蘇格蘭事務大臣從內閣中移走（就像北愛爾蘭一樣），就意味著最高決策制定的機關當中再也沒有蘇格蘭的代表了，蘇格蘭事務因此將無法得到最高決策機關的特別關注，那麼過去給予蘇格蘭的財政優惠政策也就不可能繼續了。

雖然現在蘇格蘭的授權改革已經選擇了雙議會制的模式，

但上述問題並沒有得到解決。蘇格蘭在英國全國性事務的影響力已經降低，與英國全國性事務和其他地區的聯繫也不如從前一般緊密。隨之而來，蘇格蘭的獨立主義進一步發展。

中國的特別行政區則沒有蘇格蘭的上述問題。由於特別行政區採取立法會和全國人大代表雙軌制度，兩批議員各自負責不同的工作。即使有些特區議員擔當部分全國人大的工作，由於全人大的工作量較低，對其地區工作的影響也不會太大。至於特區的全國人大常務委員會成員，他們一般不會是現任立法會議員，因此就更不會影響其在地區的工作。從目前情況看，特區全國人大代表的問題不是過多地參與了國家事務，而是對於國家事務的參與度偏低，這不利於增強"一國"理念。因此，如何促進特區居民進一步參與國家事務，從而增強特區居民的國家觀念的問題有待進一步思考。

2. 地方自治與獨立主義的平衡問題

蘇格蘭面臨著較大的獨立主義意識問題。蘇格蘭缺乏與英格蘭是統一國家這種觀念，隨著地方授權的增多，其與倫敦關係的日漸疏離，獨立主義意識日漸提升。同時，蘇格蘭地區的統一主義意識也制約著獨立主義意識的膨脹。這樣，就形成了蘇格蘭地區獨立主義和統一主義意識並存的局面。

這種情況與英國的兩個主要政黨托利黨和工黨的態度也有一定關係。托利黨多數情況下是以保守黨身份出現。他們對蘇格蘭問題的態度主要就是聯合。儘管這種態度在上世紀 40 年代和 60 年代曾兩次出現變化，但執掌政權後就再也沒有改變。工黨在 20 世紀初曾被蘇格蘭自治運動廣泛支持，但工黨內部也有不同主張，如 Tom Johnston 認為只有中央集權的經濟制度才能帶來社會主義，因此不主張中央政府向地方移權；有些黨員則認為中央集權具有法西斯主義特色。目前，工黨內仍然存在著這兩個截然不同的觀點。另外，"蘇格蘭民族黨"（Scottish Nationalist Party）的態度對蘇格蘭地區獨立與統一思想並存的情況也有一定影響。

蘇格蘭議會成立後，蘇格蘭社會對自治和獨立的態度還不十分清晰。1979 年的公民複決結果表明多數人並不希望自治。對此 Mitchell 教授給出了他的解釋：[4]

> 首先，這主要是因為多年來英國保守黨執政，造成社會上普遍的聯合主義傾向。就像前面所講到的，聯合主義自從 1930 年代開始，就在社會上廣泛宣傳並為民眾所接受。但是隨著執政黨的替換，人們認為蘇格蘭的自治也不失為一種保證自己民主權利的好方式。

> 另一個重要因素也許是兩次全民公決的差異。1997 年的全民公決就在全國大選不久之後，這次大選托利黨下台，取而代之的是英國工黨。貝理雅政府進行了一次新的全民公決，在這次公決中，蘇格蘭傾向於自治。

> 而且，1997 年的全民公決中，政府提出了詳細的解決蘇格蘭議會問題的方案，這樣也促進了蘇格蘭立法自治的實現。在 1979 年的全民公決中，對於蘇格蘭立法權獨立而產生的眾多技術性問題，政府並沒有提出合理的解決方案。就像在最近的一次澳大利亞的全民公決上一樣，雖然民眾也不希望繼續保留君主立憲的政治體制，但是他們對

於大選中提出的新方案也並不喜歡，所以這次大選後，君
主立憲的體制仍然保留著。當然，徵稅的權力並沒有移交
給蘇格蘭政府，仍然保留在英國中央政府手中。

3. "一元化" 升遷系統對蘇格蘭授權行政的影響

官員升遷系統對蘇格蘭授權行政的影響最主要反映在蘇格
蘭和倫敦的官僚系統屬 "一元化" 關係，即地方官員可以升遷
到中央。在英國的 "一元化" 官僚系統內，多數蘇格蘭人才希
望自己能夠從蘇格蘭辦公室升遷到倫敦的白廳工作，很少有人
願意從白廳到蘇格蘭辦公室來工作。部分原因是蘇格蘭缺乏那
些吸引人才的部門，蘇格蘭的教育、房屋、農業等部門多被西
敏寺視為 "冷衙門" （Possessing the Least Cachet）。[5] 在白廳工
作有較多的學習和提高機會也是重要原因。如在蘇格蘭辦公室
健康部門工作的 Hume 認為，許多重要提案、建議都是由白廳
的健康部門審議通過的，因為他們的經驗和知識更加豐富，人
才也比較多。自己很難擁有他們那樣的經驗與知識。[6] 但是，
蘇格蘭人在英國國會、內閣中的席位比例一直不高。1945 年
到 1985 年之間，除了蘇格蘭辦公室之外，保守黨中並沒有任
何蘇格蘭籍人士擔任內閣議員，而工黨的蘇格蘭人內閣議員人
數也不是很高，包括上世紀 60 年代末期的 George Thomson、
Callaghan 時期的 John Smith，以及貝理雅（Tony Blair）時期的
財相白高敦（Gordon Brown）。中國中央政府和特區政府的官
僚系統則屬 "二元化" 關係，即中央和特區的官僚體系不同，
特區官員不會因為本身在特區政府的職務，而有機會升遷到中
央政府。

二、英國的地方權力下放改革

通過在蘇格蘭建立議會（Parliament）和行政機關（Executive），在威爾士建立議會（Assembly），以及簽署關於北愛爾蘭改革的《貝爾法斯特協議》（Belfast Agreement，1998年4月簽署），英國政府和英國議會逐步進行權力下放，將原來由倫敦國會直接決定的蘇格蘭、威爾士和北愛爾蘭三個地區的地方事務，放權給建立起來的具有實際權力的當地地方議會和行政機關。[7] 此項權力下放改革是英國工黨和時任首相的貝理雅所提出的第三條路（The Third Way）新政治理念的重要部分。英國議會和政府向三地議會和行政機關授予實際權力，使得該三地事務能夠由本地區政府和議會做出決策，更加符合本地的實際情況。

1997年及1998年，英國全民公決通過了《蘇格蘭法》和《威爾士政府法》。1999年7月1日，蘇格蘭和威爾士兩個地區的權力分配改革正式完成。北愛爾蘭則根據《貝爾法斯特協議》成立了北愛爾蘭議會。議會擁有108位成員，職權範圍與蘇格蘭議會相近。但北愛爾蘭權力分配改革卻沒有蘇格蘭順利。倫敦北愛爾蘭事務大臣（The Secretary of State for Northern Ireland）在2002年延緩了北愛爾蘭議會的成立，將當地事務再次納為直接管理。

（一）英國政府對蘇格蘭地方管治的問題背景

從1885年起，蘇格蘭的自治安排發生重大轉變。當年，成立了新的蘇格蘭辦公室（Scottish Office），並任命了新的蘇格蘭事務大臣（Scottish Secretary）。這是英國政府對人們關於蘇格蘭立法事務的不滿而做出的一種回應。

在此之前，英國政府負責處理蘇格蘭事務的是 Lord Advocate。這種制度安排引發很多問題：一是負責人多出身司法官員，需要承擔各種重大案件的審理工作，沒有很多的時間來處理行政事務；二是這些官員基本上屬技術官僚，任期由上級任命，不與競選周期掛鈎，任期的長短不明確；三是在內閣中沒有議席，對政府決策的影響力很小。這樣，使得蘇格蘭事務在議會中並沒有得到充分重視和及時處理。如一項關於蘇格蘭教育的法案竟然用了近二十年的時間才得以通過。1884 年，在一個由保守黨、自由黨領袖出席的公眾會議上，有建議提出設立一名直接負責蘇格蘭事務的官員。

但是，蘇格蘭辦公室在成立後的近三十年內並沒有發揮太大作用。1928 年以前，蘇格蘭事務大臣對蘇格蘭事務的管理權限十分有限。地方政府、監獄、農業等事務雖然名義上撥歸蘇格蘭事務大臣管理，但實質上卻仍然由全國性的事務委員會（Board）管理。這個委員會的體制本身就經常引來許多批評：一是責任系統劃分不明確，議員不知道應該向誰質詢；二是委員會的成員任命不是基於競選產生，而是由政府委任產生，蘇格蘭人在這種委任機制下獲得委任的比例很低，造成對蘇格蘭的不公平；三是公務員負責處理具體事務，往往會忽略不同地區的特殊情況。因此，廢除大部分委員會的提議得到了當時社會的普遍支持。一直到了 1892 年，蘇格蘭事務大臣才獲得內閣的當然席位。1926 年，這個職位才上升為大臣地位。

1937 年，為方便與英國國會聯繫而設置在倫敦的蘇格蘭辦公室搬到了蘇格蘭的愛丁堡。搬遷後的蘇格蘭辦公室仿照倫敦的白廳模式設置四個部門負責各項事務，並由總秘書處負責日常事務。

第二次世界大戰之後，蘇格蘭地方自治進程加快，托利黨於 1953 年建立的 Balfour Commission 發揮了重要作用。蘇格蘭關於行政管理、經濟計劃制定、鐵路橋樑修建等事務都逐漸移到了蘇格蘭辦公室。這樣，蘇格蘭辦公室在成立近一個世紀後，逐漸成為管理蘇格蘭事務的核心。

（二）英國議會對地方議會的授權事項

1. 蘇格蘭議會的職權

蘇格蘭議會及行政機關照搬英國國會和政府的運作模式，在獲授權的範圍內從事立法和行政工作。蘇格蘭議會負責各項獲得授權事務的立法工作，英國國會則繼續負責各項關於蘇格蘭事務的"保留事項"。蘇格蘭議會的支出均來自英國國會的撥款。

1998 年頒佈的《蘇格蘭法》對成立蘇格蘭議會及相關授權進行了規定。《蘇格蘭法》共有 132 個條款和九個附件（性質類似中國的特別行政區基本法）。內容主要有：蘇格蘭議會（議會選舉、議會立法）、蘇格蘭行政、金融條款、稅收變更權力、其他如議會及行政人員的報酬、西敏斯特的安排、跨邊界公共權力機構、司法及地方分權問題、補充條款等。附件內容則主要涉及選區的構成及劃分、蘇格蘭議會的團體機構、英國議會的保留權力、地方分權問題、附屬立法的程序、立法的改進與廢止等等。

　　蘇格蘭議會獲得的立法授權是一種完全的立法權，即蘇格蘭議會有權在所有獲得授權的事務當中進行一次和二次立法（Primary and Secondary Legislation）。《蘇格蘭法》對蘇格蘭議會和行政機關的授權並不是以羅列授權事務的方式做出，而是通過明確規定英國國會的"保留事項"而做出，從而顯示蘇格蘭議會有權對英國國會沒有保留的事項做出立法。與蘇格蘭有關，同時對英國有影響或有國際影響的問題則由英國國會處理。這些問題就是上述所說的"保留事項"，包括外交、國防和國家安全等事務。

　　《蘇格蘭法》為英國國會保留的權力主要體現在第29條和附件五中。第29條規定蘇格蘭議會享有受限的立法權，其制定的法律不得違反歐盟法。附件五第一部分規範了一般的保留權力，主要包括：與憲法有關的問題（包括君主與君主的繼任、蘇格蘭與英格蘭的聯合、英國議會等事宜）、政黨問題（包括政黨的登記與政黨資金等）、公共服務問題、國際關係、防禦、叛國和武裝力量。第二部分規定了有關其他事務的一些保留權力，包括金融貨幣政策（包括貨幣的發行與流通、稅收、政府借貸、英國公共支出控制、匯率及英格蘭銀行等），國內事務中的毒品濫用、數據保護、移民與國籍、博彩業、緊急狀態、社會保障等。

　　《蘇格蘭法》以排除的方式規定了蘇格蘭議會的立法權限範圍，範圍不能涉及整個國家或蘇格蘭以外的其他地域，不能涉及英國議會的保留權力，不能與歐洲人權公約規定的權利和歐盟法相抵觸。蘇格蘭議會超越其權限範圍的立法無效。

英國政府出版的白皮書則列舉出蘇格蘭議會相當廣泛的立法權限範圍，包括蘇格蘭大部分的對內政策，例如：農業、林業和漁業，教育和培訓，環境、健康、住房，法律和司法運作、民政事務、當地行政機關，自然和建築文物，規劃和發展，警務與消防服務，社會工作、體育和藝術，統計和公共記錄，交通運輸、旅遊與經濟發展，發行蘇格蘭版本的英鎊、以及對國會訂出的稅率作出正負百分之三以內的調整等等。

蘇格蘭議會由 129 名蘇格蘭議會議員（MSP, Member of Scotland Parliament）組成。議會議員選舉他們當中的一人擔任議會主席（Presiding Officer），兩人擔任副議會主席（Deputy Presiding Officer）。蘇格蘭的每個人由一位選區蘇格蘭議會議員和七位區域蘇格蘭議會議員代表。所有蘇格蘭議會議員在議會中享有平等地位。

在蘇格蘭議會選舉中，每位投票人可投兩票。第一票在代表他們的選區的候選人中推選。獲得票數最多的候選人將獲得席位，被稱為"最多票數當選制"。選區議會議員總共有 73 人。第二票則在稱為蘇格蘭議會地區的更大選區投給一個政黨或一名個人候選人。一共有八個蘇格蘭議會地區。每個地區在議會中有七個席位。在每個地區，政黨根據他們贏得的選區席位數目以及他們在第二次投票中獲得的票數獲分配席位。獲選就任的這 56 個席位的議員稱為區域議員。這個投票制度稱為"單一選區兩票制"（Additional Member System），是一種按比例代表制。

議會主要以全體議會會議和委員會會議兩種方式進行工作。委員會會議主要為新法律的制定提供意見、考慮和報告蘇格蘭行政機關的工作，並確保公眾參與這個過程。委員會還可以向人民諮詢關心的問題和提議新法律。一個委員會由 5 至 15 位蘇格蘭議會議員所組成；每個委員會由 1 名召集人擔任主席。委員會可以設立分委員會，並可與其他委員會舉行聯合會議。一般而言，不是委員會成員的蘇格蘭議會議員可參加委員會的會議進程，但不能投票。委員會可邀請任何人士作為證人出席會議，這意味著證人可前來就有關委員會事務作證或提交文件。不是蘇格蘭議會議員但擁有某個事項的專業知識的人士可被委任為委員會顧問。議會根據議事程序設立了八個強制性委員會（Mandatory Committees）。議會也可選擇設立其認為研究一項特定職務或範圍而必需的任何其他委員會，這些委員會稱為專門委員會。

每個委員會負責一個特定的職務範圍，一般有三個主要工作領域。一是立法。委員會可考慮和修正蘇格蘭行政院、個別蘇格蘭議會議員或個人、公司或團體提出的制定新法律的提議，委員會也可以委員會草案的形式提議新法律。二是詢問。委員會可調查屬他們的職權範圍的領域，並公佈報告，陳述他們的建議，然後這些報告可提呈全議會會議討論。三是其他領域。委員會還可考慮及報告蘇格蘭行政院的政策和運作、歐洲立法、附屬法例和公共請願。

蘇格蘭議會制定新法律，可以行政機關及委員會或議員名義，或以個人、公司及團體名義以草案的方式向議會提出，並須附上若干文件，主要包括解釋草案各章節內容的數據說明，以及一份解釋可能的成本的財政大綱。所有公共草案還須附上解釋草案的整體目標、已進行的諮詢以及諮詢結果的政策備忘錄，還必須有議會主席確認草案與授權事項有關的陳述。

英國地方授權改革的另一個重點是對蘇格蘭行政機關做出工作授權。1999 年，蘇格蘭辦公室和其他英國政府部門將所有授權事務轉移至蘇格蘭行政機關。

蘇格蘭行政機關由首席部長（First Minister）領導。首席部長由蘇格蘭議會選出，一般為在蘇格蘭議會選舉當中獲得最多議席的政黨領袖。首席部長負責組織內閣，提名各個行政部門的部長，領導行政機關。蘇格蘭行政機關獨立於蘇格蘭議會，但蘇格蘭議會也負責審議蘇格蘭行政機關的工作。蘇格蘭行政機關與蘇格蘭議會之間的關係，類似於英國政府與英國國會之間的關係。實際上，蘇格蘭行政機關的成員主要來自在議會中擁有最多席位的一個或多個政黨。

蘇格蘭行政機關由以下成員組成：首席大臣（First Minister），蘇格蘭行政機關的最高領導；副首席大臣（Deputy First Minister）；蘇格蘭律政司司長（Law Officer）、司法大臣（Minister of Justice）負責就法律事項向蘇格蘭行政院提供建議並在法庭上代表其利益；各部門大臣（Ministers）、檢察總長（Lord Advocate）、副檢察長（Solicitor General），承擔行政機關各部門的具體工作，並負責提出其各自領域的法律和政策。

2. 威爾士議會的職權

1998 年出台的《威爾士政府法》為建立威爾士議會提供了法律框架。1999 年 5 月，威爾士進行了第一次議會選舉。兩個月後，威爾士議會開始工作。2002 年，威爾士議會明確了議會與行政機關的工作分工：行政機關和部長負責制定和執行政策並對威爾士議會負責，威爾士議會負責立法事務並監管威爾士行政機關的工作。威爾士行政機關是由首席部長領導，並負責提名各個行政部門的部長和組織內閣，負責領導行政機關的工作，首席部長由威爾士議會選出。

除議會的議席數目外，威爾士的議會選舉制度基本上與蘇格蘭相同。威爾士議會由 60 名議員組成。其中的 40 名由第一票透過"最多票數當選制"在選區候選人中推選，另外 20 名由第二票透過"單一選區兩票制"從選區的政黨或個人候選人中產生。

威爾士議會只擁有授權立法（Secondary Legislation），在英國國會對威爾士地區已經作出的主體立法（Primary Legislation）基礎上，在授權範圍內和已經由英國國會一次立法的範圍內進行立法。作為對比，蘇格蘭議會則是擁有完整的一次和二次立法權。

3. 北愛爾蘭議會的職權

北愛爾蘭議會的建立是《貝爾法斯特協議》和在該地區內推行自治的重要成果。北愛爾蘭議會是授權事項範圍內行政和立法的根本權力來源，對範圍內的事項擁有完整的立法權力和行政權力。

北愛爾蘭議會於 2007 年 5 月 8 日重置，但議會的首次選舉則是在 1998 年 6 月舉行。選舉採用"單議席比例代表制"，由 18 個選區各選出 6 名議員，共 108 名議員組成議會。議會選出 1 名首席部長和 1 名副首席部長，並由首席部長委任 10 名部長，負責 10 個行政部門。這些部門共同組成北愛爾蘭行政機關。12 名部長則共同組成了行政委員會，負責討論和通過涉及到兩個或兩個以上不同部門交叉的事務。

同時，作為英國國會內閣成員之一的北愛爾蘭事務大臣仍然負責沒有授權給北愛爾蘭議會的憲政和安全事務，包括法律、司法和秩序，政治事務，治安，安全政策以及監獄，並由倫敦的北愛爾蘭辦公室協助處理。此外，北愛爾蘭事務大臣還會就有關北愛爾蘭的槍械和爆炸品，作出立法和簽發許可證。總括而言，改革後北愛爾蘭議會和行政機關基本上擁有了所有與經濟和社會事務有關的最終權力。

自從 1999 年以來，雖然因為政治問題而經歷過幾次反覆，但是有關北愛爾蘭的內部事務，基本上已經從英國國會授權給北愛爾蘭議會和行政委員會。北愛爾蘭議會在獲授權的範圍內擁有完整的立法和行政權力，有權制定所有關於行政部門運作的法律和政策。

北愛爾蘭議會負責審批北愛爾蘭行政機關的財政預算和年度計劃，設有 10 個專門委員會，由議員按照各黨派所獲得的議席比例參與。每個委員會在各自所負責的範疇內研究、諮詢和制定政策方向，並向議會提出立法議案。此外，首席部長還會從北愛爾蘭社會內的商界、貿易界、自願組織和其他界別委任 60 位成員參與諮詢論壇（Civic Forum），作為對北愛爾蘭議會和當地政治紛爭局面的補充。至於在其他運作上，基本上與蘇格蘭議會相同。

表 1.1.1　蘇格蘭、威爾士和北愛爾蘭三個地區獲得授權事項的比較

授權事項	蘇格蘭議會	威爾士議會	北愛爾蘭議會
內部經濟運作和發展	✓	✓	✓
內部社會運作和發展	✓	✓	✓
政治運作和發展			
內部法律和司法運作[8]	✓		
地區語言政策[9]		✓	
對稅率進行調整	✓		
發行地區版本的英鎊	✓		
內部安全事務	✓		
授權事務內的主體立法 (Primary Legislation)	✓		✓
授權事務內的授權立法 (Secondary Legislation)	✓	✓	✓

4. 倫敦西敏寺英國國會的職權

　　權力下放改革和授權行為並不影響英國國會的立法權限。英國國會繼續負責有關以上三個地區保留事項的立法工作，主要包括以下方面：憲政事務，外交事務，國防事務和國家安全，財政、經濟和金融體系，國籍及移民政策，能源政策，共同市場，對外貿易政策，部分涉及全國性的交通政策和安全措施，僱傭立法，社會安全，賭博及彩票政策，私隱和數據保護，墮胎、人工授精及胚胎研究、遺傳學、基因轉移和活體解剖研究等，以及平等機會。[10] 此外，英國國會繼續有權對英國所有事項，包括與三個獲得授權地區有關的事項，以及已經做出的授權事項進行立法。

但是，根據《Sewel 協議》（Sewel Convention），英國國會在沒有得到蘇格蘭議會的同意之前，不會隨意就已經做出授權事項進行立法。[11] 當然，蘇格蘭議會可以通過《Sewel 動議》（Sewel Motion）與英國國會合作，就已經授權的事項進行立法。這個動議使蘇格蘭議會可以同意英國國會為蘇格蘭的授權事務進行立法。

（三）有關英國政府與三個地方政府關係的法律框架

英國政府在進行授權後與三個地方政府的關係由多份法律文件所規範。如與蘇格蘭的關係是由《蘇格蘭法》、1 份諒解備忘錄、4 份協議書，以及 24 份雙邊協定所規範。英國副首相辦公室制定的《權力下放指引書》（Devolution Guidance Notes，簡稱 DGNs），以及英國首相會同三個地方行政首席部長於 2002 年 10 月制定的《執行權力下放的報告和指引》（Statement and Guidance on Devolution in Practice），對授權問題做了進一步的規範。

英國政府各部門跟蘇格蘭行政機關和威爾士議會內閣所簽訂的協議書包括：

第一類[12]：有關總體運作

 1. 有關基本運作框架（補充《蘇格蘭法》）—— Memorandum of Understanding and Supplementary Agreements

 2. 憲法事務部 —— Concordat between the Scottish Executive and the Department for Constitutional Affairs

 （取代原本由 Lord Chancellor's Department 所簽訂

的 Concordat between the Scottish Executive and the Lord Chancellor's Department）

3. 有關英國國會內閣及蘇格蘭行政機關的工作關係 —— Concordat between the Cabinet Office and the Scottish Administration

4. 有關英國副首相及蘇格蘭行政機關的工作關係 —— Concordat between the Office of the Deputy Prime Minister and the Scottish Executive

第二類：有關各個政府部門之間的一般運作

5. 國防大臣 —— Concordat between the Scottish Ministers and the Secretary of State for Defence

6. 教育及就業大臣 —— Concordat between the Scottish Ministers and the Secretary of State for Education and Skills

7. 貿易及工業部 —— Concordat between the Scottish Executive (SE) and the Department of Trade and Industry

8. 文化、媒體及體育部 —— Concordat between Department for Culture, Media and Sport and the Scottish Executive

9. 關於宏觀經濟管理 —— Concordat between HM Treasury and the Scottish Executive

10. 民政部 —— Concordat between the Scottish Executive and the Home Office

11. 交通部 —— Concordat between the Department for Transport and the Scottish Executive

（2nd Edition, 2007）

第三類：有關各個政府部門之間的專門事務

12. 有關確保軍隊健康需要 —— Concordat between the UK Departments of Health and the Ministry of Defence

13. 農業、漁業及食物大臣 —— Main Concordat between the Ministry of Agriculture, Fisheries and Food and the Scottish Executive；Subject Specific Concordat between MAFF and the Scottish Executive on Fisheries；Concordat between the Ministry of Agriculture, Fisheries and Food (MAFF) and the Scottish Executive (SE) in Respect of the State Veterinary Service (SVS) and Animal Disease Compensation；Specific Concordat

14. 有關註冊及統計 —— Concordat between Office for National Statistics and General Register Office for Scotland

15. 有關英國簽署的國際條約和歐盟法案的公共採購問題 —— Concordat on Co-Ordination of EU, International and Policy Issues on Public Procurement

16. 有關公眾健康及安全 —— Concordat between the Health and Safety Executive and the Scottish Executive

17. 有關歐洲結構基金 —— Concordat on European Structural Funds

18. 有關就業及退休保障 —— Concordat between Department for Work and Pensions and the Scottish Executive

19. 有關基因改造食品 —— Concordat on the Implementation of Directive 2001/18/EC and Regulation 1946/2003/EC; An Agreement between the Department of the

Environment in Northern Ireland, the National Assembly for Wales, the Scottish Executive and the UK Government

20. 有關健康及社會保障 —— Devolution Concordat on Health and Social Care

21. 有關 2005 年訂立的《查詢及調查法案》 —— Concordat between the UK Government and the Scottish Executive on the Inquiries Act 2005

第四類：一般工作安排協議

22. 共同工作安排指導說明：Guidance Notes on Common Working Arrangements

第五類：具體工作安排協議

23. 工作支援及職業訓練：Job Search and Support and Job-Related Training

(Including the New Deal and Welfare to Work Generally)

第六類：其他諒解備忘錄（Memorandum of Understanding）

24. 有關 " Drinkaware Trust " 慈善基金 —— Memorandum of Understanding between the Portman Group, the Department of Health, the Home Office, Scottish Executive, Welsh Assembly Government and Northern Ireland Office Re: The Drinkaware Trust

英國政府還為具體運作和爭端解決問題提供了三方面具體機制。

首先，英國政府擴大了"憲法事務部"（Department for Constitutional Affairs）的職權範圍，包括將原本由蘇格蘭事務大臣和威爾士事務大臣負責的有關事務，以及原本由副首相負責的中央政府與蘇格蘭、威爾士和北愛爾蘭的關係事務，都交由憲法事務部負責。

其次，針對蘇格蘭的獨特法律情況，安排了"蘇格蘭總檢察長"（Advocate General for Scotland），負責就《蘇格蘭法》的執行問題提供建議，包括向法院或司法委員會就立法行為和法案是否符合權力下放的範圍，是否違反人權、違反歐洲聯盟法律等問題提出上訴。

第三，在憲法事務部內安排"蘇格蘭總檢察長辦公室"（Office of the Solicitor to the Advocate General for Scotland，簡稱OSAG），協助蘇格蘭律政司司長開展工作。辦公室主要向英國政府各個部門提供在蘇格蘭和與蘇格蘭有關的法律服務，代表政府部門參與蘇格蘭法院的訴訟，同時也向英國政府提供關於《蘇格蘭法》問題以及英國國會立法在蘇格蘭適用等問題的法律意見。

《蘇格蘭法》就蘇格蘭議會可能會出現的越權立法問題也制定了防範機制和相關的處理程序，主要有三方面：

一是法案引入階段的自我審查。該法第 31 條規定，蘇格蘭行政機構負責法案的官員在法案引入議會之前或之時，應作出"在他看來，該法條款及內容在議會立法權限範圍之內"的陳述。議會主持官員在法案引入議會之時或之前，應就法案的條款及內容是否符合立法權限的規定表明態度並陳述其決定。

二是法案獲得議會通過後的滯留。在法案獲得議會通過後並不立刻交由英女王簽署生效，而是要擱置一段時間供有關機構（包括樞密院司法委員會、蘇格蘭事務大臣、蘇格蘭總檢察機構等）進行審查，避免將有爭議的法案呈交英女王簽署。如果在此期間，蘇格蘭事務大臣確有理由認為一項法案有悖於英國的國際義務、國家防禦和國家安全利益，或涉及英國國會的保留權力，便可以命令的形式阻止蘇格蘭議會主持官員提交英女王簽署。

三是《蘇格蘭法》第 98 條和附件六規定了權力下放問題及其裁決。蘇格蘭議會立法是否超越其權限直接涉及到什麼事項屬權力下放範圍的爭議。與過去關於蘇格蘭事務的立法和英國國會的立法程序不同，蘇格蘭議會的立法過程當中並沒有兩院制（國會和樞密院）機制，即國會立法後再由樞密院審議立法。樞密院沒有權力對蘇格蘭議會在權力範圍內的立法進行審議。但高等法庭和上訴法庭均擁有裁決的權力，而終審權則仍然掌握於樞密院的司法委員會（2009 年 10 月 1 日起，統一為聯合王國最高法院），負責對蘇格蘭法院的上訴案件進行最終裁決。

綜上分析，英國和中國的中央對地方授權既有相似之處，也各具特色和優點。這兩種地方授權模式發展了單一制國家的中央地方關係理論，為中央向地方授權提供了靈活處理的參考案例。只要不改變國家的權力基礎，中央向地方授權可通過包括私法和憲法途徑在內的多種途徑來實現。台灣問題的處理也可借鑒英國的 "協議書模式"，從而避開政治、意識形態等不宜化解的敏感問題。"協議書模式" 對優化 "一國兩制" 也具有一定的借鑒意義，如可以透過 MOU 清楚解釋行政長官請求釋法的法律依據等。事實上，內地與兩個特別行政區之間的《內地與香港關於建立更緊密經貿關係的安排》和《內地與澳門關於建立更緊密經貿關係的安排》，就已經具有這方面的特徵，作為 "一國兩制" 進一步發展的後續機制。

| 註釋 |

1. 《憲法》為中國憲法性法律的一般法，而特別行政區基本法則作為憲法的特別法。詳情請參閱本書第二章《"一國兩制"下中國憲法和特別行政區基本法的關係》一文。

2. 根據筆者所作出的統計數據。

3. "西洛錫安"（Westlothian）是蘇格蘭東南部的議會區，意指蘇格蘭；對該區的稱呼有如"西敏寺"（Westminster）之於英格蘭。

4. I. G. C. Hutchison, "Legislative and Executive Autonomy in Modern Scotland", in H. T. Dickinson & Michael Lynch (eds.), *The Challenge to Westminister: Sovereignty, Devolution and Independence* (Edinburgh: Tuckwell Press, 2000), pp.141-142.

5. I. G. C. Hutchison, "Legislative and Executive Autonomy in Modern Scotland", pp. 133-142.

6. I. G. C. Hutchison, "Legislative and Executive Autonomy in Modern Scotland", pp. 133-142.

7. 在英格蘭也有進行相似的權力下放改革。但是更多在倫敦西敏寺國會內部進行，並不涉及到區域性的中央與地方關係問題，因而本文不加以討論。

8. 英格蘭、威爾士和北愛爾蘭三個地區為普通法系地區；而蘇格蘭則是大陸法系地區。

9. 英格蘭、蘇格蘭和北愛爾蘭三個地區為英語系地區；而威爾士則擁有本身的獨特語言。

10. 詳細數據請參閱《蘇格蘭法》附件五（Schedule 5, The Scotland Act）。

11. 原文為："The UK Parliament will not normally legislate in relation to devolved matters in Scotland without the agreement of the Scottish Parliament."

12. 由筆者自行按分析結果分類。

香港政治的利益整合機制
—— 從代理人關係到法團主義民主的探索

寫於 2019 年，香港

「一國兩制」下的香港法治和管治研究

一、引言

利益整合和資源配置取決於政治制度的至少三個特點。其中最核心的，是如何選拔政治領袖。[1] 本文將集中在這方面，就香港的情況進行討論。上世紀 80 年代以前，在港英政府官僚政治的主導下，英國統治者揀選本地華人精英團體作為其代理人。隨著之後立法機關引入選舉制度，無論是功能組別選舉直接地，還是地區選舉間接地造成政黨發展的一些特點，都呈現出很強的法團主義民主理念。法團主義民主的探索，在行政長官選舉辦法的方案中，便有更加明顯的體現。

二、什麼是利益整合

利益整合，是指不同團體或個人的政治訴求，透過各種政治活動渠道互相協商和競爭，加以歸納和簡化，最後制定成為政策的過程。這是一個很漫長的過程，可以劃分成不同的階段。

討論利益整合時，我們需要留意三個最重要的課題，包括（1）哪一個社會階層或團體的利益得到整合；（2）利益整合者是誰和利益整合的場所在何處；以及（3）利益整合機制是什麼。

對於誰的利益得到整合，理論上說，在一個純威權主義的政府統治下，政府只會照顧一個人或少數群體的利益，而忽略或斷送其餘人民的利益。而在一個平等主義的民主體系下，每個人的政治訴求都被視為平等，而政府往往也會傾向照顧最大多數人的利益。在真實世界中，情況一般在兩個極端之間遊移。

至於誰是利益整合者，主要由國家政治過程和社會精英所控制。當中包括了有權力的個人、廣泛聯繫的社會群體、政黨、行政機關以及軍方組織等等。

而整合機制方面，則可以分為競爭性和非競爭性兩類。先說競爭性的部分，在競爭性寡頭政治體系下，只有少數精英有機會參與。至於在競爭性的政黨（團）參與政治中，利益整合的競爭往往會被分割為三個不同的層次：首先，政黨會把若干利益首先組合成為政策建議；然後，政黨爭取在選舉中獲勝以奪得權力，並把政策建議發展成為管理的基本方向；最後，在立法和行政機關，政黨通過與其他社會團體交涉和結盟，從而成功推行有關的政策。

至於非競爭性機制方面，則可以分為三類。第一類是軍事統治。特別在很多發展中國家，軍方強勢介入國家管理，從而實現本身的利益和貫徹自己的意識形態，這導致了社會的其他利益訴求被排斥。一般來說，軍方會以把持政府、軍事威懾，以及控制軍管後文人政府和操控民主選舉社會遊戲規則等方式使政府機構實質上主要體現軍方的訴求。第二類是排除競爭的一黨專政，包括獨裁政體、極權主義政體、威權主義政體和專政主義政體等等。執政黨是利益整合的唯一途徑，所有政策都是由上層管理階級直接制定，再動員社會加以支持。此外，這類政體的政府也會在各個半自治利益群體之間充當衝突的仲裁者和調停者的角色。執政黨也可能會廣泛接納各種社會力量參與利益整合，或接受社會團體代表和爭取某種獨立利益。

換個角度，如果整合網絡取決於競爭性體系下的私人，就變成"代理人網絡"（Patro-Client Relation）。當私人網絡處於非競爭的體系下，就變成君主／獨裁者的模式。相反，如果整合網絡取決於機制，當處於競爭性體系下時，通常成為競爭性政黨體系。當處於非競爭體系下時，則變成競爭性寡頭政治，這一體系將公共討論的廣泛機會提供給了非常少數的精英。

總之，利益整合對任何一個國家的政治都十分重要。因為一個政權必須對人民的訴求有所回應，才能繼續執政。若政權拒絕回應人民的訴求，則根本不能運作。因此，要維持有效的執政權力，便需有渠道去整合不同群體及階層的利益和取向。

三、20 世紀 80 年代以前的利益整合基礎有利於法團主義的發展

長時間以來，香港的政治制度設計，是把利益整合者的角色放在技術官僚的手中。由於社會當中非政府組織和政團資源的缺乏及發展水平不高，一直以來都需由技術官僚扮演香港社會最終利益整合者的角色，因而有所謂"官僚政治"的說法。

從利益整合的模型來說，這更傾向屬一種"代理人網絡"的模式。不同社會團體扮演著代表其成員或某一特定利益訴求的爭取者角色向政府表達訴求。

這種模式有其歷史根源。英國殖民統治在香港貫徹多年，高級公務員和技術官僚成為非選舉的統治工具。公務員通常是符合高效統治需求，具有統一意識和相關領導才能的主要公共官員。他們往往將自己定位成主要的政策領導者和公共利益的合法守護者，並在經濟和社會政策的制定中保持被動的態度。這些專家們依賴他們的專長和經過長期辛勞的政府工作後所積累的知識。正如一位歷史學家對香港公務員的長期觀察評論說：

> 他們視自己為政策的制訂者而非執行者，他們為香港的成就，尤其對自己在其中扮演的角色感到高度自豪，並因此成為極端自信的管理者。他們在政府內部扮演和管理官僚組織，並演化出一種非常強調以他們的評估和內部辯論為基礎，謹慎地作出最好成績的職業倫理。保守、謹慎，以及狹隘地著眼香港的世界觀，他們的團結精神要求他們扮演守護者的角色，守護他們相信是香港最佳利益的事物，並防止任何人……搖動這艘大船。[2]

一直以來，除了政府以外，社會上都沒有人或團體有足夠的資源去進行任何政策研究。而政府的領導階層又長期是封閉的，社會群眾根本無法參與。因而形成了公務員體系的一種相對穩定而又封閉的狀態。這種在政制當中讓公務員去擔當政治角色的安排，正是金耀基教授所形容的"行政吸納政治"的辦法。[3]

香港公務員往往有中產階級的社會經濟背景。公開考試的招聘體系，給予了那些有著更好社會經濟背景的人更優勢的地位。因為公務員體系的高收入水平和工作穩定性，導致了較低程度的人員流動。這種低流動率不僅給予官僚政治需要的持續性和穩定性，還是維護官僚政治強自主性的關鍵因素，也因而形成了公務員高度保守的傳統。

如前所述，一套政治運作需要多重利益整合機制，從前期到中期到後期一步步進行，並一步步把眾多的利益訴求簡化整合而形成政策。一直以來，除了技術官僚作為最終利益整合者之外，香港社會還長時期地存在一些精英團體，作為前期的利益整合平台。這些團體包括（1）商會，包括英資[4]、本地華資[5]，以及回歸之後逐步形成的中資[6]力量。這類團體是香港社會最重要的中前期利益整合者。（2）行業組織，特別是專業團體，例如律師、會計師、建築師和醫生等行業的行業組織。至於一些社區組織，雖然也有前期利益整合者的功能，但由於技術官僚政策的重商傾斜，而一般的社區組織都是為社會弱勢群體爭取利益，所以對最終的政策輸入影響力有限。根據一項針對諮詢委員會成員人數的調查可以看到上述第（1）和第（2）類別的社會經濟精英和知識精英對政策輸入渠道的壟斷局面[7]，以及作為前期利益整合者和與政府的密切關係。當中的比例，根據筆者對上世紀 90 年代至今的統計，大致與下面的數據維持不變。

為政府所聽到的僱主和商行的聲音，不斷發自大公司或是在金融、會計、股票經紀、進口 / 出口貿易佔統治地位的非製造業企業。這一階層佔到法庭陪審團成員的 95.4%，教育

委員會成員的 37%，十三個諮詢委員會成員的 66.4%，以及
行政和立法局、區議會議席的 52.9%。簡言之，他們控制了
建議和政策表決中 2/3 的發言權。比較之下，即使慈善團體的
聲音也非常微弱並且……該聲音決不"獨立"於商業世界。
勞工和香港很多低收入群體所發出的聲音小得可憐，在政策
建議和信息徵詢中被忽視，甚至在決策作出時完全缺席。[8]

這些前期利益整合者的訴求表達，會通過政府不同的諮詢委
員會和各種會議進入最終的利益整合階段。另外，由於這些團體
不以參選為目標，所以並不會成為政治上的最終利益整合者。

而吸納利益訴求的途徑主要有兩個：（1）發揮類行政（Para-
Administrative）功能和（2）與成員建立"代理人網絡"關係。

前期利益整合者擁有豐富的資源，而成員則處於從屬地位，
兩者通常存在利益互惠的穩固關係。這種關係打通了一條渠道，
使利益訴求和政治資源能夠互動。同時，這些組織的功能被擴
大，用以協調社會的不同政治訴求。東華三院[9]和保良局[10]便
屬這類團體。它們由本地華人經濟精英組成。透過經濟上的貢
獻，捐助者能夠參與管理。它們同時也是經濟精英的社交場
所，將他們的政治力量匯集到一定程度。這些團體為社會提供
公開服務，也為政府提出關乎社會公眾利益的政策性意見。

四、法團主義民主理念的探索

功能組別選舉在立法機關中的引入，正式並直接地揭開了
香港在法團主義民主理念中探索的序幕。而回歸後行政長官選

舉制度即是更進一步。

根據基本法第 45 條及附件一的規定，在回歸初期行政長官由選舉委員會選舉產生。在全國人大常會委會批准普選進程後，特區政府按該條文提出方案，推行按提名委員會提名後普選產生行政長官的目標。這樣的制度設計當中，按有廣泛代表性的原則組成選舉委員會和提名委員會，背後的理念是"法團主義"。而普選則代表著"多元主義"。兩種民主理論一直互相排擠，但在基本法當中卻嘗試把二者糅合在一起，取長補短，希望達至一個更好的平衡，即在提名階段實施法團主義架構，在選舉階段實現普選的多元主義，兼顧有利政治運作的社會功能，以及一人一票的公平原則，目的是達到一個更加優化的選舉制度。特區政府所倡議的行政長官選舉制度，則是一種試圖糅合二者的具體努力。

事實上，在行政長官的選舉制度當中，無論是選舉委員會、提名委員會，甚或是立法會的功能組別選舉，都是建基於強烈的法團主義民主理論而來。

（一）法團主義和會社民主主義

所謂法團主義（Corporatism），在西方政治學理論當中已經有非常悠久的歷史。其核心思想是以社會功能作為基礎，把社會重要的行業或利益團體代表，納入決策架構當中，透過集體協商制定政策。這種學說認為人類社會是一個有機的組成體，由各種不同功能的單位所組成。讓不同功能的代表共同決策，便能夠照顧社會的各方面訴求，體現民主。法團主義的核心思想，是照顧不同利益群體的要求，兼顧不同的社會功能。

所謂會社民主主義（Associational Democracy），是指以工業或行業組織為基礎，將這些組織代表納入決策機制之中，但這些行業組織本身必須經由選舉產生。法團主義與會社民主主義的共同點在於，二者均認為民主社會由多元的群體組成，透過社會上各種團體代表的多元利益和聲音，會更有效反映多元社會中的民意。[11]

法團主義在上世紀19世紀中葉迎來高峰期，特別是根據天主教教義及其道德基礎認為，國家的組成應該由政府領導，加上勞工和資本家的代表，透過謀求共識達至階級和諧。這種直接讓各方參與決策談判的形式，最常見的例子是吸納僱主、工會和政府代表一同商議及制定勞工政策的三方談判架構。法團主義對社會管理模式的主張，是有系統地設計政治架構，把商會、工會、社會團體等組織納入國家架構之內，使社會中重要的利益團體共同參與管理國家。

然而隨著上世紀六七十年代多元主義（Pluralism）學說的興起，法團主義慢慢被弱化。西方學者更傾向以多元主義的理念來構建西方民主政體。法團主義民主理論者對此反駁，[12]認為社會中的每個人持有不同目標，無人有能力代表大眾的多元利益，從而否定分區選舉的效果和當中的"普遍意志"（General Will）理論。為此，選舉制度應該以目標為基礎（Purpose-Specific），主張選舉應該透過社會功能和組織作為代表基礎，不認為社會是一個擁有單一的普遍意識的群體。

時至今天，在西歐的民主政體中仍然有不少新法團主義的經驗。例如林布治界定下的奧地利、荷蘭、瑞典屬"強法團主義"；丹麥、德國、英國屬"中度法團主義"；法國屬"弱法團主義"。[13] 在瑞士，根據 1947 年憲法，所有關於經濟條款法例的修改，均需諮詢在制度包含下的所有利益團體。在愛爾蘭，上議院的 60 名議員當中，其中 43 位分成五個組別，由不同行業產生，另外 11 名由總理委任，6 名來自愛爾蘭兩所大學。

法團主義和多元主義在歐洲經歷了互相競爭的階段。在一百多年前，法團主義佔有優勢，那個時候的民主理論更加重視社會的整體運作。而隨著多元主義提出在公平權利方面的理想之後，多元主義便成為了西歐的主流民主理論，逐漸取代了法團主義的地位。

（二）多元主義與民粹主義

普遍選舉（Universal Suffrage），並沒有一個放之四海而皆準的模式。聯合國《公民權利和政治權利國際公約》也沒有規定普選的模式，每個國家都可以按照自己的國情去制定選舉的方式，只要符合普及而平等的原則，便是普選。雖然如此，一般來說，普遍選舉是指一人（達到一定年齡者）一票的選舉方法。普選之所以獲得許多人的推崇與青睞，主要是由於這種選舉模式產生的結果代表了所謂的普遍意志。

然而，隨著民粹政治在全球的復興，普選面臨著巨大的挑戰。民粹主義（Populism）是在 19 世紀俄國興起的一股社會思潮，主張普遍民眾的權益，相信普遍大眾的智慧。民粹主義的基本理論包括：極端強調民眾的價值和理想，把平民化和大眾化作為所有政治運動和政治制度合法性的最終來源；依靠平民大眾對社會進行激進改革，並把普通群眾當作政治改革的唯一決定性力量；通過強調諸如平民的統一、全民公決、人們的創制權等民粹主義價值，對平民大眾從整體上實施有效管理。[14]
民粹主義主張依靠民眾對社會進行激進改革，從根本上反對精
英主義。認為掌權的政治、經濟和文化精英建立的制度和制定
的政策損害普通民眾的利益，因此民粹主義者往往都是反精英
和反建制的。民粹主義者認為全球化對普通民眾不利，對統治
精英有利，因此一般也反全球化。

民粹主義者認為通過選票有可能改變他們反對的政府和政
策。民粹主義所主張的一人一票，以多數票決的方法帶來了民
粹主義的核心問題，即決策的非專業性及盲目性。這直接導致
普選制度可能衍生出"多數人的暴政"。古希臘哲學家柏拉圖在
《理想國》中曾經提到，民主制度的最大優點是自由，但不顧一
切過分追求自由的結果，則會破壞民主社會的基礎，最終導致
極權。從歷史經驗來看，假如民眾一味相信自己的決策而自身
又沒有任何制約，那麼個人的不良思維模式可能會上升為不良
行為模式，乃至演變成災難。

政治現實是，民眾並非都是專業和擁有完整信息的理性
的。隨著信息時代的到來，互聯網的發展更具有放大民眾情緒
化、盲目化、極端化、社會碎片化的作用，在這種情況下，普
選制度便要面臨著民粹主義的弊病。民主制度並非一人一票這
樣的膚淺了解，而是需要不同的制度設計來確保民主的實行。

（三）糅合兩大主義

法團主義容易被政府權力操縱，從而削弱民主成分；多元
主義容易被民粹主義蠶食，二者均會崩壞民主的根基。單純採
取法團主義或多元主義，似乎都不理想。因此如何有效糅合二

者的長處，避免二者的弊病，便成為一個有意義的課題。

行政長官現由按功能界別組成的選舉委員會選舉產生。根據基本法附件一的規定，選委會由四大功能界別組成。這種以產業及專業界定選民資格，然後由選民按界別公開投票選出委員代表的制度，顯示了強烈的法團主義理念。然而它又有別於傳統意義上的法團主義。它與歐洲近代的法團主義在概念上和實踐上最大的不同，是後者主要在行政機關及其附屬部門吸納利益團體代表，而鮮有在選舉中劃定議席給經濟產業或行業。

事實上，西歐民主政體下的法團主義，之所以未能夠成功實踐，跟直接把利益團體納入行政決策架構當中有關。西歐的經驗是，讓政府權力跟社會通過法團主義模式直接掛鈎，政府權力因而直接介入社會管理。例如意大利和葡萄牙的經驗，國家方向又跟專制發展主義（Developmental Dictatorship）結合，強調國家對經濟發展的指導和控制作用，最後形成政府透過社團主義模式控制了所有生產活動。另一方面，法團主義代表下的架構屬非壟斷性和非競爭性的。政府因此可以通過選擇某些團體加入從而達到體現政府的傾向，但這卻影響了政府的代表性，削弱民主成分。

至於在選舉過程中的提名權，一般都是被壟斷的。在實行政黨政治的國家當中，提名權由政黨壟斷。公民即使根據法律可以以個人身份參選，但高昂的選舉經費，已經成為了無形的門檻，政黨以外的參選權只是理論層面上的東西，沒有實際操作性。例如在美國，如果不是共和或民主兩黨的候選人，根本沒有機會競選總統寶座。而提名兩黨候選人的權力，又被兩黨的黨員所壟斷。所以我們今天說普及的民主選舉，只是說人民行使投票權的那個後面環節，在提名階段，實際上是被政黨人士所壟斷的。基本法提倡法團主義下的提名委員會制度，是嘗試設法把原來由政黨人士所壟斷的提名權，開放給市民，通過代表在這個階段參與對候選人的提名。而在這個階段由法團主義的民主理念來實施對提名權的開放，則是為了與後階段一人一票普選達至平衡，補足對社會功能的考慮。

同時，基本法所提倡的提委會制度，不同於過去的西歐模式。第一方面，西歐模式是直接把權力交給法團主義的機構分享，基本法則把它糅合在選舉的前期環節。第二方面，提委會的組成有嚴格規定，由四大界別按均衡參與原則組成，受基本法附件一保護，政府不能像西歐那樣因其傾向性而做出修改。而是否達到均衡參與又正是法團主義能否成功的關鍵。

五、選舉生態強化了法團主義

選舉生態和政黨形態，實際上強化了法團主義民主模式在香港的客觀存在。當我們討論實行選舉對政策制定的影響時，某程度上就是在討論金耀基教授所形容的從 "協商" 機制向 "競爭" 機制的變化。[15] 一個政黨要成為利益整合的有效渠道，就必須有能力成為社會不同訴求互相協商的平台。如果沒有這樣的能力，政黨只能夠成為社會當中某一特定階層人士和某一特定訴求的代表，這樣便帶有一點壓力團體的意義。但政黨不同於壓力團體，政黨在立法機關擁有議席，有能力影響行政機關的政策制定。與政黨不同，各種社會團體只能透過遊說（Lobbying）和展示實力，例如示威遊行等手段來表達所代表群體的某一特定利益訴求。政黨有能力對行政機關的政策制定和相關的財政開支進行審議。所以如果政黨有權力而沒有整合能力的話，或者說在議會當中太過傾向於某一種特定社會群體的利益，而忽略了社會整體性的話，就容易削弱政黨作為利益整合平台的作用，進而影響社會的整體利益。可是由於促進政黨結構變化的因素並沒有隨著實行選舉而產生，雖然實行選舉使香港的政黨和政治團體擁有更多的活動空間，但仍然沒有改變既有的利益整合結構，只是社會上多出現了一些從事前期利益整合，仍不足以作為全面利益整合平台的政黨。

香港的政治團體尚沒成為社會共同的利益整合平台，更不會有太強的能力去主導社會議題（Agenda-Setting Capability）。這樣的能量並不足以打破既有的低整合度結構。自從上世紀 80 代開始，一些壓力團體[16]和工會[17]也逐漸形成或發展。這些團體也成為了日後香港政治團體和政黨的雛形。政治團體的產生提供了利益整合途徑的另一種選擇。政治團體和社會團體的不同，在於政治團體組織活動並提供服務以幫助候選人進入立法機關，而大部分社會團體則以保護成員利益為目標，並且他們大多不會支持候選人通過選舉進入政府。政治團體以影響政府政策的方法，在政府和人民之間扮演利益整合的紐帶。儘管政治團體在香港沒有統治權，他們卻監察政府。立法會的預算權賦予了政治團體與行政機關爭論社會資源分配的重要能力。他們還組織簽名大會，遊行示威以及絕食抗議以表達他們的訴求。總之，作為利益整合者，政治團體和社會團體作為利益整合者的不同在於：（1）政治團體不僅著眼於自己的成員，還著眼公眾（以爭取選票）；（2）政治團體比社會團體更加積極，因為他們存在選舉壓力，將候選人送入立法機關是其存在的主要原因；（3）不同的選舉模式帶給政治團體不同的資源分配偏好和態度，而社會團體僅以保護成員利益為目標。

政治制度與政黨的互動能力是另外一個影響政黨參與政治對利益整合運作的重要因素。從香港的情況來看，香港政黨林立，立法會當中就有多個主要的政黨，因此沒有一個或者兩個政黨有能力形成強勢的主導地位。這導致一個政策建議往往需要討論很長時間才能達到共識。由於議會內沒有主導力量，所以增加了達成共識的難度。這只是立法機關內部的情況。同時，在與行政機關的關係方面，香港立法會和政黨與行政機關和行政長官之間沒有任何組織關聯，因此形成了進行一項政策制定時，需要經過多重討價還價。這些情況包括行政機關與立法機關之間決策的不協調，以及立法機關內不同政黨的多元分立。雖然在政策制定過程當中這是十分正常的，但是在香港政策制定過程的平台太過分散，又缺乏橫跨不同部門的牽頭力量和組織上的紐帶作用，缺乏政黨內部的整合機制以及政黨內部因為其他政黨而構成的外部壓力。而且各政黨在議會中討論議案時，往往擺出明確和堅定的立場，這些因素均影響了利益整合過程的順暢性，這樣便大大提高了整合的成本。

香港行政機關與立法機關的關係，跟美國的總統與國會關係有點相似。這種制度的好處是能使兩個權力機關的互相制衡，但也會造成政出多門的局面。為維持政策制定的順暢性，便須有制度以外的紐帶作為支持、協助和配合。當我們仔細分析時會發現，這個制度在美國之所以能夠相對順暢地運行，跟美國的兩大政黨參與政治格局有密切關係。美國擁有強大的兩黨，兩黨擁有強大的跨階層利益整合能力，有能力在政策建議進入行政—立法討論之前，就形成比較一致的共識。除了一些重大項目無法達成共識而需要拿到國會進行公開討論之外，大部分行政—立法討論，主要是從幾個政黨協商後的可行方案中進行討論。除此之外，由於美國的兩黨實力比較平均，因而彼此形成了有效的外部壓力。這種壓力能夠促使政黨內部形成共識方案，以便作為與另一個政黨協商的基礎。因為如果政黨內部無法達成共識，政黨中人的利益訴求便更無法體現；如果政策主要依從另一個政黨的意見，本身的利益便很可能會得不到有效的照顧。這就形成了政黨內部達到共識的強烈追求，也因而幫助降低利益整合的時間和成本。事實上，美國式的行政—立法關係，在很多國家和地區實行時，都無法達到很好的效果。

六、結語

造就香港的法團主義民主理念，有其積極主動的制度設計因素（包括在立法會功能組別選舉和行政長官選舉辦法上的探索），同時也不能忽略歷史上長時期代理人關係所帶來的社會條件，以及當下的地區選舉生態和政黨形態局限所帶來的影響。而這背後牽涉著更龐大和複雜的整體社會利益整合機制。畢竟任何時候，如何產生政治領袖都是利益整合機制的最核心問題。

香港的各項選舉制度經常為大眾所關心。然而本文中所討論的其背後的法團主義理念的本質和作用、甚或是相關的社會和政治環境，卻往往容易被忽略。

| 註釋 |

1. 另外的兩個特點是：第一，社會上的一些政治傳統習慣和制度；第二，改選及其他可能涉及政治領袖的事務。詳情可參閱 Timothy Besley, Rohini Pande & Vijayendra Rao, "Politics As Usual? Local Democracy and Public Resource Allocation in South India", U.C. Berkeley internet resource: http://emlab.berkeley.edu/users/webfac/saez/e291_s04/pande.pdf (accessed on 6th May 2019)。

2. S. Tsang, *A Documentary History of Hong Kong Government and Politics* (Hong Kong: Hong Kong University Press, 1995), p. 11.

3. Ambrose Yeo-Chi King, "Administrative Absorption of Politics in Hong Kong: Emphasis on the Grass Roots Level", in Ambrose Yeo-Chi King & Rance P. L. Lee (eds.), *Social Life and Development in Hong Kong* (Hong Kong: Chinese University Press, 1981), pp. 127-146.

4. 代表著英資和外資的利益，而外資當中又以美國資本最具影響力。

5. 包括香港總商會、香港中華總商會、香港中華廠商聯合會、香港工業總會、香港地產建設商會。

6. 以駐港的國有企業為主，從回歸前比較分散和靠近政治影響力的模式，逐漸演化為以商會形式出現，例如香港中國企業協會。

7. 當中對社會精英階層的定義，請參閱 Harold R. Kerbo, *Social Stratification and Inequality: Class Conflict in Historical, Comparative, and Global Perspective* (Boston: McGraw-Hill, 2000)。

8. S. N. G. Davies, "One Brand of Politics Rekindled", (1977) *Hong Kong Law Journal* 7, p.63.

9. 東華三院（Tung Wah Group of Hospitals）起源於 19 世紀 70 年代，是香港歷史最久遠及最大的慈善機構。

10. 保良局是香港一個慈善團體，歷來以 "保赤安良" 為宗旨，初期主要是遏止誘拐婦孺，為受害者提供庇護及教養。隨著香港社會的轉變，現已成為一個龐大的社會服務機構，提供優質多元服務。

11. 馬嶽：《港式法團主義：功能界別 25 年》，香港：香港城市大學出版社 2013 年版，第 41 頁。

12. George D. H. Cole, "The Social Theory", in Paul Hirst (ed.), *The Pluralist Theory of the State* (London & New York: Routledge, 1989), pp. 51-108.

13. G. Lehmbruch, "Introduction: Neo-Corporatism in Comparative Perspective", In Gerhard Lehmbruch & Philippe Schmitter (eds.), *Patterns of Corporatist Policy-making* (London: Sage, 1982), pp. 1-27.

14. 朱世海：〈試論香港行政主導制的實施路徑創新〉，《一國兩制研究》2014 年第 21 卷，第 87 頁。

15. Ambrose Yeo-Chi King, "Administrative Absorption of Politics in Hong Kong: Emphasis on the Grass Roots Level", pp. 127-146.

16. 包括匯點（Meeting Point）、New Hong Kong Affairs Society 及香港論壇（Hong Kong Forum）等等。

17. 香港工聯會及香港職工盟為香港兩個最重要的工會組織。

從"地方行政"到"地方治理"
—— 香港基層管治問題研究 *

本文部分內容曾由團結香港基金出版

———— • ————

一、引言

香港這個七百多萬人口的國際大都市,其治理呈現兩大特點:第一,在"一國兩制"、高度自治的框架下,特區政府的治理範疇廣泛;第二,治理層級單薄,實行一級政府,兩層管理。[1]

目前,特區政府治理上的一個突出現象是,政府不能解決與百姓生活密切相關的"小問題",這實際上是個"大問題"。道理很簡單:任何一個政府,如果基層治理失效,無法建立起上情下達和下情上達的雙向渠道,就不能及時有效地吸納和回應民意,也不能針對百姓的需求制定政策,就會逐漸喪失有效治理的基礎,民眾必然對政府政策和施政權威缺乏認同感。

目前地方行政的架構成形於 1980 年代,是中英政治較量的產物。回歸後,歷任行政長官都很重視地方事務,也做過一些嘗試,試圖把施政貫徹到基層。然而,地方行政架構支離破碎，導致日趨官僚化，地方各機構之間越來越缺乏有機的聯繫，種種貼近民生問題長期得不到解決。

近年來，民生問題有迅速政治化的趨勢，基層問題常常變成高層政治危機，甚至引發社會騷亂。可以說，地方治理失效是導致政府施政陷入困境的一個重要因素。

二、演進背景

香港從來只是一個地方行政單位。英國管治香港和新加坡這類自由港的一個特點是，不設地方政府，只在其行政機構中設立處理地方事務的部門。港英的這種治理方法一直面對兩大難題：一是如何搜集和處理基層民情民意，從而改善政策，增加統治認受性；二是如何解決因為管理專業化和部門分工精細化所引發的部門間的協調問題。簡言之，香港地方治理遇到了縱向的信息通達問題，以及橫向的協調統籌問題。

概括來說，香港地方行政發展經歷了目標不一致、正反兩面發展的三個階段：

首先，1968 年實行的"民政主任計劃"，是港英政府因地制宜地處理地方事務最有成效的時期。它的核心內容在於由地方行政（Administration）向地方治理（Governance）轉變，為思考和解決當前問題提供有益的經驗。所謂"行政"轉型為"治理"，就是從僅由政府自上而下的行政管理，轉變為強調社會各方面的力量共同參與公共事務，調動地方積極性，及時有效地解決民生問題。相應地，治理的主體和方式都發生了變化。

第二階段始於 1980 年，當時英國要為交回香港做準備，有意埋下西式民主的種子，因此擬引入以區議會為基礎的代議制來監督政府在地方的工作，因此把地方治理又改回到地方行政，設立了現行的地方行政框架。或者說，原來由政府民政主任主導的社會多元參與，讓位給區議會主導的地方治理。對於港英引入代議政制的意圖，中方當然予以全面的防範，使得區議會雖然設立了，卻並沒有任何屬於"議會"的實質內容，形同虛設。同時，政府地方機構則已變為純粹的行政部門。可以說，這留給了特區政府一個非常扭曲的地方事務處理制度。

第三階段是回歸後，董建華、曾蔭權、梁振英三任行政長官對地方行政都進行了各項嘗試。但是，這些嘗試並沒能觸及到問題的本質，效果不彰。以下將擇要列出地方行政演進中的重大轉變，藉以顯露問題的成因，並總結以往的經驗。

（一）"民政主任計劃" —— 地方治理的成功嘗試

目前官方和大多數學者論及地方行政時，多以 1981 年《香港地方行政白皮書》的實施為起點，忽略了 1968 年到 1979 年的 "民政主任計劃"，這極其不妥，因為從 "民政主任計劃" 到 "地方行政" 架構的設立，是香港地方治理走向官僚化（即真正地方 "行政"）的開始，其轉變前後的經驗與教訓對理解今天的問題頗有裨益。

1966 年天星小輪加價引發的騷亂和 1967 年的連串事件令港英政府意識到，僅靠之前吸納華人精英的治理辦法已不能保障殖民統治的穩定，必須加強政府與基層的直接聯繫，確保及時掌握社會脈搏，這是 "民政主任計劃" 出台的初衷。推行這項計劃的總督戴麟趾認為 "不能只靠街上的警察或各政府部門派出的地方官員代表政府"，而應該由民政主任代表政府向基層市民負責。1968 年，政府在市區設立了十個民政司處，由民政主任負責加強政府與居民的溝通。

當時政府對這些民政主任的要求是這樣的："除評估政府政策的整體影響外，他們須向民眾解釋這些政策、其中的難處及政府的成就。他們沒有廣泛的行政權力，但他們職責的一部分就是協調政府服務提供意見。他們可自由研究政府的地區政策重點是否需要任何變動，並在公眾表現需要時，他們可以提出新政策或新程序。他們須在政府採取既定立場前，預先查悉問題和爭議所在，以及公眾的意見。"[2]

這表明當時民政主任做的是政治工作，了解民情，解釋政策，並組織基層民眾評論和參與地方事務。這是從以往行政式的發號施令、照章辦事，轉變為走入民眾、動員民眾的治理方式來處理地方事務，贏得民心。時任民政司的何禮文（David Holmes）也反覆強調，"民政主任是'政治事務官'。因此，他們不但要'儘量與所屬地區內的市民保持聯繫'，也要評估'政府政策的整體影響'，以及'向普羅市民解釋這些政策，和政府在處理這些難題上的成效'。"[3]

1972 年港英政府又成立民政區委員會（即今天地區管理委員會的原型），成員包括政府部門代表、分區委員會主席和地區賢達人士，由民政主任負責。委員會統籌地區事務，協助政府把各項政策落實到基層。首任深水埗區民政主任的夏思義（Patrick Hase）指出，該計劃的優勢在於民政主任直接接觸基層，並依靠與社區領袖建立的網絡，充分及時地掌握民意，因此避免了引入政黨和競爭性民主。[4]

"民政主任計劃"是港英政府地方治理最進取的一個階段，當時沒有政黨，搜集民意、掌握民情、貫徹和宣傳政府各項政策的任務均由政務主任負責。政府放棄了之前依靠華人精英的間接管治方法，直接組織基層百姓，成立互助委員會，協助政府推行清潔香港和撲滅罪行等運動。當時正在開發新界，大批居民從市區遷入新市鎮，這些民政主任和基層組織在解決基本民生、穩定社會、令政策制定和執行上下通達方面，發揮了重要作用。

"民政主任計劃"實現了港英殖民管治的現代化轉型，也是真正對地方實施治理的一個短暫時期。這段時期港英的經驗對思考當今地方治理問題仍頗具啟發，可惜社會對此欠缺深入認識。例如，1970 年代港英政府開始推行政務專業化，交通、地政、規劃等紛紛成為單獨的部門，"條條專政"的問題已逐漸顯露。那時，港英應對的辦法是在不同層面成立各類諮詢委員會和在地區上成立各種基層組織。社會上流行的看法，往往只是從"行政吸納政治"的角度來理解這些諮詢和民間組織。

倘若從地方治理的角度看，這些委員會和組織的功能就多了一層新的含義。它們像是圍繞著"條條"建立起的不同層次的橫向協調機制，例如，高層的各種政策諮詢委員會、中層的協調市區和新界環境衛生服務的兩個市政局、基層的分區委員會和互助委員會等。換言之，港英當初是靠成立各種委員會來化解政府部門的僵化與無效率。[5]

（二）地方行政架構的確立 —— 從治理退回行政

1979 年麥理浩訪京後，英國知道大勢已去，隨即發表《香港地方行政的模式》綠皮書，提議在全港每一區成立地區管理委員會（即之前的民政區委員會）和區議會。1981年全港第一次被劃成十八個選區，分別成立了地區管理委員會和區議會。成立區議會是服務於港英政府建立代議政制的目的，即港英提出的"逐步建立一個政制，使其權力穩固地立根於香港，有充分的權威代表香港人的意見，同時更能較直接向港人負責"[6]。與民政主任計劃相比，地方行政機構的設立，從三個方面改變了港英處理地方事務的方法：

第一，此時地方機構設置和改革的目的不再是治理基層、穩固統治，而是逐步引入代議政制，因此設立了區議會。

第二，新成立的地區管理委員會由政府在地方各部門的官員擔任委員，民政事務專員擔任主席，其工作主要是協調政府部門，滿足區議會對地方服務的各項建議。這意味著之前民政主任聯絡和組織基層，令百姓參與地方事務的政治工作，轉型為民政事務專員重點協調政府各部門的管理工作。換言之，民政事務專員的工作日趨行政化，也有人稱之為"AO（Administrative Officer）日益 EO（Executive Officer）化"。

第三，設立有民選席位的區議會，區議員取代了民政主任，承擔起發現和反映基層問題，組織和動員居民督促和監察政府地方行政的職能。[7]如果港英的這個設計符合中英聯合聲明，那麼這個設計也不失為地方治理的一套新制度。事實上，它違背了中英聯合聲明，遭到中方的堅決反對，因而區議會從未被賦予過像樣的權責，而是淪落成政黨爭奪政治勢力的一個平台。

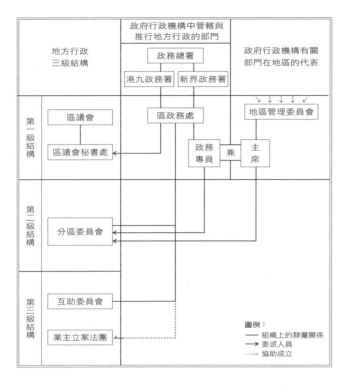

圖 1.3.1　港英後期香港地方行政示意圖 [8]

　　圖 1.3.1 顯示了港英時期地方行政的架構，我們看到推動地方行政的政府機構有三個：即民政事務總署、民政事務專員、地區管理委員會。[9]1982 年，港英政府合併了民政署和新界民政署，成立了政務總署。總署下設港九政務署和新界政務署，全港各區辦事處則統稱為政務處。1997 年回歸後，政務總署改名為"民政事務總署"。總署通過分佈在全港十八區的民政事務處，執行各項職能，如傳播政府政策、收集民意、推動社區建設等。

　　各區民政事務處由民政事務專員主管，是政府在地區層面的代表，主要負責落實政府地方工作計劃，確保政府及時跟進區議會所提出的建議。同時，也要聯絡區內各階層人士和組織，向政府反映他們的關切和問題。

民政事務專員工作的主要平台是地區管理委員會，該委員會由主要政府部門在該區的代表組成，如房屋署、警務處、食環署、運輸署等。委員會是各個部門探討解決地方問題的平台，作為主席的民政事務專員在委員會中只起“協調”作用，並無“統籌”或“指揮”其他政府部門的權力。自 2000 年起，區議會的正副主席也以正式委員的身份參與地區管理委員會的會議，目的在於加強兩會的溝通。

圖 1.3.2　香港地方行政運作簡圖[10]

區議會是地區層面不屬政府機構但參與地方行政的重要組織。港英政府一心想從基層逐步引入代議政制，最終建立從地方（區議會）到中央（立法局）的代議制度。1985 年的區議會的選舉，不僅民選席位增加了一倍（佔到總數的三分之二），而且將區議會與立法局聯繫起來，十名區議員可通過選舉團選舉的方式進入立法局。更為顯著的是，本來由地區民政事務專員出任區議會主席的安排，也改成由區議員互選產生，而且其他的官守成員也全部退出區議會。這樣，政府順勢退出基層工作，讓“區議員成為重要溝通途徑：市民可通過他們表達對政府各項政策的意見，就具體事項提出投訴，並就各政府部門的工作提出建議"[11]。

在這份 1987 年代議政制綠皮書中，港英還試圖賦予區議會監督和決策的權力，例如考慮"授權區議會就特別與所屬地區有關的某些事務做出決策和指示政府部門採取行動"，讓政府地區管理委員會逐步受區議會監督，向區議會問責。這種區議會實權化的做法當然遭到中方的抗議，最終於 1988 年的白皮書將區議會定位於地方諮詢機構，即沒有任何實權。1992 年彭定康上任後，再次提出為區議會擴權的建議，同樣遭中方反對，也未有結果。

綜上所述，港英 1982 年推行的地方行政架構，包含著推銷代議政制的意圖，屢遭中方反對後，地方行政架構就像個"爛尾樓"，各個組織之間的關係一直沒有理順：地方政府各部門缺乏實際的監督和問責，越來越不進取；而民意也只停留在作為諮詢機構的區議會，部分區議員在群眾中傳播對政府的不滿情緒。回歸後，受港英政治慣性的影響，這種狀況絲毫未變，反而日益嚴重。

（三）"殺局"和提升區議會在各級選舉中的成分 —— 碎片化體制

市政局和區域市政局曾是另外兩個地方行政的主要持份者。[12] 它們是財政獨立的法定機構，擁有實權，可制定公共衛生、文娛康樂等方面的政策，而政府的行政部門（兩個市政署）則負責執行，起輔助作用。回歸之初，兩局在應對公共衛生危機時暴露出各種問題，如缺乏"中央"行政主導、協調性差、效率低下、機構臃腫。於是特區政府在 2000 年撤銷了兩局，將政策制定權收回政府，並成立食環署和康文署。對此，政府內外反對聲音很大，認為政府官僚機構無法滿足市政服務的要求。考慮到區議員的基層工作的角色，社會上普遍建議政府向區議會下放市政服務的資源，並增加其監察政府地方部門的角色。政府當時雖滿口答應，但並沒有兌現。

市政服務是最直接影響市民生活的工作，它需要有靈活應對的機制和解決問題的動力。政府將市政服務收回，交給政府部門官僚辦理，既缺少了之前兩局所具有的地區統籌和部門統籌功能，也缺少了兩局在提供服務上的主動性和主導性。[13] 因此，政府的地方服務日益敷衍了事，部門之間各自為政，比取消兩局前更沒有效率，更缺乏統籌和協調。

區議會自 1982 年成立以來，一直保持著純粹的諮詢角色，沒有實際的權責，也不能有效地監察政府部門。然而，區議會在香港各項選舉中的作用卻日益增加：一是 2016–2019 年第五屆區議會取消了委任制，全部由地方直選產生；二是 2012 年起立法會功能界別區議會（第二）新增 5 位直選席位；三是區議員進入了行政長官選舉委員會，共有 123 席，佔 1,200 名選委的 10.25%。也就是說，地區的選票日益重要，區議會成為政黨政團發展和選舉的平台。政黨選舉的邏輯，使得它們並不必然以協助政府在基層施政作為首要目標。在制度上，造成了雙輸的局面，一方面區議會無法有效監察政府，從而提高政府各項服務的效率和質量；另一方面，區議會日益成為一種代表民意的政治力量，但區議會在政策制定和監督政府上的無力感，致使一些議題政治化，反過來影響政府施政。下一節，我們將詳細分析區議會與地方治理的關係。

三、地方治理與區議會政治化討論：2007－2015年當選區議員的背景分析

隨著區議會發展，其在地方治理、社區建設、民主政治方面的功能呈現出逐漸擴充的趨勢。自2015年區議會全面直選（即2016–2019年政府不再委任區議員）後，區議會成了地方民選的主要代表機關。區議會因此從回歸之初只具備諮詢和服務功能的區域性組織，向兼具諮詢、服務、管理和政治等綜合功能轉變。

民選的特點令區議會具有廣泛民意代表性，這與基本法第97條賦予的諮詢角色產生了一定的張力與矛盾，未來區議會在地方行政及本港政治中的角色和功能會如何發展，政府怎樣應用好這股政治力量，使其成為協助政府地方行政的積極力量，實在需要關注和深入研究。

基本法第97條訂明香港特別行政區可設立區域組織。特區政府根據該項條文，設立了十八個區議會。區議會的主要工作是就影響區內居民福利的事宜，以及區內公共設施及服務的提供和使用，向政府提供意見。區議會亦在區內進行環境改善工程和籌辦社區活動，並在地區層面推廣康樂及文化活動。[14]

毋庸置疑，區議會影響著地方治理的成效，但坊間對其具體影響方式和程度卻沒有共識。有人認為區議會人數眾多、成分複雜、議員水平參差，區議員往往未能正確理解政府政策，只是為了選票去決定其在選區服務和動員選民的策略。也有人認為區議會把民意引入施政，區議員為市民提供多元服務，對於緩解社會、社區問題有正面作用。還有觀點認為政團組織把

第一章　政治與管治

區議會選舉作為培訓成員、磨練人才、擴展地區影響力和參選立法會的演練場地。也就是說，不同持份者對於區議會和區議員的理解、期望和評價不一。

故此，在分析區議會在地方治理的角色之前，應該對區議會的組成做個客觀分析，具體而言就是區議員的背景、職業軌跡、志向、政治考量等。

（一）區議會的組成與變化

自 1999 年特區第一屆區議會選舉以來，區議會歷經如下三大變化：第一，直選區議員人數增加；第二，2012 年區議員可以參選立法會功能界別區議會（第二）選舉；第三，2016–2019年區議會取消了政府委任制。

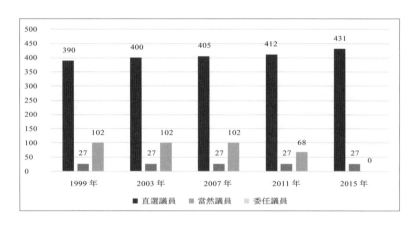

圖 1.3.3　1999 - 2015 年區議會議員分類數目變動圖

人員組成方面，回歸以來，首四屆區議員人數在增加，其組成主要為三部分：（1）直選議員；（2）當然議員（即新界 27 鄉鄉事委員會主席，由村代表選舉產生）；（3）委任議員。

第五屆區議會取消委任議員，使區議會改為由 431 名直選議員和 27 名當然議員，合共 458 名區議員組成。區議會自此成為了一個由民選產生的諮詢組織。

（二）區議會分區和議員席位

表 1.3.1　2016 - 2019 年十八區區議會席位數目分佈表

	直選議員數目	當然議員數目
中西區	15	不適用
灣仔區	13	不適用
東區	35	不適用
南區	17	不適用
油尖旺區	19	不適用
深水埗區	23	不適用
九龍城區	24	不適用
黃大仙區	25	不適用
觀塘區	37	不適用
荃灣區	18	2
屯門區	29	1
元朗區	35	6
北區	18	4
大埔區	19	2
西貢區	27	2
沙田區	38	1
葵青區	29	1
離島區	10	8
合計	431	27

第一章　政治與管治

根據政府的區劃，現在一個人口約 1.7 萬左右的小區，就可被劃分成一個區議會選區。如上表所示，十八區區議會的區議員數目不太平均，人口大區（例如：東區、觀塘區、沙田區和元朗區）區議員達三十多名，即人口已超越 60 萬。同時，部分區議會（例如：中西區、灣仔區、南區、油尖旺區、荃灣區、北區、大埔區和離島區）規模卻相對小，只有十多名區議員，它們和人口大區形成明顯對比。

雖然部分政府部門（例如：警署、消防署、地政署和食物環境衛生署等）不會以十八區選分界來分配人手和資源，但部分政府項目（例如：地區小型工程計劃）的資源仍是以十八區平均分配為標準，形成了每區人均所得資源不一的現象，而部分地區小型工程（例如：沙田區沙角村連接地鐵站行人天橋的升降機）需等候多時，才能完成。這一現象暴露了部分政府資源以行政上的區劃為本，並非以人口為本的弊端。

（三）區議員的背景和成分

全港四百多名直選區議員，來自多個居民組織、地區組織、政治組織和團體。即使在選舉時沒有申報政治聯繫或申報為獨立人士，實際上他們絕大多數都與一些政團組織有關係。否則，真正獨立的人士幾乎不可能當選區議員，因為前期和選舉所需人力和資金的投入皆非個人所能負擔。

除了政治聯繫外，區議員的年齡和職業等，也在影響著他們對政策的理解，影響他們的論政和議政能力，以及他們服務地區的心態。

1. 年齡（只計算直選區議員）

表 1.3.2　2007 - 2015 年當選區議員年齡簡表[15]

	2007 年	2011 年	2015 年
當選者平均年齡	46.6	46.9	45.5
當選者最高年齡	71	71	75
當選者最低年齡	22	22	22
當選者平均年齡最高的組織	48.29（公民黨）	54.14（公民黨）	53.67（經民聯）
當選者平均年齡最低的組織	28（工聯會）	35.54（工聯會）	32.6（新民主同盟）

　　2007 年和 2011 年當選者的平均年齡相差不多，2011 年出現輕微老齡化。到了 2015 年，則出現明顯年輕化，當選者平均年齡從 2011 寧的 46.9 歲，下降至 2015 年的 45.5 歲。

　　主要政治組織中，連續兩屆（2007 年和 2011 年）當選者平均年齡最高的都是公民黨，而最低的是工聯會（不包括以民建聯、工聯會雙重身份報名的）。到了 2015 年，當選者平均年齡最高為經民聯，最低的為新民主同盟。

　　上述數據顯示，工聯會雖是 1948 年成立的老組織，有像陳有海（屯門區議員）一類年紀大尚未退休的議員，但同時也有年輕一代的參與（例如：何啟明和鄧焯謙）。反之，公民黨創立時間比工聯會晚了約 60 年，但其當選人卻相對老化。就是說，老組織的當選者不一定是老年人，新組織的當選者也不一定是年輕人。

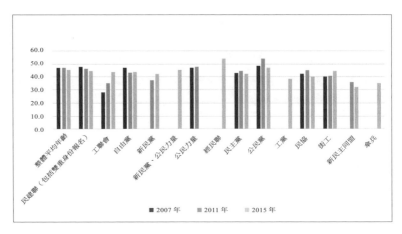

圖 1.3.4　2007－2015 年主要政治組織當選區議員平均年齡變動圖

　　過去三屆區議會選舉，各個主要組織當選人平均年齡呈現不同趨勢。民建聯（包括雙重身份報名）和自由黨出現年輕化，工聯會和街工則出現年長化。民建聯、經民聯、公民力量和公民黨當選人平均年齡比整體平均年齡高。

2. 全職服務社區（只計算直選區議員）

　　綜合過去三屆區議會當選區議員的職業，數據顯示從事全職區議員的比例逐步上升。2007 年不足 40%，到了 2015 年已增加至 45.7%。全職從事地區工作（包括：議員助理、社區幹事、社區主任、社區工作者和社區服務等）的當選人比例也從 2007 年 12.1%，升至 2011 年的 15.5% 和 2015 年的 14.4%。這在一定程度上說明了選民較多傾向選擇能夠為他們社區提供全職服務的參選人。

表 1.3.3　2007 - 2015 年當選區議員職業申報簡表 [16]

	2007 年		2011 年		2015 年	
	人數	百分比	人數	百分比	人數	百分比
全職區議員	157	38.77%	173	41.99%	197	45.71%
社區服務（例如社區幹事、社區主任、議員助理等）	49	12.10%	64	15.53%	62	14.39%
公司董事、商人	47	11.60%	44	10.68%	37	8.58%
專業人士（例如醫生、會計師、律師、教師和工程師等）	57	14.07%	48	11.65%	49	11.37%
其他	95	23.46%	83	20.15%	86	19.95%
總計	405	100.00%	412	100.00%	431	100.00%

另外，能夠當選區議員的商人、公司董事和專業人士的比例則稍微下降，此幾類人加起來，從 2007 年約 25%，下降至 2015 年約 20%，說明了此幾類參選人參選區議會的優勢已不如前。

表 1.3.4　2015 年區議會選舉當選人職業分佈簡表 [17]

	全職區議員	全職社區服務	專業人士	商人、公司董事	其他
中西區	2	4	4	1	4
	13.33%	**26.67%**	**26.67%**	6.67%	**26.67%**
灣仔區	6	1	3	2	1

46.15%	7.69%	23.08%	15.38%	7.69%
東區 14	3	2	3	13
40.00%	8.57%	5.71%	8.57%	37.14%
南區 11	0	1	3	2
64.71%	0.00%	5.88%	17.65%	11.76%
油尖旺區 6	2	5	2	4
31.58%	10.53%	26.32%	10.53%	21.05%
深水埗區 8	4	2	2	7
34.78%	17.39%	8.70%	8.70%	30.43%
九龍城區 6	7	7	1	3
25.00%	**29.17%**	**29.17%**	4.17%	12.50%
黃大仙區 10	2	4	3	6
40.00%	8.00%	16.00%	12.00%	24.00%
觀塘區 19	6	1	4	7
51.35%	16.22%	2.70%	10.81%	18.92%
荃灣區 8	1	0	2	7
44.44%	5.56%	0.00%	11.11%	38.89%
屯門區 16	5	3	2	3
55.17%	17.24%	10.34%	6.90%	10.34%
元朗區 23	2	2	2	6
65.71%	5.71%	5.71%	5.71%	17.14%
北區 5	4	1	5	3
27.78%	22.22%	5.56%	**27.78%**	16.67%
大埔區 8	2	3	1	5
42.11%	10.53%	15.79%	5.26%	26.32%

西貢區	13	4	3	2	5
	48.15%	14.81%	11.11%	7.41%	18.52%
沙田區	18	9	3	1	7
	47.37%	23.68%	7.89%	2.63%	18.42%
葵青區	21	5	2	0	1
	72.41%	17.24%	6.90%	0.00%	3.45%
離島區	3	1	3	1	2
	30.00%	10.00%	**30.00%**	10.00%	20.00%

　　2015 年區議會選舉，十八個選區中有十六個區當選人為全職區議員的佔比最高（包括並列最高）。值得注意的是，資助房屋（如公共屋村和居屋）比重大的區，當選人為全職區議員的比例更加超過 50%。這種趨勢在一定程度上反映了資助房屋區域的選民，較為傾向選擇能夠為他們提供全職服務的參選人。

表 1.3.5　2015 年區議會選舉主要組織當選人職業分佈簡表 [18]

	全職區議員	全職社區服務	專業人士	商人、公司董事	其他
民建聯 （包括雙重身份）	57	20	11	9	22
	47.90%	16.81%	9.24%	7.56%	18.49%
工聯會	24	0	2	0	1
	88.89%	0.00%	7.41%	0.00%	3.70%
自由黨	2	0	0	6	1
	22.22%	0.00%	0.00%	**66.67%**	11.11%

經民聯、西九新動力 （只計算經民聯和經民聯、西九新動力）	4	1	2	2	1
	40.00%	10.00%	20.00%	20.00%	10.00%
新民黨、公民力量 （只計算新民黨和新民黨、公民力量）	15	5	3	1	2
	57.69%	19.23%	11.54%	3.85%	7.69%
民主黨	25	8	4	0	6
	58.14%	18.60%	9.30%	0.00%	13.95%
公民黨	2	3	2	0	3
	20.00%	**30.00%**	20.00%	0.00%	**30.00%**
民協	7	5	1	0	5
	38.89%	27.78%	5.56%	0.00%	27.78%
街工	4	0	0	0	1
	80.00%	0.00%	0.00%	0.00%	20.00%
工黨	0	3	0	0	0
	0.00%	**100.00%**	0.00%	0.00%	0.00%
新民主同盟	5	6	0	0	4
	33.33%	**40.00%**	0.00%	0.00%	26.67%
傘兵	0	3	2	0	4
	0.00%	33.33%	22.22%	0.00%	**44.44%**

如上表所示，大部分參選區議會的主要組織中，當選人職業佔比最高的是全職區議員。工聯會、新民黨、公民力量、民

主黨和街工超過 50% 的當選人為全職區議員。工黨和新民主同盟這兩個相對新參與區議會選舉的組織，則以全職服務社區的當選人比例最高。只有自由黨當選人以商人、公司董事為主。

總之，無論是區域分類或是組織分類，都在一定程度上反映出，選民更傾向於選擇能夠為他們社區提供全職服務的參選人。

3. 同為區議會和立法會議員的情況

表 1.3.6　2007－2016 年同為區議員和立法會議員概況簡表

	人數	佔區議會席位比
2007 年當選區議員、2008 年當選立法會議員	14	3.5%
2011 年當選區議員、2012 年當選立法會議員	19	4.6%
2015 年當選區議員、2016 年當選立法會議員	23	5.3%

自 2010 年 6 月，立法會通過《中華人民共和國香港特別行政區基本法附件一香港特別行政區行政長官的產生辦法修正案（草案）》，於 2012 年立法會選舉增加直選席位，以及加入功能界別區議會（二）後，區議會和立法會之間的關係更為密切。不同政治組織為了增加立法會選舉功能界別區議會（二）的勝算，皆不得不設法讓知名度比較高的政治明星在區議會選舉中勝出，使得區議會選舉的鬥爭更為激烈。

表 1.3.7　2016－2020 年立法會議員曾任和現任區議員統計表

	曾任和現任區議員人數	席位比
35 名地方直選	16	45.71%
30 名功能界別	5	16.67%
5 名功能界別區議會（第二）	5	100.00%
總計	26	37.14%

同為區議會和立法會議員佔區議會的人數比例則從 2007–2008 年的 3.5%，上升至 2015–2016 年的 5.3%。2016–2020 屆立法會中有約 37% 議員同為或曾經為區議會議員。這再次說明，區議會已被政團組織視為磨練立法會參選人的場地。

（四）選舉宣傳的主要議題

2015 年區議會選舉 927 名參選人中，政綱提及政治議題的不少，有 221 人（佔參選人比 23.84%），雖然只有 88 人當選（佔參選人比 9.49%），但也在一定程度上反映了部分參選人希望通過政治議題吸引選民支持。

表 1.3.8　2015 年區議會選舉參選政綱提及政治議題的參選人簡表

	人數	佔參選人百分比	佔選區百分比
提及政治議題的參選人	221	23.84%	51.28%
提及政治議題的當選人	88	9.49%	20.42%

在 431 名當選人的選舉單張中，約 89% 關注社區建設和發展，佔了議題的首位，說明絕大多數當選人仍以地區議題為工作重點。議題排名第二的是交通（54%）和衛生（27%）。關注政治議題的排在第四位，約 20%。

表 1.3.9　2015 年區議會選舉當選人競選單張主要內容分類表

	競選單張中提出該議題的當選人數	百分比
社區設施、發展	383	88.86%
交通	233	54.06%
衛生	118	27.38%
政治[19]（例如爭取普選、重啟政改等）	88	20.42%
老人	81	18.79%
環保及保育	61	14.15%
罪案、治安	60	13.92%
青年	34	7.89%
圍標問題	28	6.50%
婦女	21	4.87%
法律修訂、更新（社會民生）	15	3.48%
法律修訂、更新（政府行政）	1	0.23%
其他	49	11.37%

（五）區議會政治化討論

為了進一步分析區議會是否政治化，我們重點調研了六大區（中西區、灣仔區、觀塘區、深水埗區、沙田區和元朗區）的 2015 年區議會選舉數據，再分析所有候選人在網上的政治成分。

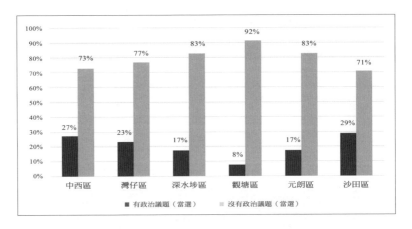

圖 1.3.5　2015 年區議會選舉六區提及政治議題的當選人比例圖

結果顯示，沒有提及政治議題的當選人比有提及政治議題的高出約 50% 至 65% 。沒有提及政治議題的當選人比例約為 70% 至 85%，在觀塘區更達 92%，為六區之冠。有提及政治議題的當選人比例只有約 8% 至 30%，當中以中西區和沙田區比較高（接近 30%），在一定程度上，反映了中西區和沙田區當選人相對其他區較傾向以政治議題吸引選民。

表 1.3.10　2015 年區議會選舉六區有 / 沒有提及政治議題的參選人和當選人對比表

	有 / 沒有提及政治議題的參選人比	有 / 沒有提及政治議題的當選人比
中西區	35% / 65%	27% / 73%
灣仔區	40% / 60%	23% / 77%
深水埗區	22% / 78%	17% / 83%
觀塘區	38% / 62%	8% / 92%
元朗區	28% / 72%	17% / 83%
沙田區	27% / 73%	29% / 71%

對比沒有提及政治議題的參選人和當選人數據，我們可以發現，沒有提及政治議題的參選人佔 60% 或以上，就是說，大多數參選人都不傾向提及政治議題。除了沙田區外，其他五區沒有提及政治議題的當選人比都高於參選人比。

反過來，六區中提及政治議題的參選人比均低於 40%。除了沙田區外，其他五區提及政治議題的當選人比都低於參選人比。反映了在五區中，選民較多選擇沒有提及政治議題的參選人，而沙田區選民則稍微傾向支持提及政治議題的參選人。可以說，沙田區的區議會選舉，相對其他區域，較為政治化。

總括而言，區議會選舉政治化在 2015 年選舉中，只是一個區域性現象，雖然全香港十八區都有參選人提及政治議題，但佔總參選人數比例不高，只有約 23%，能夠當選的則只有約 9.5%。但區議員同時參選成為立法會議員的比例則在上升，2012 年立法會選舉新加入由全港合資格選民直選產生的區議會（第二）五席後，部分地區事務已漸漸成為立法會事務。

因此，即使區議會選舉政治化在現階段看來只是區域性現象，但若果特區政府沒有處理好地區事務，則必然會刺激民意，繼而蔓延至立法會和政治層面。另外，就具有廣泛民意代表性的區議會碎片化問題，政府應該從調整選區劃界、選區人口基數等方面入手，積極研究如何讓區議會和區議員在未來能夠更有效協助政府施政。

正視地區問題，做好地方治理，是特區政府減少地區事務政治化，減少區議會選舉政治化的必要工作。

四、區議會撥款與地區設施、小型工程和社區參與

2008 年之前，區議會只是諮詢組織，財權很小，除了地區康樂文化、社區參與和小規模社區環境美化幾類小額撥款外，[20] 鄉郊小工程等跟地區相關的項目 [21] 撥款均與區議會無關。

2006 年 7 月，特區政府推出《區議會的角色、職能和組成的檢討》諮詢文件，希望在 2008 年 1 月開始讓區議會（1）參與管理部分地區設施；（2）獲增撥資源推動地區小型工程；以及（3）獲增撥資源推動社區參與活動。自此，區議會開始參與管理部分地區設施，包括社區會堂、圖書館、休憩用地、體育場館、公眾泳池和泳灘。

（一）基本工程整體撥款

2008 年之前，與地區小型工程相關的撥款有四項，其項目主事部門和區議會的參與程度也有所不同。詳細情況見表 1.3.11。

可以說，2008 年之前，區議會對於地區小型工程的參與程度很低。四項主要與地區相關的工程中，只有一項是區議會有權決定的，但此項撥款額不高，只佔區議會全部撥款的 15%。

由 2008–2009 年度開始，政府為區議會提供每年 3 億元的專用基本工程整體撥款，以推行區議會提出的地區小型工程。自計劃推行以來，區議會就改善地區設施、美化居住環境及改善衛生情況，都有深入的參與。各區區議會推展的工程項目包

表 1.3.11　與地區小型工程相關的撥款概況簡表 [22]

撥款項目 （主事部門）	概況	區議會參與程度
區議會撥款中預留的款項（民政署）	推行民政事務總署的環境改善及社區參與計劃，2006–2007 年度的撥款為 1.735 億元，但用於小型環境改善工程的撥款額約佔區議會全部撥款的 15%。	區議會可各自按照地區特色和需要，全權決定如何分配所獲得的撥款以進行社區參與計劃和小型環境改善工程。
基本工程儲備基金項下的小型建築工程整體撥款（建築署）	進行小規模的建築、裝修、翻新等工程（即每項耗資不超過 1,500 萬元的丁級工程項目），管制人員為建築署署長。2005–2006 年度獲批的撥款總額 5.8 億元之中，有 1.34 億元是用於康文署和民政事務總署的工程項目（康文署佔 1.31 億元、民政事務總署佔 300 萬元）。	康文署、民政事務總署以及其他決策局和部門每年都會申請此撥款。所有申請由政府一個內部小組審核，並定出優先次序。由於不同的部門互相競逐資源，某些工程項目即使得到負責部門或區議會大力支持，也不能保證可以得到優先處理。換句話説，此撥款區議會接近於無影響力。
基本工程儲備基金項下的市區小工程計劃整體撥款（民政署）	進行每項耗資不超過 1,500 萬元的地區工程計劃，以改善市區的地區設施、居住環境和衛生情況。管制人員為民政事務局常任秘書長和民政事務總署署長，後者負責每項耗資不超過 1,000 萬元的工程計劃。2005–2006 年度，有關撥款額為 3,500 萬元。	民政事務總署或其他有關的工程部門會委託承辦商負責進行這些工程，在過程中會聽取由區議會主席或區議員和地區人士組成的地區工作小組的意見。
基本工程儲備基金項下設立鄉郊小工程計劃整體撥款（民政署）	改善新界鄉郊地區的基礎設施和居住環境，而這些工程計劃每項耗資不超過 1,500 萬元。	與區議會無關。

括改善和興建行人徑、行人天橋設施、休憩設施、涼亭，以及提升、改善社區會堂、社區中心和康樂、文化、體育設施。通過地區小型工程計劃，改善了不少地區設施。[23] 2012–2013 年度，此項撥款增加至 3.2 億元。2013–2014 年度更進一步增加至 3.4 億元。[24] 直至 2016 年 12 月，全港有大約 4,900 項小型工程設施相繼落成，開支超過 25 億元。[25]

可是，由於人口老化、地形和折舊耗損等因素，全港多個社區設施破舊情況仍屬普遍，是次變革只是一次新嘗試，未能從根本上處理問題。

（二）社區參與活動撥款

與此同時，在社區參與活動撥款方面，自 2008–2009 年度起，區議會每年推行社區參與活動的撥款增加至 3 億元，用作舉辦有地區特色的活動，以及與不同界別的地區團體推行協作計劃。2012–2013 年度，此項撥款增加至 3.2 億元。2013 年《施政報告》公佈於 2013 年 4 月起，在十八區區議會每年格外增撥 2,080 萬元，好讓區議會加強推廣藝術文化工作，即每一區每年社區參與撥款自 2013–2014 年度起增加至 3.408 億元。[26]

（三）推展社區重點項目（又稱 "亮點工程" 項目）

梁振英在 2013 年《施政報告》中重申 "地區問題地區解決，地區機遇地區掌握" 的理念。並且自 2013–2014 年度起（在區議會的地區小型工程撥款及社區參與計劃撥款之外）為每區預留一次過撥款 1 億元，即共 18 億元，在該屆（2012–2015 年）任期內推展社區重點項目，[27] 即一些有明顯和良好效果的項目，以回應地區需要，主要為改善或提供社區文娛、康樂、藝術設施和加強社區健康服務。

（四）"地區主導行動計劃"

梁振英推行了以深水埗區和元朗區為試點區的"地區行政先導計劃"，計劃自 2014 年 4 月至 2015 年 8 月（共 17 個月），增撥資源處理區內的重點問題（例如深水埗區的露宿者和元朗區的店鋪阻街）。隨後，由於效果理想，梁振英於 2016 年 1 月《施政報告》宣佈將計劃推行至全港十八區，並改名為"地區主導行動計劃"。一方面，透過由各區專員擔任主席的區管會作統籌，加上區議會的積極參與和相關政府部門的配合，處理涉及公共地方管理和社區問題。另一方面，區管會積極尋找機遇，為當區居民提供適切的服務，改善社區生活質素。

自 2016–2017 財政年度起，政府每年額外撥款 6,300 萬元，給予各區推行此計劃，並增設 38 個公務員及 33 個合約員工職位，以配合相關工作。[28] 具體工作內容包括打擊店鋪阻街、打擊單車違例停泊、改善環境衛生、加強滅蚊和掌握地區機遇項目。

總體來講，上述四類撥款（共約 8 億元多）在小型工程、社區參與、文娛康樂和重點社區項目等方面支援社區需要。可是，尚未能真正滿足地區訴求，市民對於多項社區公共服務和設施仍有意見。而現在地區撥款存在的主要問題為：

1. 三千萬或以上的撥款容易被延誤

梁振英時代為每區預留推展社區重點項目一次過撥款的 1

億元，多區到了 2017 年尚未動工。原因在於超過 3,000 萬以上的單項目撥款要得到立法會財務委員會通過，但在"拉布"頻繁的立法會政治生態環境影響下，往往延誤了地區項目撥款。

2. 地區訴求複雜繁多，而且每區有異，現撥款額度仍是不足

現普遍存在於多個區的環境衛生不佳、社區設施破舊、文娛康樂設施不足、行人友善和無障礙設施不足等問題，每年每區幾億元確實難以全面處理。不少地區小型工程等候多年，不少地區衛生黑點、不少社區設施長期等待處理或維修。如果地區財政充裕和財權運用得當的話，不可能存在如此多的問題。

因此，提升地方行政和地區管治水平的另一個關鍵是改善或優化地區撥款和區議會財政權力。

五、地區反映出的主要問題

由於歷史原因，香港每區發展的時段不同，人口結構及經濟特點也不盡相同，故此在推行政府政策的具體事務上，如康樂設施、道路交通、治安消防、醫療衛生、社區組織等，各區的重點、進度、先後次序都不一致。同時，每區也有自身長期積累的獨特問題。我們在六個選區的調研顯示，政府地方治理效果不佳，人浮於事，主要表現在如下幾個方面。

（一）政府的規劃和服務與地方需求嚴重脫節

這個問題沙田區最具代表性。沙田是香港發展新市鎮中比較成功的一個區。上世紀六七十年代，政府依靠興建公共房屋

來推動城市化進程，在大圍、火炭、小瀝源及石門設立四個輕工業區，使沙田新市鎮的城市化與工業化相配合發展。製造業為新市鎮及周邊居民提供就業機會，反過來新市鎮的人口增長也為區內的廠商提供勞動人口。同時，當人口數量聚集到一定的程度，相應的服務和生活設施也日益完善，形成了所謂"自給自足"的新市鎮發展模式。

然而，隨著香港製造業"北移"和經濟轉型，沙田的發展面臨不少"後工業化城市"的問題。首先，新市鎮在基礎設施的規劃上，已無法適應目前沙田轉向金融、商業和專業服務集中地的需求。[29]

其次，年輕一代在社交媒體和網絡文化影響下成長起來，對環境保護、文化創意、社區發展的期望與上一代人完全不同。政府仍按照之前的經驗和規劃，為社區配置設施，如籃球場或圖書館等，不符合網絡一代對社區設施的要求。

最後，早期遷入沙田區的居民，目前大部分已步入老齡，區內現有的交通和社區設施，無法滿足人口老化的需要。例如，區內 1980 年落成入夥的沙角村，目前年齡達六十歲以上的老人約 50%，最基本的社區設施跟不上變化。[30] 沙角村商場連接地鐵站雖有行人天橋，但上天橋沒有升降機，老人和行動不便的必須繞遠路才能往來地鐵站。沙田區議會曾多年不斷地向政府部門提出在天橋加建升降機，媒體對此也有報道，但均無結果。翻查到的立法會文件顯示，政府於 2018 年開始了該項加建工程。[31]

沙田區的這些案例，只是冰山一角，與民生密切相關的道路安全、便捷交通、領展商場肆意漲價等問題，多區都普遍存在，給百姓日常生活帶來很大的困擾，且長期得不到解決，民怨積累經年。

（二）地方懶政"上繳"問題，削弱政府整體施政威信

地方問題一般涉及多個政府部門，出於官僚體系自身的特點，各部門只關注本部門上級官員的指示，往往會形成"條條專政，條塊割裂"的特點。[32] 對於涉及多個部門的問題，地方政府辦事機構能推就推，能拖就拖，多採取"多一事不如少一事，少一事不如不做事"的態度，任由問題惡化。[33] 一旦暴露，小則由相關部門首長出面解釋或承擔責任，大則整個政府背負不作為和治理無能的罵名，嚴重損害治理威信。

元朗天水圍的泥頭山事件就是一例。2016 年 3 月媒體爆出天水圍濕地公園自然保育區南面，出現一座巨型"泥頭山丘"，面積約兩個足球場大，至少有四層樓高，引起附近嘉湖山莊居民的關注和焦慮。所謂"泥頭山"是新界一些荒廢的農地，被用來非法傾倒建築廢料，不僅破壞環境，有礙觀瞻，而且因隨意堆砌，一旦倒塌危害生命。[34]2015 年深圳就發生巨型渣土山倒塌，衝垮周邊樓宇，造成多人死傷的事故。

該問題涉及多個政府部門，包括環境局、發展局、環境保護署、土木工程拓展署、屋宇署、規劃署、地政總署等。元朗區區議員李月民說，早於 2003 年就發現有人在天水圍南傾倒泥頭，至 2007 年更達到一天內數百架泥頭車來此傾倒建築廢料。李議員說過去多年不斷向不同部門投訴，政府回應都是"沒有違例"，"一路投訴、但一路都無檢控"，令山丘不斷擴大。[35] 之後，事件不斷政治化，屬泛民陣營的土地正義聯盟高調介入，

挖泥運到金鐘政府總部示威遭捕，鬧出“衝擊泥頭山被捕、堆填泥頭山有理”的荒誕劇。

事件在媒體發酵多月，不僅揭出眾多泥頭山，還暴露出政府部門有法不執行，相互推卸的情況。僅環保署過去三年就收到五百多宗同類投訴，卻只檢控並定罪了十宗。[36] 問題不斷惡化，致使 2016 年 11 月申訴專員公署決定，主動調查環境保護署、規劃署及漁農自然護理署三個部門在處理私人土地非法傾倒廢物事件上是否存在行政失當。[37]

市民對政府懶政、推卸責任的憤怒，是土地正義聯盟成員朱凱迪 9 月在立法會選舉作為票王勝出的原因之一。泥頭山事件鬧得政府灰頭土臉、威信掃地，有報章這樣評論到：“一方面政府哀嘆地從何來，一方面坐視大量土地被浪費，天下有這麼荒唐的事嗎？政府連泥頭山、垃圾灣都治理不好，談何處理房屋問題這一‘重中之重’，談何移走關乎民生的‘三座大山’？”[38]

（三）區議會與政府欠缺合作動因，甚至成為施政阻力

回歸後，政府曾幾次試圖向地方下放管理權力，其中包括擴大區議會的職能範圍。然而，地區工作的具體落實，則仍要依靠各個政府部門。區議會作為一個諮詢機構，享有的權力非常有限，既沒有法定權力迫使政府部門予以配合，也沒有權力監督政府部門落實地方發展計劃。回歸以來，區議會中建制派議員佔大多數，2011 年民選席位中，建制派約佔 75%，2015 年約佔 71%，但仍不免時常成為政府施政阻力。

在政府興建厭惡性設施，如骨灰龕、垃圾堆填區和焚化爐

等項目上，這種情況就更為突出。政府 2013 年推出"三堆一爐"政策，受影響的區議員一樣強烈反對，致使政府撤回方案。2015 年 3 月，政府費了九牛二虎之力，於立法會通過擴展新界東南堆填區工程撥款，但隨後西貢區區議員方國珊，批評環保署向立法會提供的資料有問題，入稟高等法院申請司法覆核。[39]

所以，特區政府的施政在地方上卻不一定得到支持，因為區議會缺乏與政府合作的動因。香港的政團不直接參與政府的施政（除了部分政治委任官員外），故此，難以有共識。

（四）民政事務專員職能轉變，政府忽略基層工作

就地方治理而言，地區民政事務專員主持的地區管理委員會，是落實地區需要、協調政府在區內各個政府部門的機構。區議會的正、副主席是區管會的當然成員，區議會屬下委員會的主席也會被邀參加區管會相關議題的會議。換言之，區議會在制度上可通過地區管理委員會，直接向政府部門反映地方民意。

民政專員是特區政府在地區層面的代表，是地方行政的核心人物。地方治理在沒有地方政府的情況下，就要靠民政專員的協調能力落實地區發展計劃，確保區議會所提出的建議獲得適當的回應。

我們調研的結果表明，在民選區議會日益強勢的情況下，民政專員能否在地區發揮作用，取決於三個因素：一是民政專員與區議會主席及議會內大黨的關係；二是民政專員有效運用其政治與財政資源，建立地方政治盟友的能力；三是民政專員是否擁有一批熟悉地方政情和人脈的聯絡主任。表面上看，民

政專員的功能和回歸前一樣，但由於地方上的政治動員工作都被黨團瓜分，政府早就放棄了在地區基層的社會動員工作，這使得民政專員無法用地區民意這個最重要的武器來協調各方勢力。

2014 年梁振英特首在深水埗區高調推出“地方行政先導計劃”，希望通過給予地區管理委員會多些決策權，來處理深水埗區嚴重的“三無大廈”問題。“三無大廈”不僅容易發生消防、治安和建築結構隱患問題，而且往往都是環境衛生較差的地方。以往，協助建立業主立案法團等組織，是民政署的重要工作，政府可藉此來了解和聯絡基層，以備做政治動員之用。政府高度重視的“先導計劃”，深水埗區從八百幢“三無大廈”中，挑出一百幢的目標，最終也只協助成立了十九個業主立案法團。[40] 民政專員在推行相關計劃時，在實際操作中也需要政團幫忙聯絡基層市民，從而把握民情、調動民意。可以說，政府基本上把基層聯絡工作都讓給了政黨和社團。

（五）區議會選區劃分太小所引發的矛盾：巴士、小巴路綫規劃紛爭

2015 年，區議會選區劃分成 431 個，人口約 1.7 萬人為一個選區，在新界選區面積相對大一些，在九龍和香港島（特別是人口集中的大型公共屋邨或住宅區）面積就相對小，甚至只是幾條街道內的小區域。不少區議員也認同選區劃分太小，導致區議員眼光狹窄，如同“街佬”，只會關心幾條街道內的事情，缺乏整體概念和大局意識。

其中一個比較明顯的情況就是巴士、小巴路綫重組。各個

選區的居民總是希望自己家門前的交通方便一點，路經的巴士、小巴路綫多一點，等候時間短一些，四通八達和做到"點對點"。區議員為了爭取其選區內的居民支持，往往在路綫重組事情上，以"選票導向"去"據理力爭"，在區議會會議上與運輸署、巴士公司和小巴公司"抗爭到底"。結果，區議員的"成功爭取"往往是犧牲了整個大區的道路空氣清新和交通順暢，妨礙了整體公共運輸系統的調整。

比如在觀塘，住宅區多在山上，居民出入多需要接駁小巴到山下的地鐵站（即觀塘道沿路的彩虹、九龍灣、牛頭角、觀塘和藍田）。從小區利益出發，肯定是希望每一條（或鄰近幾條）村都有小巴路過，而且班次頻密，方便居民。但如果這樣子的話，路面面積有限的觀塘道肯定堵塞好幾倍。巴士路綫方面，往返山上至香港島的巴士綫選擇不多，中途站居民（特別是油塘一帶）在繁忙時間更是擠不上車，形成了不同區議員因為不同區域居民的需要經常在"爭取"某某巴士、小巴路綫的現象。當然，觀塘區的半山交通問題只是冰山一角，深水埗區、元朗區和沙田區等區也有相類似的情況，中西區和灣仔區居民則希望減少到達市中心的車流量和停站時間。

在運輸署要控制牌照數量和區域車流量，巴士和小巴公司得控制營運成本，以及部分區議員和居民只關注小區利益的情況下，巴士、小巴路綫的"爭取"和"抗爭"將會是常態。而導致這問題的根本原因就是區議會選區劃分太小，引致小區利益與全港整體利益矛盾。如果政府不從選區劃分的標準入手進行改革，是永遠難以解決上述矛盾的。

綜上所述，政府的治理一般落實在三個層面，即高層、中層和基層。第一層是高層治理，即特區政府高層及政策局制定政策；第二層是中層治理，即政府的部門執行政策、提供服務；第三層是基層治理，即最前綫的地區民意代表，為基層及時解決日常生活中遇到的棘手問題，為百姓排憂解難。顯然，特區政府的治理，只有高層和中層，沒有基層治理和網絡，基層治理和動員的機制大都掌控在政黨和政團手中，這是特區政府治理的不足之處。

回溯歷史，經過三十多年的演進，港英時期地方行政遇到的兩大難題，即無法搜集和處理民意，以及無法消解官僚體制的不作為，問題依舊存在，甚至愈演愈烈。

| 註釋 |

* 本文為李浩然、孫文彬、楊毅龍三人合著。收入本書時，已得到其他作者授權。

1. 規範的說法是，香港特區政府為一級政權性政府，所謂"政權性"就是該組織擁有統治權，具備管理一個地方政治、經濟、文化等各項事務的權力。而地方行政和區域組織都屬非政權性組織，這在基本法第 97 條中有具體的規定，換言之，"區域組織並不享有廣泛的立法、行政等政府權力。"詳見陳弘毅：〈區議會與香港政制〉，載陳弘毅：《一國兩制下香港的法治探索》，香港：中華書局（香港）有限公司 2014 年版，第 254 頁；蕭蔚雲：《"一國兩制"與香港基本法律制度》，北京：北京大學出版社 1990 年版，第 331–339 頁。

2. 曾銳生：《管治香港：政務官與良好管治的建立》，香港：香港大學出版社 2007 年版，第 98 頁。

3. 同上，第 82 頁。

4. Patrick H. Hase, "The District Office", in Elizabeth Sinn (ed.), *Hong Kong, British Crown Colony* (Hong Kong: Centre of Asian Studies, The University of Hong Kong, 2001), p. 131.

5. 有學者把香港因部門垂直管理所造成的問題，稱為"條條專政"，詳見黃宏發：〈矩陣管理法與地方行政〉，載宋恩榮等編：《香港經濟、政治、社會論叢》，香港：臻善文化事業公司 1984 年版，第 168–171 頁；蘇祉祺：〈香港地方治理的問題與出路〉，《東南大學學報》（哲學及社會科學版）2011 年 5 月版，第 47–51 頁；以及饒美蛟、楊偉文：〈論香港區域諮詢制度之發展及其政經功能〉，《亞洲研究》2000 年 12 月第 37 期，第 260–271 頁。

6. 香港特區政府：《代議政制綠皮書：代議政制在香港的進一步發展》，香港：政府印務局 1984 年版。

7. 區議會的選舉激發了本港政黨和政團的發展，從此，地方工作成為各種政治勢力進行角逐的平台。

8. 楊奇主編：《香港概論》（下卷），香港：三聯書店（香港）有限公司 1993 年版，第 67 頁。

9. 港英時期留下的地方行政架構由三層組成，第一層大部分屬政府部門和重要的地方組織（即區議會）。第二層和第三都是在政府協助下組成的地方基層組織，其功能主要是協調（不同層面的基層人士）和輔助（政府落實地區計劃）。第二層的分區委員會始於 1972 年，當時每個民政區屬下如果人口達到約五萬人，就成立一個分區委員會。由民政主任提名區內各階層領袖出任委員，協助政府清潔和滅罪等運動。分區委員會一直保留至現今，委員現由民政事務總署署長委任，全港目前共 63 個分區委員會。第三層中的 "互助委員會" 是由大廈住戶組成的志願組織，是 1960 年代末民政主任計劃工作的主要內容。互助委員會從以私樓為對象，迅速推廣到公屋、工廠大廈和寮屋區。互助委員會的目的在於培養睦鄰精神和居民的責任感，從而改善大廈內的治安和管理。目前，全港共有兩千多個互助委員會。業主立案法團是根據《建築物管理條例》而成立的一個法人團體，具法律權力管理大廈的公用地方。現在共有近一萬個業主立案法團，其中絕大多數是在個民政事務處協助下成立的。

10. 羅永祥、陳志輝：《香港特別行政區施政架構》，香港：三聯書店（香港）有限公司 2002 年版，第 317 頁。（政府部門名稱因應變化做了相應的修訂。）

11. 香港特區政府：《綠皮書：一九八七年代議政制發展檢討》1987 年 5 月版，第 34 段。

12. 市政局由 1843 年成立的公眾衛生及潔淨委員會開始，到 1935 年改組為市政局，負責處理市區的康樂、文化和市容服務。港英政府 1986 年成立區域市政局，負責新界的相關服務。與兩局配套的是政府部門市政總署和新界市政署，負責執行兩局的政策。

13. 陳雲：〈區政統籌失敗，部門各自橫行〉，載陳雲、王慧麟主編：《九評政府黨》，香港：次文化堂有限公司 2012 年版，第 50–56 頁。

14. 政制及內地事務局：〈香港特別行政區區議會選舉〉，http://www.cmab.gov.hk/tc/issues/electoral3.htm（最後訪問日期：2017 年 7 月 31 日）。

15. 在某一屆沒有申報年齡的，則以往屆申報的年齡推算；沒法推算的則不計算在內。

16. 以參選人的選舉申報為運算基礎，沒有申報的則算入其他。

17. 加粗者為該區百分比最高的職業分類。

18. 加粗者為該組織百分比最高的職業分類。

19. 包括 "8・31" 議題、普選及 "真普選"、政改、監察政府運作、爭取民主、公義及法治社會、小圈子選舉、平反 "六四"、打破建制議會等。

20. 環境改善及社區參與計劃項下的區議會撥款（2006–2007 年度的預留撥款為 1.735 億元，環境改善計劃與社區參與計劃的撥款比例約為 15%：85%）。參見香港特區政府：《區議會角色、職能及組成的檢討》諮詢文件，2006 年，第 13 頁。

21. 1999 年，民政事務總署在地區推行小型工程計劃中的鄉郊小工程計劃，以及 2007 年推出的地區小型工程計劃，上述兩項計劃的每項工程的費用不超過 3,000 萬元。鄉郊小工程計劃跟區議會無關，2017–2018 年度鄉郊小工程計劃撥款額為 1.4 億，至於地區小型工程計劃自 2008 年起，區議會有權參與工程項目的建議和撥款。2017–2018 年度，此項撥款為 3.4 億元。參見民政事務總署：小型工程計劃，http://www.had.gov.hk/tc/public_services/minor_works_programmes/minor_work.htm（最後訪問日期：2017 年 10 月 23 日）。

22. 香港特區政府：《區議會角色、職能及組成的檢討》諮詢文件，第 15–17 頁。

23. 香港特區政府：《2010 地方行政高峰會報告》，第 1–3 頁。

24. 香港特區政府：《2013 地方行政高峰會報告》，第 1–2 頁。

25. 區小型工程計劃，http://www.dmw.gov.hk/tc_chi/intro.html（最後訪問日期：2017 年 10 月 23 日）。

26. 香港特區政府，《2013 地方行政高峰會報告》，第 1–2 頁。

27. 香港特區政府，《2013 年施政報告》，第 43 頁。

28. 香港特區立法會民政事務委員會：《地區主導行動計劃：工作進展》，立法會 CB(2)401/16-17(06) 號文件，2016 年 12 月 21 日，第 1–3 頁。

29. 呂大樂：〈調整思維：以目前新市鎮發展為例〉，載葉健民主編：《求變：下屆政府不能迴避的議題》，香港：新力量網絡 2012 年版，第 9–41 頁。

30. 參見政府沙田區議會選區登記選民的年齡組別及性別分佈，沙角選區情況，http://www.voterregistration.gov.hk/pdf/R_20160712_1336.pdf，2016 年。

31. 〈官僚拖慢無障礙建設〉，《太陽報》2014 年 10 月 20 日，http://the-sun.on.cc/cnt/news/20141020/00410_020.html（最後訪問日期：2019 年 8 月 3 日）；立法會：《立法會交通事務委員會："人人暢道通行"計劃》，2014 年 11 月 25 日。

32. 參見曾銳生：《管治香港：政務官與良好管治的建立》，第 82 頁。

33. 部門之間相互推卸責任的現象十分普遍。申訴專員公署主動調查的結果顯示：2007 年政府地方行政督導委員會邀請地政總署研究解決隨意在路旁放置貨斗的問題。然而，"地政總署和運輸署曾就責權問題多番書信往來，但問題始終未能解決。" 見《政府當局的街道管理措施》，http://ofomb.ombudsman.hk/abc/files/2008_12_01_1_.pdf（最後訪問日期：2019 年 8 月 3 日）。

34. 香港垃圾堆填區爆滿的一個原因，是建築廢料的成倍增長。政府 2005 年通過《建築廢料處置收費規例》，規定堆填區對每噸廢料收費 27 至 127 元不等，這使私人農地在其後開始傾倒建築廢料。

35. 〈懶理投訴泥頭山部門涉行政失當〉,《東方日報》2016 年 3 月 13 日。

36. 〈有法不依種惡果亂象豈止泥頭山〉,《太陽報》2016 年 3 月 29 日社評。

37. 紀曉風:〈泥頭山禁不絕申訴公署查 3 部門〉,《信報財經新聞》2016 年 11 月 17 日。

38. 〈亂到泥頭無人管何堪法例又過時〉,《東方日報》2016 年 11 月 17 日社評。

39. 〈方國珊申覆核堆填區撥款〉,《蘋果日報》2015 年 3 月 5 日,http://hk.apple.nextmedia.com/news/art/20150305/19064272(最後訪問日期:2019 年 8 月 3 日)。

40. 深水埗民政事務處:《地區主導行動計劃》,深水埗區議會文件 60/16,2016 年 4 月。

第二章

基本法與司法

"一國兩制"下中國憲法和特別行政區基本法的關係

—— 兼論憲法在特區的適用問題

原載國務院發展研究中心港澳研究所《港澳研究》2007 年夏季號，

內容經過更新整理

　　"一國兩制"是中國現代化建設大戰略的重要組成部分。自從香港、澳門回歸，"一國兩制"在香港和澳門已經分別實施了 22 年和 20 年，均獲得很大成功。但同時它是古今中外沒有先例的偉大實踐，所以也出現了一些值得研究和解決的法學理論問題，其中便包涵中國憲法和特別行政區基本法關係的課題。

　　憲法是國家統一主權的象徵，是 "一國兩制"的政治基礎和特別行政區基本法的法理基礎。在堅持 "一國"的前提下，憲法是否適用於特別行政區，以及如何妥善處理憲法和基本法兩法的關係的問題便顯得尤為重要。

　　本文的第一部分，首先簡述了憲法在特別行政區適用的法理基礎，並總結出憲法在特別行政區適用的基本原則。然後針對中國憲法和特區基本法進行條文解讀，分析基本法如何對憲法的一般規定作出特別規定。第二部分則著重分析背後的理論，包括一般法與特別法的理論原理、基本法的憲法性法律性質，以及憲法和基本法關係的理論發展等等。

一、憲法在特別行政區適用的政治和法理基礎

自從 1997 年 7 月香港回歸，基本法成功在香港實施，為香港的管治訂下了良好的規範。但是當中的一些法律細節，仍然有待進一步共識。而其中最突出的，要算是因為基本法地位問題，而產生的憲法在特別行政區的適用問題。很多人習慣稱基本法是香港特別行政區的“小憲法”。的確，基本法規範了香港和澳門的政治、經濟和社會制度，以至中央和特區關係等安排，所以具有一般憲法性文件的特質。但這只是一個通俗和廣義的概念。如果以嚴謹的法律概念去分析基本法在中國憲政架構中的地位，現有的理論便流於不足了。也因如此，造成了法律上和實務上的種種問題。

法律上，特別行政區作為中國領土的一部分，屬中國憲法的覆蓋之內，理應受到中國憲法的規管，適用中國憲法。而且，特別行政區的成立，本身的法理依據便沿自中國憲法。可是因為憲法和基本法關係的不明確，因而出現了對於憲法應否和是否在香港適用等各種疑問。現在比較主流的意見有兩派。第一派較為以香港本身作為研究的中心點，主張基本法是香港的“小憲法”，核心任務是確保“一國兩制”中的香港原有制度能夠順利運作，並在這個框架下研究香港本身的自治和制度安排。認為中國內地和香港應該作為兩個完全、完整和平行地獨立的法律體系各自存在。中央和特區的關係已經透過憲法第 31 條和基本法的相關部

分作為連接點，因此憲法的其他部分並不適用於香港，也不應該有更多的關連，可各自發展本身的憲政架構，以維持"河水不犯井水"的原則。而另一派則以香港在全國憲政架構中的地位作為切入點，重視分析基本法是中國憲法體系的一部分，香港的憲政發展應該包含本地社會和全國性的參與，因為這是國家憲政架構的改動，並體現"一國兩制"中統一的"一國"的原則。兩派主張各有優劣，前者對本地制度設計提供了大量有用的參考理論和數據，但卻忽略了整體的中國憲政結構和香港在當中的位置；後者具有全國憲政的視野，但具體理論內容還是有待進一步發展。

至於實務上，上述的法律定位未能明確，往往造成內地和香港對於中央政府在香港憲政發展過程中的角色，容易出現不同、甚至相反的意見。另外也阻礙了香港和其他省市關係的發展。

筆者希望透過本文，提出基本法是中國憲法的特別法[1] 的觀點，闡釋清楚在中國的憲法類法律當中，憲法作為基本的憲法典，是一般法，[2] 作出一般的規定；而基本法則是作為規範特定地區的特別法，補充憲法的一般規定，並對特區的特別情況作出特別規定。

憲法和基本法的一般法和特別法關係既然清楚界定，就可知道二者並不是兩部獨立的憲法，憲法和基本法共同構成香港的憲制秩序，基本法作為憲法的特別法律，專門規管香港有別於社會主義主體的資本主義制度。這種關係既不同於例如美國兩州憲法的平衡關係，也不同於美國州憲法授權聯邦憲法立法的二者獨立但具有授權的關係。基本法的效力基礎也是來自憲法，沒有憲法的相關規定作為終極根據，則也沒有基本法。因此憲法在特區的適用，是適用基本法的前提條件。

因為憲法才是規範香港事務的終極根據，並以基本法對特別規定作出補充，所以在解讀香港的憲政架構時，必須首先從憲法入手，再對特別事項參看基本法的規定。這樣也就解答了憲法在特區適用的疑問了。

憲法的適用帶來三個基本問題：第一，如果特別法的權利義務安排與憲法相衝突怎麼辦？憲法賦予了特別法優先使用地位，並允許特別法可以排除與特別法相違背的憲法條文的適用。第二，當遇上特別法範圍外的新情況時，除非特別法另有規定，否則憲法即可適用。當特別法出現空白時，便會尋求憲法當中既存的規則來填補，這個特性是法律規則本身所決定的。這也進一步闡釋了特別法與一般法相互依存的關係。第三，任何的相關法律或者相關法律部門之下的新立法，以至法律解釋，都不能違背特別法的基本原則。

筆者將整理和發展兩者作為一般法和特別法關係的理論，並以條文解讀的方法論對憲法和基本法的條文作出比較和分析，從而總結出特別法理論可能出現的四種模式，包括：（1）以基本法作為一個整體的特別法，（2）以章節作為特別法的規定單位，（3）以條文作為特別法的規定單位，和（4）以憲法和基本法內容所規定的主題作為特別法的規定單位。其中，第四種模式是結合了上述三種模式的特點，儘量以基本法作為涵蓋特區事務的法律基礎，以章節分類作為制定分析主題的根本參考，再以條文作為分析單位。這種模式將是下述第一部分內容進行比較研究所使用的方法論。

以下將以表格形式詳細呈現在特定主題上憲法的一般規定與基本法的補充及特別規定。

表 2.1.1　基本法對憲法的補充及特別規定

憲法的一般規定	基本法的補充及特別規定
1. 有關國體	
第 1 條第 1 款：（我國是）人民民主專政的社會主義國家。 第 1 條第 2 款：社會主義制度是中華人民共和國的根本制度。 對於"根本制度"的意思，可參閱鄧小平有關的發言作為補充參考："一國兩制"除了資本主義，還有社會主義，就是中國的主體、十億人口的地區堅定不移地實行社會主義。主體地區是十億人口，台灣是近兩千萬，香港是五百五十萬，這就有個十億同兩千萬和五百五十萬的關係問題。主體是很大的主體，社會主義是在十億人口地區的社會主義，這個是前提……[3]	序言：按照"一個國家，兩種制度"的方針，不在香港實行社會主義的制度和政策。 第 5 條：香港特別行政區不實行社會主義制度和政策，保持原有的資本主義制度和生活方式，五十年不變。
說明：這裏有關國體的規定背後所反映出來的政治理念，實際上是一種中國內地和特別行政區關係的表述。實質運作上，社會主義和資本主義在兩個地區平行而獨立地運作。但是在國體上，卻沒有因此而改變了國家的性質，成為兩種主義混和的國體，因為內地的規模遠遠大於特別行政區。也因此，在特別行政區實行資本主義，是在內地能夠實行社會主義從而締造可行環境的基礎上實現。	
2. 有關人民行使國家權力的制度安排	
第 2 條：人民行使國家權力的機關是……地方各級人民代表大會。 第 3 條：……人民代表大會都由民主選舉產生…… 這裏的"人民所行使的國家權力"包括兩個含義： 各級人民代表大會所屬的地方層面權力； 透過各級人民代表大會選舉的最終產生全國人民代表大會的國家層面權力。	**有關地方層面的權力：** 第 3 條：香港特別行政區的行政機關和立法機關由香港永久性居民依照本法有關規定組成。 第 11 條：香港特別行政區的……行政管理、立法……制度……均以本法的規定為依據。 第 26 條：香港特別行政區永久性居民依法享有選舉權和被選舉權。 第 43 條：香港特別行政區行政長官是香港特別行政區的首長，代表香港特別行政區。 第 45 條：香港特別行政區行政長官在當地通過選舉或協商產生……

	第 68 條：香港特別行政區立法會由選舉產生。
	有關國家層面的權力： 第 21 條第 1 款：香港特別行政區居民中的中國公民依法參與國家事務的管理。 第 21 條第 2 款：……由香港特別行政區居民中的中國公民在香港選出香港特別行政區的全國人民代表大會代表……參加最高國家權力機關的工作。

說明：在人民行使地方層面的國家權力時，中國內地實行人民代表大會制度，人民透過選舉一個單一的機構來實現他們的權力；而人民代表大會是各種權力的總攬，包括行政和立法權。人民的權力最終是透過一種間接的模式實現到行政和立法機關。而在香港地區，則在人民行使選舉權時，直接把行政和立法兩個機關分開（選舉行政長官和選舉立法會議員），人民權力的實踐是透過兩次獨立的選舉活動所投影出來。

所以憲法第 2 條 "人民行使國家權力" 的規定適用於特別行政區內，只是體現的模式透過基本法作出了特別的規定。

在基本法的立法技術當中，沒有獨立說明人民有權行使國家權力，而是直接規定行使權力的方法，從而曲線地證明了人民的權力，巧妙地把兩種內容合二為一。

至於有關人民行使國家層面權力的全國人民代表大會制度，兩個地區並沒有區別安排。只是在選舉制度上，內地透過各級人民代表大會間接選舉出全國人民代表大會，而香港地區則直接選出全國人大代表。

而基本法第 21 條第 2 款中，規定 "香港特別行政區居民中的中國公民" 在香港選出香港特別行政區的全國人民代表大會代表參加最高國家權力機關的工作，則是對憲法的補充規定，對（1） "人民" 和（2） "由民主選舉產生" 從法律概念上作出具體規定。

這方面的規定，請同時參閱《香港特別行政區選舉第九屆全國人民代表大會代表的辦法》的規定。該《辦法》屬全國人大代表選舉法律的特別法。[4]

3. 有關行政、司法和其他非由人民直接行使權力所產生的制度安排

第 3 條：國家行政機關、監察機關、審判機關、檢察機關都由人民代表大會產生…… 第 27 條：一切國家機關實行精簡的原則，實行工作責任制，實行工作人員的培訓和考核制度……	第 11 條：香港特別行政區的……行政管理……和司法方面的制度……均以本法的規定為依據。 第 55 條：香港特別行政區行政會議的成員由行政長官從行政機關的主要官員、立法會議員和社會人士中委任，其任免由行政長官決定。行政會議成員的任期應不超過委任他的行政長官的任期。

	第 57 條：香港特別行政區設立廉政公署，獨立工作，對行政長官負責。 第 58 條：香港特別行政區設立審計署，獨立工作，對行政長官負責。 第四章第二節第 59–65 條（有關行政機關制度安排的規定） 第四章第四節第 80–81 條、第 83 條、第 86 條、第 88–94 條（有關司法機關制度安排的規定） 第四章第五節第 97–98 條（有關區域組織制度安排的規定） 第四章第六節第 99–104 條（有關公務人員制度安排的規定）

　　説明：基本法當中的有關條文，基本上是具體規定了行政、司法和其他政治機構的制度和運作。對於憲法第 3 條就中國內地的制度安排作出了另行的規定。

　　至於憲法第 27 條所規定的"工作責任制"，在香港的具體實施可以參閱首任香港特別行政區行政長官董建華於連任第二屆任期（2002 年 7 月 1 日）時，開始推行的"主要官員問責制"改革。特區政府的主要官員過去均由公務員晉升，只屬一份職業，如果沒有違反公務員紀律便不能辭退或不需要辭職，改變為從委任產生，需要負起政治責任。這個改變與憲法和相關法律規定中國內地的相應體制看齊。

4. 有關法律運作

第 5 條：……中華人民共和國……（是）社會主義法治國家。國家維護社會主義法制的統一和尊嚴。 一切法律、行政法規和地方性法規都不得同憲法相抵觸。 一切違反憲法和法律的行為，必須予以追究。 第三章第八節：人民法院和人民檢察院	第 2 條：全國人民代表大會授權香港特別行政區依照本法的規定……享有……獨立的司法權和終審權。 第 8 條：香港原有法律，即普通法、衡平法、條例、附屬立法和習慣法，除同本法相抵觸或經香港特別行政區的立法機關作出修改者外，予以保留。 第 11 條：香港特別行政區立法機關制定的任何法律，均不得同本法相抵觸。 第 19 條：香港特別行政區享有獨立的司法權和終審權。香港特別行政區法院除繼續保持香港原有法律制度和原則對法院審判權所作的限制外，對香港特別行政區所有的案件均有審判權。

	香港特別行政區法院對國防、外交等國家行為無管轄權。 第 35 條（有關司法程序的安排） 第 42 條：香港居民和在香港的其他人有遵守香港特別行政區實行的法律的義務。 第四章第四節：司法機關 第 35 條、第 82 條、第 84-85 條、第 87 條、第 95-96 條（有關司法機關法律運作制度的安排）

説明：有關法律運作方面，基本法對於憲法第 5 條關於"社會主義法制"作出了特別規定，表明在香港繼續實行原有的法律和司法制度。

另外，關於法律不得與憲法相抵觸的規定，也是適用於香港的。基本法的第 8 條和第 11 條已經就原有法律和新法律不得同基本法相抵觸，作出了明確的規定。而對於不得同憲法相抵觸的理解，具體應該是這樣運作的：香港本地的原有法律和新法律，在基本法有規定的內容，不得同基本法相抵觸。而對於在基本法沒有規定、但在憲法有規定的內容，香港的本地法律均不得同憲法相抵觸。

根據這個原則，在香港違反憲法一般規定（指沒有由基本法作出特別規定的內容）和基本法規定的行為，均須予以追究。至於追究違反法律的行為，屬一般法治原則。也在憲法第 5 條和基本法第 42 條作出了相應的規定。而基本法第 42 條當中的"特別行政區實行的法律"也應當包括上述關於憲法的原則。

5. 有關經濟運作

第 6-8 條、第 11-12 條、第 14-18 條（有關中華人民共和國的社會主義經濟制度）	第 5 條：香港特別行政區……保持原有的資本主義制度……五十年不變。 第五章：經濟

説明：憲法和基本法分別規範在中國內地實行社會主義經濟制度，在香港地區實行資本主義經濟制度。基於基本法序言明確指出的"一個國家，兩種制度"的方針，社會主義和資本主義經濟制度在兩地實行的時候，屬一種平行關係。

兩種制度説的就是社會主義和資本主義的並行。這是面對香港問題和歷史時的關鍵考慮，也是基本法的核心內容，其他的內容是圍繞這個核心內容作出相關規定。

由於（1）基本法明確闡釋了上述規範兩制並行的性質，（2）基本法已經明確規定了資本主義經濟制度的內容，以及（3）社會主義和資本主義經濟制度本身就有較多不兼容的內容，憲法無法同時滿足兩種經濟制度的規範要求。所以對於規範香港特別行政區的經濟模式，應該適用基本法，而不適用憲法。這一方面跟其他內容較為特殊。

6. 有關土地和自然資源	
第 9-10 條（有關中華人民共和國對於土地和自然資源歸屬問題的規定）	第七條：香港特別行政區境內的土地和自然資源屬國家所有…… 　　第七條：……由香港特別行政區政府負責管理、使用、開發、出租或批給個人、法人或團體使用或開發……

　　說明：對於土地和自然資源規定的問題，基本法對於憲法作出了兩處特別規定。（1）規定特區境內的土地全部屬國家所有，這個與憲法第 10 條有關 "集體所有" 的規定作出區分。（2）作出授權，授權香港特別行政區政府處理土地和自然資源的問題。

7. 有關教育及科研政策方向的規定	
第 19 條 第 20 條 第 24 條 第 40 條 第 47 條	第 34 條 第 136 條 第 137 條 第 139 條 第 144 條 第 148 條 第 149 條

　　說明：在這方面基本法沒有對憲法作出特別規定，只是就香港的具體情況作出了規範。

8. 有關醫療衛生政策方向的規定	
第 21 條	第 138 條 第 144 條 第 148 條 第 149 條

　　說明：在這方面基本法沒有對憲法作出特別規定，只是就香港的具體情況作出了規範。

9. 有關文化藝術及廣播政策方向的規定	
第 22 條	第 140 條 第 144 條 第 148 條 第 149 條

　　說明：在這方面基本法沒有對憲法作出特別規定，只是就香港的具體情況作出了規範。

10. 有關專業資格政策方向的規定

第 23 條	第 142 條

說明：在這方面基本法沒有對憲法作出特別規定，只是就香港的具體情況作出了規範。

11. 有關社會福利政策方向的規定

第 45 條	第 36 條 第 144 條 第 145 條

說明：在這方面基本法沒有對憲法作出特別規定，只是就香港的具體情況作出了規範。

12. 有關就業和工作政策方向的規定

第 42–44 條	第 33 條 第 147 條

說明：在這方面基本法沒有對憲法作出特別規定，只是就香港的具體情況作出了規範。

13. 有關保護婦女和兒童的規定

第 48 條：中華人民共和國婦女在政治的、經濟的、文化的、社會的和家庭的生活等各方面享有同男子平等的權利。國家保護婦女的權利和利益，實行男女同工同酬…… 第 49 條：……母親和兒童受國家的保護……禁止虐待老人、婦女和兒童	第 39 條：《公民權利和政治權利國際公約》、《經濟、社會與文化權利的國際公約》和國際勞工公約適用於香港的有關規定繼續有效，通過香港特別行政區的法律予以實施。 香港居民享有的權利和自由，除依法規定外不得限制，此種限制不得與本條第一款規定抵觸。

說明：在這方面，基本法沒有像憲法一樣，直接把保護婦女和兒童規定在條文當中，而是透過基本法第 39 條作出直接引用。

14. 有關語言文字政策的規定

第 19 條第 5 款：國家推廣全國通用的普通話。	第 9 條：……除使用中文外，還可使用英文，英文也是正式語文。

說明：憲法第 19 條和基本法第 9 條這兩個條文的關係出現了三個特點：（1）憲法第 19 條所規定的語言，而基本法第 9 條所規定的是文字。所以"推廣普通話"的責任也應該適用於特別行政區之內；（2）基本法第 9 條引入了英文在特區內作為正式語文，改變了中國只以中文作為法定語文的不成文規定；和（3）但是對於中文作為特區的正式語文，沒有進一步規範所指出的是繁體字還是簡體字。就這方面筆者認為，基於香港的歷史因素，應該理解為繁體字，但是為了方便全國的統一交流，簡體字也是可以的。

15. 有關宗教活動的規定	
第 36 條	第 32 條 第 141 條

說明：在這方面基本法沒有對憲法作出特別規定，只是就香港的具體情況作出了規範。

16. 有關保護住宅和房屋的規定	
第 39 條	第 29 條

說明：在這方面基本法沒有對憲法作出特別規定，只是就香港的具體情況作出了規範。

17. 有關保護通訊自由的規定	
第 40 條	第 30 條

說明：在這方面基本法沒有對憲法作出特別規定，只是就香港的具體情況作出了規範。

18. 有關生育政策方向的規定	
第 25 條：國家推行計劃生育…… 第 49 條第 2 款：夫妻雙方有實行計劃生育的義務。	第 37 條：香港居民……自願生育的權利受法律保護。

說明：基本法對憲法所規定的計劃生育作出了特別規定，不在香港推行計劃生育，香港居民可以享有自願生育的權利。

19. 有關國家安全的規定	
第 28 條 第 52 條 第 53 條 第 54 條 第 55 條第 1 款	第 23 條：香港特別行政區應自行立法禁止任何叛國、分裂國家、煽動叛亂、顛覆中央人民政府及竊取國家機密的行為……

說明：在這方面，香港特別行政區政府獲得授權按照香港的情況，自行訂立保障國家安全的立法。

從立法技術上分析，基本法沒有像憲法一樣，把相關的國家安全原則列在條文當中，而是採取了授權條文的做法。

20. 有關武裝力量的規定	
第 29 條：中華人民共和國的武裝力量……的任務是鞏固國防，抵抗侵略，保衛祖國，保衛人民……	第 14 條第 1 款：中央人民政府負責管理香港特別行政區的防務。

<table>
<tr>
<td>第 29 條：中華人民共和國的武裝力量 …… 的任務是 …… 和平勞動，參加國家建設事業 ……

第 55 條第 2 款：依照法律服兵役和參加民兵組織是中華人民共和國公民的光榮義務。</td>
<td>第 14 條第 3 款：中央人民政府派駐香港特別行政區負責防務的軍隊不干預香港特別行政區的地方事務。

第 14 條第 3 款：…… 可向中央人民政府請求駐軍協助維持社會治安和救助災害。

第 14 條第 4 款：駐軍人員除須遵守全國性的法外，還須遵守香港特別行政區的法律。</td>
</tr>
</table>

說明：在這方面，基本法對憲法的特別規定有幾方面的重點：（1）基本法更多的是規範中央人民政府和駐軍人員的義務；（2）規定了香港居民不需要服兵役，改變了憲法第 55 條第 2 款的規定，是其特別規定；（3）憲法第 29 條就駐軍人員的工作性質是適用於香港的，而基本法則列明了進一步的仔細規定，是其補充規定。例如基本法第 14 條第 1 款所説的「負責管理香港特別行政區的防務」就是對憲法第 29 條的「武裝力量 …… 的任務是鞏固國防」的一種補充，以及基本法第 14 條第 3 款所説的「協助維持社會治安和救助災害」也是對憲法第 29 條的「和平勞動，參加國家建設事業」的一種具體體現。

21. 有關行政區域劃分及中央地方關係的規定

<table>
<tr>
<td>第 4 條
第 30 條
第 31 條</td>
<td>第 2 條
第 11 條
第二章
第四章第五節：區域組織</td>
</tr>
</table>

說明：在這方面，憲法作出了一個宏觀的全國性規定，而基本法則就相關的香港特別行政區問題作出規定，包括（1）特別行政區的內部管理和（2）特別行政區與中央的關係兩方面。

另外，基本法第四章第五節有關區域組織的規定，實際上是對憲法第 30 條有關基層區域組織的特別安排。[5]

22. 有關種族及國籍問題的規定

<table>
<tr>
<td>序言第十一自然段：中華人民共和國是全國各族人民共同締造的統一的多民族國家。
第 33 條</td>
<td>第 24 條
《全國人民代表大會常務委員會關於〈中華人民共和國國籍法〉在香港特別行政區實施的幾個問題的解釋》[6]</td>
</tr>
</table>

說明：根據憲法序言第十一自然段的原則，在香港的非華裔人士也可以取得中國國籍和加入成為中國公民，並在香港享有基本法、以及在中國內地享有憲法所賦予的公民權利。

至於具體的國籍問題，基本法和人大常委的解釋對憲法作出了特別規定，香港地區有不同於中國內地的處理方法。簡單來説，包括（1）直接承認具有中國血統並在香港出生的香港居民擁有中國國籍，具有中國公民身份資格，不論其是否擁有英國或外國居留權和護照，（2）引入香港永久性居民 vs 香港非永久性居民的概念，並闡明與中國公民的對應關係，（3）細化國籍規定在香港實施的具體方法，和（4）授權香港特別行政區政府的入境事務處負責處理相關事宜。[7]

23. 有關保護華僑權益的規定

第 50 條：中華人民共和國保護華僑的正當的權利和利益，保護歸僑和僑眷的合法的權利和利益。	

說明：關於華僑問題，是基本法對於憲法極少數性質上適用，而且屬於關鍵制度，但卻沒有對應的具有法律延伸性的條文。

按照筆者所主張的法理概念來說，有關保護華僑權益的規定應該按照憲法第 50 條的規定在香港適用，香港特別行政區政府應該保護華僑的正當權利和利益。但是由於國籍規定的差異，這一條能夠在中國內地實施的條文，卻無法、也沒有意義在香港推行。要理解有關的原因，就要從華僑的概念著手分析。

因為中國國籍的規定對於血緣有作出考慮，所以便會出現擁有華裔血統，但卻沒有中國國籍的人士。具體根據《國務院僑務辦公室關於華僑、歸僑、華僑學生、歸僑學生、僑眷、外籍華身份的解釋（試行）》[8]的規定，"華僑"是指定居外國的中國公民，而"歸僑"則是指回國定居的華僑。

雖然中國《國籍法》也適用於香港，但是根據基本法第 24 條第 2 款的規定，在香港特別行政區通常居住連續七年以上的中國公民就可以成為永久性居民。而即使是沒有中國籍的人士，也可以因為在香港通常居住連續七年以上而獲得永久性居民身份。區別只是前者是中國公民，而後者則非中國公民。所以居住在香港的華僑，只有兩類，即非永久性居民的中國公民和永久性居民的中國公民。而相對外籍華人，則分為非永久性居民和永久性居民。在中國內地，如果外籍華人歸入中國籍，也稱為歸僑。但在香港，則沒有"歸僑"這個定義，而只會因為擁有了中國國籍，已成為非永久性居民的中國公民或永久性居民的中國公民。總括而言，香港的處理方法是引用"永久性居民"和"非永久性居民"來解決暫住人口的問題，並沒有考慮血緣的區分；所以也就沒有了中國國籍當中的華僑定義了。

另一方面，根據《全國人民代表大會常務委員會關於〈中華人民共和國國籍法〉在香港特別行政區實施的幾個問題的解釋》第 4 條的規定，在香港特別行政區內接受擁有外國居留權或護照的中國公民，但卻不得因持有上述證件而享有主張外國領事保護的權利。此乃第二個用來處理華僑問題在香港的方法。

除此以外，在中國內地之所以要清楚界定華僑身份，是因為對華僑、歸僑和僑眷實施優惠政策。但這方面在香港也並不適用。

24. 有關保護和改善環境及防治污染的規定

第 26 條	

說明：在這方面，雖然基本法沒有規定，但是在香港的本地立法當中則已經有詳細的規定。	
25. 有關公民納稅義務的規定	
第 56 條	
說明：在這方面，雖然基本法沒有規定，但是在香港的本地立法當中則已經有詳細的規定。	
26. 有關民間和社會團體的規定	
第 35 條（對結社自由的規定）	第 144 條 第 146 條 第 148 條 第 149 條
說明：在這方面，憲法沒有相關的專門規定。而基本法則按照香港的具體情況作出了規定。	
27. 有關體育政策方向的規定	
第 21 條第 2 款（對體育事業和體育活動的規定）	第 143 條 第 144 條
說明：在這方面，憲法沒有相關的專門規定。而基本法則按照香港的具體情況作出了規定。	
28. 在香港直接適用的國家機構規定	
第三章第一節：全國人民代表大會 第三章第二節：中華人民共和國主席 第三章第三節：國務院 第三章第四節：中央軍事委員會	
說明：憲法這四方面有關國家機構的規定，均適用於香港特別行政區。基本法並沒有另行撰寫相關條文。	
29. 在香港不適用的國家機構規定	
第三章第五節：地方各級人民代表大會和地方各級人民政府 第三章第六節：民族自治地方的自治機關 第三章第七節：監察委員會 第三章第八節：人民法院和人民檢察院	第四章：政治體制 第四章第四節：司法機關

說明：特別行政區實行的政治體制，跟內地各省市和民族自治區所實行的人民代表大會制度並不相同。另外在司法機關，內地實行人民法院和人民檢察院制度，跟香港的律政司負責檢控工作、各級法院負責司法審判工作，也是不同的。

30. 有關國旗	
第 141 條第 1 款：中華人民共和國國旗是五星紅旗。	第 10 條：香港特別行政區除懸掛中華人民共和國國旗和國徽外，還可使用香港特別行政區區旗…… 香港特別行政區區旗是五星花蕊的紫荊花紅旗。 附件三

說明：基本法在這方面作出了補充規定，說明懸掛國旗和區旗的做法。附件三中有《關於中華人民共和國國都、紀年、國歌、國旗的決議》，且《國旗法》於 1997 年 7 月 1 日加入附件三，由香港特區在當地公佈或立法實施。

31. 有關國歌	
第 141 條第 2 款：中華人民共和國國歌是《義勇軍進行曲》。	附件三

說明：憲法這方面的規定適用於香港特別行政區。基本法附件三中有《關於中華人民共和國國都、紀年、國歌、國旗的決議》，且《國歌法》於 2017 年 11 月 4 日加入附件三，由香港特區在當地公佈或立法實施。

32. 有關國徽	
第 142 條：中華人民共和國國徽，中間是五星照耀下的天安門，周圍是穀穗和齒輪。	第 10 條：香港特別行政區除懸掛中華人民共和國國旗和國徽外，還可使用香港特別行政區……區徽。 香港特別行政區的區徽，中間是五星花蕊的紫荊花，周圍寫有"中華人民共和國香港特別行政區"和英文"香港"。 附件三

說明：基本法在這方面作出了補充規定，說明懸掛國徽和區徽的做法。《國徽法》於 1997 年 7 月 1 日加入附件三，由香港特區在當地公佈或立法實施。

33. 有關首都	
第 138 條：中華人民共和國首都是北京。	附件三

說明：憲法這方面的規定適用於香港特別行政區。基本法附件三中有《關於中華人民共和國國都、紀年、國歌、國旗的決議》，由香港特區在當地公佈或立法實施。	
34. 基本法就香港獨特情況作出的其他規定	
	第1條：香港特別行政區是中華人民共和國不可分離的部分。 第七章：對外事務 第八章：本法的解釋和修改 第九章：附則 附件一：香港特別行政區行政長官的產生辦法 附件二：香港特行政區立法會的產生辦法和表決程序 附件三：在香港特別行政區實施的全國性法律

說明：由於香港曾被英國殖民統治的歷史原因，基本法第1條便開宗明義，針對香港的地位宣示主權。

並由於香港特別行政區獲得中央授權，可以參與一些對外事務，所以基本法闢第七章，詳細述之。

由於基本法的特殊性，所以專門制定第八章和第九章，規定基本法的解釋、修改和對香港原有法律的處理。

同時，就政治制度當中的行政長官和立法機關選舉安排，以附件一和附件二詳細述之。

最後還針對部分全國性法律在香港特區的適用問題，以附件三明文列舉的形式加以規定。

二、特別行政區基本法的性質分析

從法理角度著手分析基本法的性質時，筆者會先從法律文本的解讀開始，以幫助我們把問題的焦點放在實體法的銜接上，而不是單純的法理演繹。

當中，有五個法律條文是發揮著銜接中國法律系統，特別是中國憲法和基本法關係的作用。包括：

憲法第 1 條：中華人民共和國是工人階級領導的、以工農聯盟為基礎的人民民主專政的社會主義國家。社會主義制度是中華人民共和國的根本制度⋯⋯

憲法第 31 條：國家在必要時得設立特別行政區。在特別行政區內實行的制度按照具體情況由全國人民代表大會以法律規定。

憲法第 62 條第 14 項：全國人大⋯⋯決定特別行政區的設立及其制度。

基本法序言：⋯⋯根據中華人民共和國憲法第三十一條的規定，設立香港特別行政區，並按照"一個國家，兩種制度"的方針，不在香港實行社會主義的制度和政策。⋯⋯根據中華人民共和國憲法，全國人民代表大會特制定中華人民共和國香港特別行政區基本法，規定香港特別行政區實行的制度⋯⋯

基本法第 11 條：根據中華人民共和國憲法第三十一條，香港特別行政區的制度和政策，包括社會、經濟制度，有關保障居民的基本權利和自由的制度，行政管理、立法和司法方面的制度，以及有關政策，均以本法的規定為依據。香港特別行政區立法機關制定的任何法律，均不得同本法相抵觸。

從這裏開始著手，筆者在本部分會分別討論（1）在中國的單一制度中，如何協調統一憲法典和兩套制度安排的問題、（2）基本法的憲法特質問題、和（3）一般法和特別法的特徵和原則問題。而在此之前，我們會就本文主旨做一個簡單的文獻回顧，以作為後面討論的參考。

（一）文獻回顧

首先作為本文的一個重要參考，許崇德教授認為基本法和其他法律相比，有它的特殊性，其對憲法來說是一個特別法，其內容大都為憲法允許下的特殊例外。許教授認為，香港基本法既是中華人民共和國的法律，是全國人大制定的基本法律，在全國實施；也是香港特區法律體系的組成部分，規定了香港特區的重要制度和政策，是香港特區的最高法，憲法第 31 條對整部憲法來說，是一項特別條款、例外條款。而基本法是憲法第 31 條的具體化、實踐化。所以基本法對憲法來說甚至對整個中國社會主義法律體系來說，是特別法、例外法。[9] 在此，許教授已經清楚地指明，憲法第 31 條是憲法的特別條款，基本法是憲法的特別法。

王振民教授同樣引入特別法的概念來解釋香港基本法在中國法律秩序中的地位。他認為，基本法是憲法的特別法，是中華人民共和國法律秩序中的一部法律，在處理與憲法的關係時適用特別法與一般法的原理。[10]

王禹博士與許崇德教授及王振民教授的看法也很接近。他認為，基本法在特別行政區具有小憲法的地位。憲法第 31 條是憲法的一個特別條款，根據這個特別條款制定的特別行政區基本法，是憲法下的一個特別法。基本法已經作出規定的，以基本法為準，基本法沒有規定的，但涉及到一個國家問題的，應當以憲法為依據。[11]

蕭蔚雲教授認為，憲法高於基本法，是制定基本法的法律依據。他同時又以憲法裏有服兵役，但香港基本法沒有規定要服兵役，因此以基本法為依據香港就可以不服兵役為例，認為基本法在香港又比其他法律的地位高，香港的許多制度和政策要以基本法為根據，得出解決基本法與憲法關係的結論。[12] 實際上，這裏反映的是基本法與憲法之間的關係，而不僅是基本法與特別行政區其他法律之間的關係，對於前者，蕭教授未有明述。

王叔文等學者則認為，憲法是國家的根本法，香港基本法是全國人民代表大會制定的基本法律。香港基本法和全國人大制定的刑事、民事、國家機構的其他基本法律一樣，與憲法的關係，是"子法"與"母法"的關係，基本法律的制定必須以憲法為依據和基礎，不得與憲法相抵觸。同時，香港基本法也具有特殊性，即由於它是根據"一國兩制"的方針所制定的，憲法作為一個整體對香港特別行政區是有效的，但憲法中的某些條文規定，主要是關於社會主義制度和政策的規定，不作為制定基本法的依據。[13] 這裏有兩層意思，首先指基本法是憲法的子法，另外指憲法通過基本法而對香港整體有效，但憲法中的部分條文不適用於香港。

喬曉陽先生認為，香港基本法作為一部全國性法律和香港特別行政區的憲制性法律，是解決"一國兩制"實踐中所遇到各種問題的根本法律依據。[14]

至於陳弘毅教授認為，回歸後香港和中國內地即是"一國"，雖然絕大部分中國內地法律並不適用於香港，中國憲法中也不是每項條文都適用於香港，但是在法理學的層面，香港法制的"根本規範"，已轉移為以中國的憲法秩序為最終依歸。他認為，香港法院效忠的是基本法，而不直接是中國憲法，基本法對於香港法律的淵源，已經作出了詳盡和全面的規定。[15]

佳日思教授認為，中國憲法第 31 條授權全國人大設立特別行政區，但是全國人大的權力範圍尤其是第 31 條與憲法其他條文的關係並不明確。佳日思教授介紹說，在基本法起草之初，港方委員即提出希望明確憲法和基本法的關係，但這一願望並未能夠在基本法中得以實現。不過可以明確的是，香港基本法是中國憲法和法律體系的一部分。他把香港基本法放在主權和自治的憲法框架內進行研究，認為基本法的中心是"一國兩制"，憲法的一部分 —— 例如關於中央政府的權力和國家結構的條文適用於香港是明確的。[16]

傅華伶教授認為，基本法作為香港特別行政區的憲法，是全國人大貫徹實施中國在中英聯合聲明中載明的對香港的基本政策。他指出，如果認為憲法的序言和第 1 條規定了中華人民共和國的政治與經濟結構的基本限制，那麼憲法第 31 條理應被理解為同序言和第 1 條保持一致，但事實上這兩者是不同的。解決這個矛盾的方法在憲法條文中並未明確，需要我們探尋。[17]

澳門基本法作為與香港基本法性質一致的法律，其研究結論是同樣值得我們參考的。如焦洪昌教授認為，澳門基本法主要規定在澳門特別行政區實行的制度和政策，主要適用於澳門特別行政區有關的機關和居民，所以屬特別法。遵循特別法優於一般法的原則，澳門的制度和政策均以基本法的規定為依據，相反，全國性的一般法律，除澳門基本法附件三列舉的之外，均不適用。[18]

上述觀點在目前學界中具有相當的代表性。[19]學術上基本達成下列共識：（1）憲法是香港基本法的立法依據，（2）基本法是對香港地區內部事務具有最高效力的法律，和（3）基本法是全國性法律。可以得出的初步結論是：基本法至少有兩重屬性，一是基本法是根據憲法制定的、主要適用於香港特別行政區的全國性法律，但其法律位階尚有爭議；二是基本法在特別法意義上，表現出優先於憲法或者優先於其他全國性法律的效力。對第二個屬性的判斷應該建立在對第一個屬性的理解之上，基於此，本文從深入認識基本法的法律性質出發，探討基本法屬何種意義上的"特別法"，而由此引出特別法與一般法之間的適用原理問題。探討憲法和基本法的關係是十分有益的。憲法哪些條文適用於香港，哪些條文不適用於香港，以及當中的原理為何，一直懸而未決。[20] 將其放在特別法與一般法的關係上看待，能夠得出較為妥當的結論。

（二）基本法的憲法性法律性質

基本法的制定過程是由全國人大成立"基本法起草委員會"負責。該起草委員會的委員中，包括了不同界別的各類人士、而不局限於與立法技術相關的專業。此外，草委會還在香港成立了"基本法諮詢委員會"，作為向社會諮詢意見的機構，並於1988 年及 1989 年分別就基本法的徵求意見稿和草案在香港先後進行了兩次大型諮詢。可見整個程序與其他立法的區別，它帶有一般憲法立法程序的特點。

其次，從法律地位、法律內容和法律結構上看，基本法是香港特別行政區的最高法律，與憲法結構類似，基本法按照序言、總則、中央和香港特別行政區的關係、居民的基本權利和義務、政治體制的順序規定了香港的法律地位、公民權利、政治制度及社會組織方式，明確規定特區的任何其他法律不得與基本法衝突，全國性的法律只有在附件三中才能適用於香港。

而在修改程序方面，根據基本法第 159 條的規定，基本法的修改權屬於全國人民代表大會，只是基本法的修改提案權屬於全國人民代表大會常務委員會、國務院和香港特別行政區三者。香港特別行政區的修改議案，須經香港特別行政區的全國人民代表大會代表三分之二多數、香港特別行政區立法會全體議員三分之二多數和香港特別行政區行政長官同意後，交由香港特別行政區出席全國人民代表大會的代表團向全國人民代表大會提出。基本法的修改議案在列入全國人民代表大會的議程前，需要先由香港特別行政區基本法委員會研究並提出意見，並且基本法的任何修改，均不得同中華人民共和國對香港既定的基本方針政策相抵觸。[21] 可見對基本法的修改有著特殊嚴格的規定保障。

基本法的這些憲法特徵反映出它作為全國憲法性法律的性質。[22]

憲法作為一個國家根本法的地位是毋容置疑的。在純粹法學派代表人物凱爾森看來，如果把國家理解為一個法律秩序，那麼憲法則是其國內法律秩序的基礎，憲法的主要職能是決定一般法律規範的創制，決定立法的機關和程序以及在某種程度上決定了今後法律的內容。[23] 不過，在注重憲法作為根本法最高效力的同時，我們也不能忽略憲法作為法律的其他規範效力。借鑒功能分析模式 [24] 來討論憲法，可以發現憲法既是一個國家法律體系的制定依據，一切其他法律都是憲法內容的具體化，[25] 同時憲法在某種意義上也是 "調整公民權利和國家權力之間基本關係的部門法"[26]。憲法或憲法性質的法律,只是眾多的法律科目中的其中一種。[27] 儘管憲法的主要內容都只是原則性規定,但是"憲法也是法,憲法有自己的實體內容"[28]。憲法的實體內容涵蓋了一個國家公民的基本權利和國家機構的設置,其中控制國家權力是憲法的首要功能,只有從規範和制約政府權力入手才能保障公民權利的實現。因此,憲法是根本法的意義並不在於迴避甚至架空憲法的適用性,而是意味著憲法規範的是根本性的、基礎性的公民與國家的關係、以及中央與地方的關係、各個中央國家機關的關係,即關乎權力的產生與縱向、橫向的分權。實質上,憲法也是一門根本性、基礎性的部門法。

從構成憲法的材料的表現形式來考察各國的憲法淵源,可以發現構成"憲法"的不只是憲法法典。除了憲法典之外,通常還有憲法性法律、憲法慣例、憲法判例和條約等等。[29] 一個國家憲法的主要內容不一定全都規定在憲法典中,作為憲法淵源的法律也調整國家的基本制度和公民的基本權利和義務。

詳細述之,世界各國的憲法主要可以分為成文憲法和不成文憲法,前者以美國、法國為代表,後者以英國為代表。成文憲法和不成文憲法是兩種不同的憲法傳統。在不成文憲法傳統的英國,憲法"實包含所有直接或間接地關連國家的主權權力的運用及支配之一切規則"[30],其來源於一系列憲法性法律、普通法、法院判決、憲法慣例等等。"英國憲法是一個歷史過程,它是通過對歷史經驗的整理而賦予政治現實規範意義……憲法每天都在變遷,任何發生的事件都構成憲法的一部分。"[31] 不成文憲法的憲法範圍是模糊的,其憲法淵源隨著憲法實踐的深入而不斷確立下來。因此，在不成文憲法傳統及判例法傳統的英國，憲法性法律和憲法判例[32]可謂是憲法的主體部分，而在成文憲法國家，由於存在一部作為涵蓋憲法主體性內容的憲法典，因此憲法性法律是憲法典之外的、起到補充憲法典內容作用的法律。的確，這兩種憲法傳統的國家對憲法性法律關係的定位並不一致，但對於這些差異的強調有時未免又有些誇大，而對於憲法性法律和其他法律之間的差別卻又過於忽略。筆者認為，在成文憲法傳統的中國，憲法典和憲法性法律的關係同樣是主幹和補充的關係。憲法典並不排斥憲法性法律的存在，因為憲法典並未完全涵蓋中國的所有根本制度，仍然需要憲法性法律的補充。憲法性法律跟憲法一樣，具有根本性和基礎性法律的特徵。

另一方面，制憲權和法律制定權是不同層面上的概念，憲法的制定過程也要比其他法律嚴格。普遍認為，人民是制憲權的主體，代議機關作為制憲權的行使機關，由全民選舉的代議機關組成人員來表決通過憲法。制定憲法時，往往最大程度上體現了民眾的參與及其意見的表達與溝通。

（三）基本法是憲法的特別法

中國法理學界通說認為，一般法與特別法的劃分是以法律的適用範圍為標準的。一般法是針對一般人、一般事、一般時間、在全國普遍適用的法；特別法是針對特定的人、特定事、特定地區、特定時間內適用的法。[33]一般法和特別法在部門法中多有體現。例如中國現行民法由《民法通則》、《民法總則》和其他大量單行法所組成。民法學者認為，所謂民事一般法，是指適用於全國領域、規定一般事項，並且無適用時間限制的民事法律。民事特別法是指適用於特定的區域、規定特定的事項，或在適用時間上有限制的民事法律。一般法和特別法只有在同一法律部門內部，並且法律規定的事項為同類的情況下才能作出區分。[34]

在討論一般法和特別法的適用規則之前，需要同時認清所被討論的法律之間的位階關係。所謂法的位階，是指由立法體制決定的，不同國家機關制定的規範性法律文件，在法律淵源體系中所處的效力位置和等級。上位法，是指相對於其他規範性法律文件，在法的位階中處於較高效力位置和等級的規範性法律文件。下位法，是指相對於其他規範性法律文件，在法的位階中處於較低效力位置和等級的規範性法律文件。同位法，是指在法的位階中處於同一效力位置和等級的規範性法律文件。[35]中國現行的法律體系是由不同位階的法律所組成，一般按照層次高低分為憲法、法律、行政法規、地方法規、行政規章等等。上位法優於下位法是一個基本規則，因此一般法和特別法必須在兩者為同位法時，討論才具有意義。

我們說憲法也是法律，那麼憲法和憲法性法律是不是同一位階呢？這一問題由於中國廣義上的法律被細分為憲法、基本法律[36]和法律，而帶來了一定的模糊性。基本法律和法律之間需不需要再分位階呢？多數學者沒有作出進一步的細分，但不少學者還是認為全國人民代表大會制定的基本法律要高於全國人大常委會制定的非基本法律。但其實這只是法律的效力高低不同，而不是法律位階的問題。基本法律和憲法之間又如何呢？從基本法律根據憲法制定這一點來看，基本法律的位階似乎低於憲法，但同時基本法律中調整公民權利與國家機構的這部分法律，又作為憲法性法律歸屬於憲法部門法。那麼如果僅僅依照法律的制定依據就得出基本法律的位階低於憲法，恐怕這樣的結論並不夠妥當。所以，根據本文討論的語境，憲法與作為基本法律的憲法性法律，其實可以作為同位法看待。

《立法法》第 83 條 [37] 確立了中國之前在法理上承認、但是在法律上並無依據的"特別法優於一般法"和"新法優於舊法"原則。之所以優先適用特別規定而不是一般規定，是因為一般規定是對普遍的、通常的問題進行規定，而特別規定是對具體的特定問題作出規定，有明確的針對性。所以當它們處於同一位階上時，當然應當優先適用特別法。[38] 為了使這種衝突協調機制不會導致法律體系的混亂，《立法法》第 83 條特別指出了由"同一機關制定"這一要素，表明在法律衝突時看重的是立法機關立法權限的層次，對於同一機關的立法則同等看待。這進一步說明憲法和基本法同為全國人大制定的法律，可以屬同位法看待。[39]

特別法優於一般法的原則在同一機關制定的不同法律中是適用的。同樣在同一部法律中，特別條款也要優先於一般條款。特別條款指的是在同一部法律中，同一事項已有一般條款規定的前提下，針對特定的人、時間、地域（即特定因素），又有特別條款的不同規定。在中國法律體系中，由於刑法淵源主要為刑法典，因此特別條款體現較為突出，刑法學者通常把特別條款的適用稱之為"法條競合"。"當一行為同時觸犯同一法律的普通法條與特別法條時，在通常情況下，應依照特別法優於普通法條的原則論處"，是因為"立法者在普通法條之外又設特別法條，是為了對特定犯罪給予特定處罰，或因為某種犯罪特別突出而予以特別規定。因此，行為符合特別法條時，應按特別法條的規定論處"。[40]

因而，我們可以總結出特別法與一般法的幾項適用原則。（1）特別法優於一般法的意義在於特別法規定的特別事項優先適用特別法；（2）在特別法未對特定事項作特別規定時，也就不存在與一般規定抵觸，此時一般規定對特定事項起到補充作用；和（3）一般法在對特別事項起補充作用時，不應與特別法的基本原則有衝突。

綜上所述，以特別法和一般法的框架來處理憲法和基本法的關係，是一個比較可取的方法。

隨著特別行政區的成立，中國的中央—地方憲政框架逐步從過去的傳統單一制，發展成複雜單一制。中國的複雜單一制有兩個最主要特點：（1）中央和不同地方的關係和權力分配十分多元化，沒有一概的邏輯，是建基於一種實事求是、最有效處理不同地方獨特情況而作出的制度安排；（2）地方享有的權力甚至模糊了單一和聯邦制度，因為特別行政區所能夠享有的權利，甚至超越了很多聯邦制國家的地方政府。但是不論如何安排，卻不能改變中國的單一制憲政框架，其最重要的核心政治理念是：地方政府的權力源自中央授權。這個權力來源的結構跟例如美國式的聯邦制度不同，因為聯邦政府和地方政府的權力分配源自一種從下而上的過程，聯邦政府的權力源於地方政府。

既然已經認識清楚有不同的制度，因此就需要有憲法性文件去作出規範。但傳統單一制下的憲法資源又已經不足以使用。

因此，香港基本法的特徵不能完全由原有單一制國家的地方分權格局特徵所包含，反而是具有一些類似於聯邦國家成員邦的特點。例如地方政府在組成聯邦時以契約內部的權力劃分為前提；在起草香港基本法的時候，同樣以香港的獨特情況和市民對生活制度的籲求為考慮，而在憲法內部作出了契約式的權力劃分，並以基本法表現出來。所以可以說，基本法另一個對於中國憲法學研究的重要貢獻，是體現和發展有關於中央和地方關係當中的依法治國精神。

而到實際操作時所使用的工具就是憲法的特別法。憲法第31條是特別條款，效力優於一般條款。基本法是憲法第31條的延伸和展開，已成為憲法的特別法。這是兩部法律的聯繫點。

從法理上對合法性來源進行分析，特別行政區能夠有異於其他地區的特殊制度安排，是因為憲法第31條的特殊憲政安排。根據前文論述的一般法和特別法的判斷標準，我們可以得出憲法第31條是憲法的特別條款，根據特別條款優於一般條款的原則，憲法第31條在適用時應該優先於憲法關於社會制度的其他一般性條款。但問題在於，憲法第31條對於制度本身並無任何描述。儘管憲法規範一般只規定原則性事項，但第31條還是難以稱得上描述了任何原則性事項。事實上，憲法第31條作為一個特別條款，從立法技術層面上來說，屬空白條款和授權條款。條文賦予了全國人大非常廣闊的權力來設立特別行政區，闡明特別行政區的結構及其所擁有的權力。[41] 因此，香港基本法作為憲法第31條賦予全國人大制定的憲法性法律，是憲法第31條空白條款的內容指向，因此憲法第31條應該理解為憲法淵源，[42] 而基本法本質上則作為憲法的一部分存在。

下一步的問題是憲法在香港適用的問題。一個國家的憲法，從性質上而言，是必須適用於全國的領土範圍之內。因此，不可能說《中華人民共和國憲法》不適用於自治區和特別行政區。更重要的是，憲法是完整不可分割的，不是零碎的。我們不能選擇性地適用憲法的某些部分，而又不適用其他某些部分。但是，考慮到這些地方的特殊情況，適用憲法的某些條款可能並不合適，所以便制定了上述的特別法，用以處理那些特別的問題，而不需要修改憲法去遷就或者強制改變已存在的特殊情況。進一步而言，一個立法主體訂立一項不受其控制的法律，也是不合邏輯的。

將基本法作為特別法的理念也解決了一些學者提出來的問題：如果憲法在香港的適用取決於其與基本法的一致性，是否意味著基本法會處於一個比憲法更高的地位？特別法的概念，一方面保持了憲法在香港作為根本法的地位，表述了憲法高於基本法的地位。另一方面也平衡了對於處理特別行政區的事務時，基本法具有優先於憲法的效力。

憲法在香港的適用帶來三個基本考慮：（1）如果特別法的權利義務安排與憲法相衝突怎麼辦？基本法作為特別法，被賦予了優先使用的地位，並允許特別法可以排除與特別法相違背的其他一般法律的適用。（2）當遇上特別法範圍外的新情況時，除非特別法另有規定，否則一般法即可適用。當特別法出現空白時，便會尋求一般法當中既存的規則來填補，這個特性是法律規則本身所決定的。這也進一步闡釋了特別法與一般法相互依存的關係。（3）任何的相關法律或者相關法律部門之下的新立法，以至法律解釋，都不能違背特別法的基本原則。

基本法作為憲法的特別法在特別行政區適用，而對憲法條款作出特別規定，可以有四種不同的模式。

第一，基於基本法是對特別行政區內部事務的總體和整體規劃，所以憲法對所有特別行政區的內部事務均不應用。只有在基本法沒有規定的內容，而又涉及"一國"問題時，才適用憲法的規定。這個方向是把基本法作為憲法內部的一個整體來定義。這個模式排除了憲法在特別行政區的大部分適用，而主要保留憲法的主權象徵。該做法比較直接。但是對於什麼是"一國"、什麼是"兩制"下的內部事務，卻不是容易清楚界定的，所以實際運作時比較困難。

第二，以章節為單位，凡是基本法的九章已經規定過的主題，則不再適用憲法。這個做法，需要同時對應憲法相關的四章。（1）基本法的第一章（總則），取代憲法第一章（總綱）的適用；（2）基本法的第三章（居民的基本權利和義務），取代憲法第二章（公民的基本權利和義務）的適用；（3）基本法的第四章（政治體制，具體為第一、二、三、五、六節），取代憲法第三章第五節（地方各級人民代表大會和地方各級人民政府）和第六節（民族自治地方的自治機關）的適用；（4）基本法的第四章第四節（司法機關），取代憲法第三章第七節（監察委員會）、第八節（人民法院和人民檢察院）的適用。因此，憲法對於特別行政區的適用，只限（1）第三章第一節至第四節（國家機構中的全國人民代表大會、中華人民共和國主席、國務院和中央軍事委員會）和（2）第四章（國旗、國歌、國徽、首都）。這種模式面對一個問題，就是雖然基本法的制定所分的章節，基本上是根據憲法，但二者不可能完全對照，因此造成了對某

個特定主題的規定，可能會出現在不同的章節當中。例如有關
經濟的規定，是在基本法的第五章當中作出規定。但是有關特
別行政區經濟制度的條文，卻也有一些是寫在總則部分。因此
雖然章節已經作了內容上的基本分類，但是如果單以章節作為
基本法對憲法特別規定的標準，並以此來決定適用排除，則會
顯得太過粗疏和內容上的不搭配。

第三，以條文作為單位，凡是基本法已經有條文規定的，
則不再適用憲法的相同條文。這個做法，性質上和上述第二種
模式是相同的，是更加細緻的做法。可是同樣面對一個問題，
就是憲法和基本法的條文並不可能是完全對應和對照的。怎
樣去界定憲法和基本法的哪些條文是互相對應的 —— 包括如
何界定基本法的某一條文是特別或補充規定憲法的哪些條文，
以及憲法的某一條文是由基本法的哪些條文作出特別或補充規
定 —— 是一個很難解決的問題。

第四，是根據憲法和基本法內容所規定的主題，作為決定
適用的標準。本文的第一部分就是按照這個標準來劃分條文的
適用。當中最重要的考慮，是以主題作為單位，綜合考慮基本
法和憲法的互補關係，以及構成的憲政體系。這樣的模式會出
現幾種結果：（1）基本法完全特別規定了憲法的內容。例如基
本法規定了香港特別行政區繼續沿用原來的法律制度、以及所
伴隨的司法體系。並明確了香港的終審權，從而割斷了與內地
的司法運作，形成兩個獨立的法律系統。這方面就完全把憲法
有關中華人民共和國是社會主義法治國家的規定完全排除。（2）
基本法補充規定了憲法的內容。例如基本法規定了香港特別行
政區實行“一國兩制”，保持原有的資本主義制度和生活方式、

不實行社會主義制度和政策。這實質上是對憲法有關社會主義制度是中華人民共和國的根本制度的一種補充。因為資本主義並不是要取代社會主義，也不是一種平行關係從而導致中國成為混合的國體，而是對於社會主義主體的補充描述。（3）憲法和基本法都有作出規定的主題，但是憲法對於某一個具體的制度有作出規定，而基本法則沒有。此時應以本地立法的方式去遵循憲法規定。根據本文第一部分所作出的比較，主要出現在憲法第 27 條關於國家機關實行工作責任制的規定。香港特別行政區政府於 2002 年推行的 "主要官員問責制" 改革，就可以被視為是履行憲法規定的一項制度改革。（4）憲法有作出規定的主題，而基本法則沒有，此時憲法的規定直接適用。根據本文第一部分所作出的比較，主要出現在兩類情況中：第一類是具有延伸性的規定，包括三條。首先是有關保護華僑權益的規定，出現在憲法第 50 條。但是因為基本法第 24 條的有關規定優先適用，所以憲法第 50 條的規定對特別行政區未有實質影響。其次是保護和改善環境及防治污染（憲法第 26 條），以及有關公民的納稅義務（憲法第 56 條）。對於這兩方面，雖然基本法沒有規定，但是在香港的本地立法當中卻已經有詳細的規定。第二類是不具有延伸性的規定，主要反映在香港直接適用的國家機關的規定上。（5）基本法有作出規定的主題或某一個具體的制度，而憲法則沒有。這方面不涉及憲法在特區的適用問題。

（四）結語

總括而言，筆者主張在 "一國兩制" 下，憲法和特區基本法的關係是一種特別法和一般法的關係。憲法在特別行政區適用和生效的同時，基本法也是在全國有效的法律。

本文整理和發展了一些兩者作為一般法和特別法關係的理論。並以條文解讀的方法論對憲法和基本法的條文作出比較和分析，從而總結出特別法理論可能出現的四種模式。而以憲法和基本法內容所規定的主題作為分析標準，又可以總結出五種兩法條文關係的可能性。

由於"一國兩制"是史無前例的制度設計，所以也帶來了錯綜複雜的法律關係。我們需要理解憲法和基本法的淵源，明白基本法的產生和效力源自於憲法。所以，要了解基本法的內容，就需要從憲法著手，從憲法的法理哲學和條文解讀方法入手。

| 註釋 |

1. 中國現有的憲法類特別法定義還不十分明確。筆者主張其他的憲法類特別法還包括《中華人民共和國民族區域自治法》和《反分裂國家法》，分別處理民族自治區域和台灣地區的關係安排。

2. 也有學者稱之為"普通法律"。但為了與"普通法"（Common Law）作出區分，筆者在本文中統一使用"一般法"的說法。

3. 鄧小平：《鄧小平論"一國兩制"》，香港：三聯書店（香港）有限公司 1994年版，第 39 頁。

4. 王振民教授意見。該《辦法》於 1997 年 3 月 14 日第八屆全國人民代表大會第五次會議通過。

5. 與張榮順教授討論後的意見。

6. 《全國人民代表大會常務委員會關於〈中華人民共和國國籍法〉在香港特別行政區實施的幾個問題的解釋》，1996 年 5 月 15 日。

7. 有關問題，可參閱作者的另一文章：〈從一國兩制引申出來的中國國籍問題〉。

8. 《國務院僑務辦公室關於華僑、歸僑、華僑學生、歸僑學生、僑眷、外籍華人身份的解釋（試行）》，1984 年 6 月 23 日。

9. 許崇德：《學而言憲》，北京：法律出版社 2000 年版，第 348–394 頁。

10. 王振民：《中央與特別行政區關係》，北京：清華大學出版社 2002 年版，第 91 頁。

11. 王禹：〈複雜單一制：我國中央與地方關係的三種模式〉，載蕭蔚雲主編：《香港基本法的成功實踐》，北京：北京大學出版社 2000 年版，第 227 頁。

12. 蕭蔚雲：《論香港基本法》，北京：北京大學出版社 2003 年版，第 47 頁。

13. 王叔文主編：《香港特別行政區基本法導論（修訂本）》，北京：中共中央黨校出版社 1997 年版，第 83–84 頁。

14. 喬曉陽：〈序三〉，載香港法律教育信託基金：《中國內地、香港法律制度研究與比較》，北京：北京大學出版社 2000 年版，第 3 頁。

15. 陳弘毅：〈回歸後香港與內地法制的互動：回顧與前瞻〉，載香港法律教育信託基金：《中國內地、香港法律制度研究與比較》，北京：北京大學出版社 2000 年版，第 10–32 頁。

16. Yash Ghai, *Hong Kong's New Constitutional Order* (Hong Kong: Hong Kong University Press, 1999), pp. 57, 61, 81, 140, 178.

17. H. L. Fu, "Supremacy of a Different Kind: The Constitution, the NPC and the Hong Kong SAR", in Johannes M. M. Chan, H. L. Fu & Ghai Yash (eds.), *Hong Kong's Constitutional Debate* (Hong Kong: Hong Kong University Press, 2000), pp. 98-100.

18. 焦洪昌:〈澳門特別行政區基本法若干問題研究〉,《政法論壇》1999 年第 1 期。

19. 其他重要的研究成果還有:楊靜輝先生、李詳琴女士把基本法放在中國法律體系裏進行研究,得出基本法是中國法律體系中處於憲法之下的基本法律,在憲法具有最高法律效力的中國法律體系中,基本法必須依據憲法制定,並符合憲法的規定,基本法與憲法的關係,是子法與母法的關係的結論。參見楊靜輝、李詳琴:《港澳基本法比較研究》,北京:北京大學出版社 1997 年版,第 20–21 頁。許昌博士認為基本法作為特別行政區法律體系中最重要和核心的法律,在子系統內部具有最高法律效力地位,是其自行立法的基礎和各項法律適用的效力依據,特區內其他各種形式的法律不得與之相抵觸。因此,基本法作為確立特區法律體系的基礎法律,是連接全國性法律體系和特區法律體系的關鍵法律。參見許昌:《澳門過渡期重要法律問題研究》,北京:北京大學出版社 1999 年版,第 12 頁。

20. 參見陳弘毅等編:《香港法概論》,香港:三聯書店(香港)有限公司 2004 年版,第 10–11 頁。

21. 憲法的修改也有特殊規定,具體是根據第 64 條的規定:"憲法的修改,由全國人民代表大會常務委員會或者五分之一以上的全國人民代表大會代表提議,並由全國人民代表大會以全體代表的三分之二以上的多數通過。"

22. 這個結論與學界的普遍結論是一致的。例如 "在我國,香港基本法規定的都是有關國家和香港特別行政區的重大事項,是憲法的淵源。" 參見張慶福主編:《憲法學基本理論(上)》,北京:社會科學文獻出版社 1999 年版,第 118 頁。另外還例如 "香港基本法不是一部憲法典,但它卻是一部憲法性附屬文件,或稱憲法性文件,而且擁有一部典型的憲法典所具備的那種內在的規範結構和規範特徵。" 參見蕭蔚雲:《一國兩制與香港基本法律制度》,北京:北京大學出版社 1990 年版,第 109–110 頁,轉引自林來梵:《從憲法規範到規範憲法》,北京:法律出版社 2001 年版,第 390 頁。

23. 〔德〕凱爾森著,沈宗靈譯:《法與國家的一般理論》,北京:大百科全書出版社 1996 年版,第 130 頁以下。

24. "二戰" 以後,功能分析在社會學和政治學領域都取得了一席地位,以社會學

「一國兩制」下的香港法治和管治研究

家帕森斯為代表的結構功能學派成績卓越，以阿爾蒙德為主要代表人物的結構—功能主義更是在政治學研究領域取得非凡突破。參見甘雯：〈關於憲法功能分析模式的法律構想〉，《政治與法律》1994 年第 4 期。

25. 在這個意義上，憲法是衡量法律或立法行為合憲性的標尺。〔德〕凱爾森著，沈宗靈譯：《法與國家的一般理論》，第 5 頁。

26. 王磊：《憲法的司法化》，北京：中國政法大學出版社 2000 年版，第 2 頁。

27. 陳弘毅、陳文敏：《人權與法治：香港過渡時期的挑戰》，香港：廣角鏡出版社有限公司 1997 年版，第 2 頁。

28. 王振民：〈試論我國憲法可否進入訴訟〉，載夏勇主編：《公法》第二卷，北京：法律出版社 2000 年版。

29. 張慶福主編：《憲法學基本理論（上）》，第 106 頁。

30. 〔英〕戴雪著，雷賓南譯：《英憲精義》，北京：中國法制出版社 2001 年版，第 102 頁。

31. 何海波：〈沒有憲法的違憲審查 —— 英國故事〉，《中國社會科學》2005 年第 2 期。

32. 詹寧斯認為，在英國憲法性法律有雙重含義，第一種指可以納入任何一部成文憲法中的那些規則，第二種僅指與憲法有關的立法和判例法。參見〔英〕詹寧斯著，龔祥瑞、侯健譯：《法與憲法》，北京：生活·新知·讀書三聯書店 1997 年版，第 48 頁。

33. 張文顯：《法理學》，北京：法律出版社 1997 年版，第 88 頁。

34. 王利明：〈物權法立法的若干問題探討〉，《政法論壇》2001 年第 4 期。

35. 朱力宇、張曙光主編：《立法學》，北京：中國人民大學出版社 2001 年版，第 128 頁。

36. "基本法律" 一詞頗有淵源。這個用法首先出現在 1981 年 12 月 7 日楊尚昆向五屆全國人大第四次會議作的常委會工作報告中；隨後被憲法所確定，並只能由全國人民代表大會制定。參見韓大元、劉松山：〈憲法文本 "基本法律" 的實證分析〉，《法學》2003 年第 4 期。

37. 《立法法》第 83 條："同一機關制定的法律、行政法規、地方性法規、自治條例和單行條例、規章，特別規定與一般規定不一致的，適用特別規定；新的規定與舊的規定不一致的，適用新的規定。"

38. 〔法〕雅克·蓋斯旦、吉勒·古博著，陳鵬等譯：《法國民法總論》，北京：法律出版社 2004 年版，第 129 頁。

39. 這與《立法法》的精神是一致的。儘管該法並不涉及憲法制定的問題，但《立法法》第 7 條對立法權限的規定是："全國人民代表大會和全國人民代表大會常務委員會行使國家立法權。全國人民代表大會制定和修改刑事、民事、國家機構的和其他的基本法律。全國人民代表大會常務委員會制定和修改除應當由全國人民代表大會制定的法律以外的其他法律；在全國人民代表大會閉會期間，對全國人民代表大會制定的法律進行部分補充和修改，但是不得同該法律的基本原則相抵觸。"對憲法的制定，《立法法》在承認"根據憲法，制定本法"的基礎上，嚴格遵守既有的國家憲法，對制憲和修憲不再規定。然而，憲法也只規定了修憲而沒有規定制憲，唯一相關的條文是憲法第 64 條："憲法的修改，由全國人民代表大會常務委員會或者五分之一以上的全國人民代表大會代表提議，並由全國人民代表大會以全體代表的三分之二以上的多數通過。法律和其他議案由全國人民代表大會以全體代表的過半數通過。"這裏的考慮實質上是認為同一立法機關的法律本來不應該有任何不協調的地方，如果真面對的話則可以通過修改而避免。但立法機關對特定事項特意進行不同規定的目的，顯然是為了讓特別規定優先於一般規定而便於調整特定事項。相反，一個由下級立法機關制定的低位階的法規，之所以不能與上位階法律相提並論，則是為了維護上級立法機關的權威，從而維護法律秩序的統一和協調。我們一般強調憲法的位階高於其他一切法律的原因主要是其他法律根據憲法制定，而且我們可以根據憲法來審查法律的合法性；但本文一直不是在單純根本法語境下作出討論，上文已有闡述。

40. 張明楷：《刑法分則的解釋原理》，北京：中國人民大學出版社 2004 年版，第 283 頁。該原則的適用在特殊情況下有"重法優於輕法"的例外，這一點是刑法的特殊現象，不作詳談。

41. 王叔文主編：《香港特別行政區基本法導論（修訂本）》，北京：中共中央黨校出版社 1997 年版，第 56 頁。

42. 對於香港基本法來說，其他的憲法淵源還包括：（1）《中英聯合聲明》，闡述了中國政府對香港的政策方向；（2）跟"一國兩制"和創設特別行政區有密切關係的、在起草基本法年代的政治理論主張，例如鄧小平論"一國兩制"，闡述了中國政府設立特別行政區背後的政治理念。需要說明，憲法淵源能有幫助我們了解基本法的內容和背後的理念，但只屬參考性質；它們不是法律的一部分，也不可以直接應用到司法程序上。

香港基本法解釋的有關基本理論問題研究

原載國務院發展研究中心港澳研究所《港澳研究》2005 年創刊號，

內容經過更新整理

自從 1997 年 7 月 1 日香港回歸以來，全國人大常委會曾對香港基本法的相關條文作出了五次解釋，並往往引發激烈的討論。本文將集中分析爭議性比較大的首三次解釋的方法論。本文的目的，是要研究兩地對基本法解釋的不同概念，和由此而引申出的對法律的不同理論和認知。同時，激烈的討論也顯出內地和香港兩地從根本上不同的法律哲學。

司法上的確定性和可預期性是兩地進一步融合的基礎。如果雙方不能對憲法制度達成一個強而有力的法律和政治共識，對特別行政區將會帶來更多司法和行政上的困難。本文的第一部分將會分析對基本法解釋的不同理念；第二部分則會進一步提出關於兩個核心理念的討論，分別是基本法的地位問題和"一國兩制"的定義，從而助益於兩地司法規範的建設。

第二章　基本法與司法

一、引發首三次人大常委會基本法解釋的事件背景

1999 年 6 月 26 日，全國人大常委會就"吳嘉玲訴入境處處長案"[1]（一個關於居港權的案件）作出了第一個針對基本法問題的解釋。

對於香港特別行政區的第一個憲法考驗，起源於回歸後什麼人能夠擁有香港居留權的疑問。這個案件在 1999 年 1 月 29 日香港終審法院的判決中，給予兩類在回歸之前並不享有香港居留權的人士享有香港居留權。判決在香港社會引起極大的討論。特區政府最後透過國務院，請求全國人大常委會對於相關基本法條文的立法原意作出解釋。全國人大常委會的解釋指出，只有出生時父或母一方已經是香港永久性居民的兒童，才可以在他們出生後享有香港永久居留權。同時，解釋也確定了全國人大的立法享有最高權威，香港的終審法院並不能對其作出合憲性審查。

全國人大常委會在 2004 年 4 月 6 日對基本法作出了第二次解釋。這一次對基本法的附件一第 7 條和附件二第 3 條兩個條文作出解釋。[2] 這兩個條文是有關特區行政長官的選舉辦法和立法會的組成辦法，以及對於 2007 年以後關於法案和議案的表決程序。

全國人大常委會的基本法解釋要求行政長官，就是否有需要修改行政長官的選舉辦法和立法會的組成辦法向全國人大常委會作出報告。同時也規定全國人大常委會應該根據基本法第 45 條和第 68 條的規定去處理特區行政長官的報告，包括根據香港特別行政區的實際情況和依從循序漸進的原則推進民主進程。[3]

全國人大常委會在 2005 年 4 月 27 日作出了第三次的基本
法解釋。這次解釋是關於基本法第 53 條，在特區行政長官缺位
後，依據基本法第 45 條規定產生新的行政長官時的任期問題，
解釋了任期應該為剩餘的兩年而非五年。

這次爭論始於原特區行政長官董建華在 2005 年 3 月辭職
後，他的繼任人任期問題產生爭議。有人認為 "新的行政長官"
表示 "新一屆" 的行政長官，也有人認為是 "新的一個人" 去
完成本屆的行政長官任期，因而引起很大的迷惘。全國人大常
委會就這個問題作出解釋，指出新的行政長官屬後者，只會完
成董建華餘下的任期（到 2007 年為止），而非新一屆的五年任
期。這個決定，也保障了新任行政長官的選舉能夠按照基本法
第 53 條的規定，在前任行政長官辭職六個月之內進行選舉。[4]

二、憲法解釋的理論

對於憲法解釋的學術理論研究有很多，特別是在過去的十至
十五年期間。單是研究解釋的方法論就有接近十個不同的學派。[5]
現時對於基本法解釋的討論，全國人大常委會所採用的方法論就
是其中一個最核心的爭議。為了更清楚地闡釋內地和香港兩方對
方法論的不同主張，本文將會首先介紹幾個與文字解釋最有關連
的理論。根據這些理論對於文義的依賴程度，逐一介紹如下：

（一）文本主義 / 新文本主義 [6] (Textualism / New Textualism)

文本主義集中單純研究法律條文的內容和文字的意思，並
主張單純從文字出發，因此排斥把其他立法元素，包括立法歷

史等等列入考慮範圍。美國的大法官 Justice Scalia 在 1997 年的一篇文章中就較為全面地把文本主義的概念解釋出來。[7] 根據 Scalia 的觀點，法律解釋就是要找尋 "法律客觀的意圖 —— 一種任何一個正常人都能夠從法律條文當中找到的意圖"[8]。他相信 "文字就是法律，而這些文字就是我們所需要觀察的"[9]，因此法律的真正含意應該是立法者在法律條文當中所指出的，而非立法者所宣佈的。[10]

同時，Scalia 更把立法和法律作出區分。一旦法律成為法律，就不再反映立法意圖，也因此 "立法和立法者的意圖就再與法律無關"[11]。一切意圖只能夠從法律條文當中所運用的文字和內容中找到，其他一切立法歷史、稿件、報告、宣言和證詞皆無關係。

（二）原旨主義 / Holmesian 模式 (Originalism / Holmesian Approach)

原旨主義發軔於二十世紀七十年代。按照 Brest 的經典定義，原旨主義是指應依據立法者的意圖或法條的含義來解釋。[12] 原旨主義與 Holmesian 模式相似，同樣指出法律解釋應該是要找尋運用某一個特定法律用詞的客觀原因和目的。大法官 Justice Frankfurter 在 1947 年曾經寫過一篇文章詳細解釋 Holmesian 的理論。[13] 他指出 "針對法例條文作出解釋的功能是要弄清楚立法者所使用的文字的意思"[14]。法律解釋者 "在解讀法律條文的時候，不應該創新。而且解釋也不應該超越條文，除非會出現一些不合理的內部衝突"[15]。Holmes 本人認為，當進行法律解釋時，要看的 "不是這個人想說什麼，而是這些文字想說什麼"[16]。

　　圍繞究竟應按照意圖還是含義來解釋，原旨主義又分成了新舊兩派：舊派重視原初意圖，新派則強調原初含義。

1. 原意主義 / 新立法原意主義[17] / 自然法[18] (Intentionalism / Modified intentionalism / Natural Law)

　　對於立法原意主義和自然法的學者來說，法律解釋的目的都是為了要找尋最根本的立法原意。所謂立法原意，所指的是立法者在最初的時候為什麼要立這個法律、以及立法者希望透過該立法所能夠達到的目的。[19] 參考 Crosskey 教授對於 "*Heydon* 案"[20] 的評語，這個案件的結論是"從各式各樣眾所周知，法律條文以及其他文件所反映的'立法原因'、'立法企圖'、'立法精神'和'立法動機'作為整體考慮"[21] 所作出的。

　　法律解釋者在作出解釋的時候，同樣可以依賴其他可靠的資料來源，包括立法歷史和在某些時候需要的專家意見。

2. 原初含義的原旨主義 (Original Meanings Originalism)

　　原初意圖遭到了激烈的批判，反對者質疑所謂的原初意圖根本不可名狀，因為面對人數眾多、觀點各異的立法者，既不可能從中抽象出一個統一的原初意圖，也不能確定究竟以誰的"原初意圖"為準。

　　面對批評，原旨主義提出了原初含義理論，主張按照一般公眾在當時對文本的理解來解釋憲法。Scalia 大法官可謂原旨主義最著名的代表。他極力反對探求"立法者本意"，主張要依據憲法文本的原初含義解釋憲法。[22]

（三）工具主義／政策導向或結果導向模式（Instrumentalism／ Policy-oriented or Result-Oriented Approach）

這方面的理論是法律解釋學說當中最受爭議的。理論首先設定立法者的原意是希望達到好的結果，法律解釋者的任務就是要確保立法者的意願成真。工具主義學派要求法律解釋者"當進行法律解釋的時候，不單要查察立法者的意思、以及立法歷史，甚至應該把當時的社會需要和發展目標列入考慮範圍當中"[23]。總而言之，工具主義以及政策導向或結果導向模式的態度，是把法律解釋視為創造新社會規範的方法。

三、人大常委會所採用的基本法解釋理論

全國人大常委會就基本法作出的解釋，基本上是根據大陸法系當中相關的方法論所作出的。為進一步展示不同方法論之間的互動和運作關係，本文會進一步討論人大常委會曾經使用過的方法論。

全國人大常委會對於基本法的前三次解釋，基本上都是基於傳統和相對成熟的大陸法系方法，即所謂四個典型的法律解釋理論經典，包括：文意解釋、系統解釋、歷史解釋和目的論解釋。為了分析這幾個解釋方法如何運用，筆者將會在以下的部分對全國人大常委會的前三次基本法解釋逐一作出討論。從 1999 年到 2005 年期間，全國人大常委會總共作出了三次對基本法的解釋，當中包含了對六個事項進行解釋。

表 2.2.1　1999 年 6 月 26 日全國人大常委會對基本法的解釋分析

條文	起因	解釋內容（所使用的理論和內容）
第 22 條第 4 款	中國其他地區的人進入香港特別行政區須辦理批准手續	系統解釋 + 歷史解釋：包括香港永久性居民在內地所生的中國籍子女
第 24 條第 2 款	香港特別行政區永久性居民在香港以外所生的中國籍子女	系統解釋：引用《關於實施〈中華人民共和國香港特別行政區基本法〉第二十四條第二款的意見》[24]的概念

表 2.2.2　2004 年 4 月 6 日全國人大常委會對基本法的解釋分析

條文	起因	解釋內容（所使用的理論和內容）
附件一第 7 條、附件二第 3 條	2007 年以後	文意解釋：含 2007 年
附件一第 7 條、附件二第 3 條	"如需" 修改	文意解釋 + 歷史解釋：可以進行修改，也可以不進行修改
附件一第 7 條、附件二第 3 條	程序爭議："……須經立法會全體議員三分之二多數通過，行政長官同意，並報全國人民代表大會常務委員會批准"	系統解釋 + 目的論解釋：1. 明確什麼內容需要向全國人大常委會報告，作為全國人大常委會批准的考慮："是否有需要修改" 2. 明確全國人大常委會作出批准時的考慮標準："根據《基本法》第四十五條及第六十八條的規定"

表 2.2.3　2005 年 4 月 27 日全國人大常委會對基本法的解釋分析

條文	起因	解釋內容（所使用的理論和內容）
第 53 條第 2 款	行政長官缺位時，新的行政長官的任期	目的論解釋：新的行政長官的任期應為原行政長官的剩餘任期

（一）文意解釋（The Grammatical Interpretation）

字面意思是全世界法律界，包括中國內地進行解釋時的起點。在"2004 年 4 月 6 日全國人大常委會對基本法的解釋"當中，全國人大常委會對第一個事項和第二個事項基本法條文的解釋，都運用了文意解釋的方法進行解釋：就是針對文字的自然意思作出解釋。在第一個事項解釋當中，關於"2007 年以後各任行政長官的產生辦法"[25] 和"2007 年以後立法會的產生辦法和表決程序"[26] 如果需要進行修改，按照全國人大常委會的解釋，應該"（包）含 2007 年"。即是說，對於二者的選舉機制和表決程序最早可以在 2007 年作出修改。

在中國法律條文當中，"以後"一詞通常意味著包括所標示出來的時間。同樣的原則也應用在有關（1）年齡和（2）數量等方面的條文當中，所明示的時間、明示的年齡和明示的數量應該包括在內。

（二）歷史解釋（The Historical Interpretation）

至於全國人大常委會進行第二個事項的解釋，所運用的文意解釋就比較複雜。在第二個事項解釋當中，全國人大常委會並不單純分析文字的字面意思，也同時參考了立法歷史來作出更加貼近的解釋。

立法歷史往往是形成某種規範和習慣的重要元素，因此參考"立法原意"也可以幫助我們更清楚地明白條文的意思。初稿、參考文件和立法者對事物的根本認識都可以作為分析條文意思的參考。

在全國人大常委會運用文意解釋去解釋"'如需'修改"的

問題時，第一個步驟是界定出 "'如需'修改" 反映並不必然有需要；即是對於選舉行政長官和組成立法會的辦法，可能會出現 "'如需'修改" 或者 "'如不需'修改" 的情況。

第二個步驟，全國人大常委會引用了歷史解釋的方法，對 "'如需'修改" 和 "'如不需'修改" 的局面作出進一步的闡釋。根據基本法附件一第 7 條和附件二第 3 條有關修改程序安排的規定，已經指出了立法會、行政長官和全國人大常委會應該如何對 "需要" 作出響應。這方面有足夠理由讓我們相信立法者對於這些規定可以修改的原意，因為連詳盡的修改程序都已經在條文中交代了。

根據這方面的立法原意，全國人大常委會就以上的客觀情況概念，以邏輯的推理構建出相反情況的處理辦法，從而總結出：當遇到 "'如需'修改" 的局面時，便 "可以進行修改"；但當遇到 "'如不需'修改" 的局面時，則 "可以不進行修改"。

（三）系統解釋（The Systematic Interpretation）

法律條文中的上下文理邏輯和相關法律的推定和協調組成了系統解釋的最根本基礎。[27] 在對基本法的實際解釋當中，全國人大常委會也十分強調條文之間的協調和諧、以及全國法律秩序和規範的系統性。如上所述，歷史解釋在立法文字分析的過程中佔有十分重要的地位。可是，在 "1999 年 6 月 26 日全國人大常委會對基本法的解釋" [28] 當中，因為全盤法律格局的考慮，系統解釋比上述的兩個解釋方法佔有更重的考慮。

基本法第 22 條第四款當中，須辦理批准手續來進入香港特別行政區的 "中國其他地區的人"，被全國人大常委會解釋為

"包括香港永久性居民在內地所生的中國籍子女"。這個定義表達出與全國法律概念當中規定把內地中國公民和香港永久性居民作出區分的一致性。根據 1958 年 2 月 12 日所通過的《最高人民法院關於住在香港和澳門的我國同胞不能以華僑看待等問題的批覆》，香港和澳門居民的身份首次在建國以後獲得法律的界定。該法律文件把港澳居民與海外華僑作出區分。當然，海外華僑本質上從國籍法的角度就跟內地中國公民擁有不一樣的法律地位。把港澳居民和海外華僑區分，一方面為港澳地區的居民劃分出一個與海外華僑不同的、新的法律地位類別。另一方面，也間接解釋了港澳居民和內地居民不同的法律地位。

這裏還有一個需要強調的地方：中國政府從來沒有承認晚清政府和英國就香港問題所簽署的三個不平等條約；或者說中國政府從來沒有承認過香港是英國一個合法的殖民地。可是，基於現實需要的考慮，直至 1997 年以前，中國從未對香港行使過主權。這種哲學又解釋了為什麼在中國的法律邏輯，把香港居民和內地居民區分的同時，完全沒有涉及到國籍立法的概念。

而另外兩部中國法律進一步規定了控制兩地居民往還的措施，包括《中國公民因私事往來香港地區或者澳門地區的暫行管理辦法》[29] 和《公安部關於執行中國公民往來港澳地區暫行管理辦法若干問題的說明》[30]。1999 年全國人大常委會的基本法解釋內容，與這些法律文件所訂定的概念一致，符合區分內地居民和香港居民的一貫原則，以及因此延伸的相關出入境管制措施：內地居民和香港居民的區分是根據身體的物理存在位置，再配合一系列的出入境管制措施。個人的居留權是從最根本的居住所在地和身處的位置所決定，而非國籍。透過任何形

「一國兩制」下的香港法治和管治研究

式的更改，都需要經過管制措施的認可。

因此我們可以總結，兩地居民區分的概念沿於中英條約的歷史演變，並已經反映在全國的法律格局當中。1999 年全國人大常委會的基本法解釋與其他法律條文的概念一致，而這個概念更延伸發展出一整套的出入境管制制度。如果沒有系統解釋，整套概念和制度就會被打出缺口。基本法和全國人大常委會的解釋都是這個區分概念和管制制度的組成部分。

1999 年全國人大常委對第二個事項的基本法解釋，針對第 24 條第 2 款，進一步顯示出不同的法律法規共同組成一個統一的出入境管制制度。這也同時解釋了為什麼在解釋這兩個條文的時候，全國人大常委會採納了系統解釋的方法。在第二個事項的基本法解釋當中，解釋的重點在於 "香港特別行政區永久性居民在香港以外所生的中國籍子女"。解釋引用另一份法律文件《關於實施〈中華人民共和國香港特別行政區基本法〉第二十四條第二款的意見》所已經規定的概念。使用同一個法律系統內的另一個法律內容來澄清概念問題，能夠反映出一種內部的邏輯性和協調性。

（四）目的論解釋（The Teleology Interpretation）

現在我們轉向另一個方向去思考 "2004 年 4 月 6 日全國人大常委會對基本法的解釋" 中第三個事項和 "2005 年 4 月 27 日全國人大常委會對基本法的解釋" 的解釋內容。筆者把這兩項解釋界定為目的論解釋的方法。

所謂目的論解釋，最主要的特性就是透過客觀的手段，來實現原有法律格局關於社會經濟和政治秩序的內在目標。

"2004 年 4 月 6 日全國人大常委會對基本法的解釋"的第三個事項解釋，主要是有關程序的爭議：（1）要求行政長官向全國人大常委會提出報告和（2）全國人大常委會的批准問題。在第一個爭議焦點中，根據基本法附件一第 7 條和附件二第 3 條，如果香港特別行政區希望修改行政長官及立法會的產生辦法，需要得到立法會全體議員三分之二多數通過和行政長官的同意之後，報請全國人大常委會批准。這次解釋，是在基本法已有的工作安排和審批機制下，進一步細化行政長官需要向全國人大常委會報告些什麼內容。透過向公眾說明全國人大常委會希望知道些什麼資料，去幫助委員會成員作出批准與否的決定。可以說，這個目的論解釋是一次立法對政治行為的規管，把全國人大常委會就決定香港政制改革的標準和原則公諸於眾。

第二個焦點是關於"批准"與否的問題。這次基本法解釋向公眾說明了全國人大常委會是基於什麼標準決定是否批准香港特別行政區上述的修改請求。解釋把批准的考慮標準化，是"根據基本法第四十五條及第六十八條的規定"。因此，這次解釋藉助基本法第 45 條及第 68 條兩個條文的內容，向公眾說明清楚基本法附件一第 7 條和附件二第 3 條的含意。可是，運用這種目的論解釋的方法來進行解釋，必須結合系統解釋來有效使用條文的上下文理邏輯，從而顯露條文對規管政治行為的內在含意。

"2005 年 4 月 27 日全國人大常委會對基本法的解釋"是另一個採納了目的論解釋方法去解釋基本法第 53 條第 2 款的例子。[31] 這次釋法的起因是"行政長官缺位時，應在六個月內依本法第四十五條的規定產生新的行政長官"，而新的行政長官的任期隨即成為問題的焦點。爭議的問題是究竟新的行政長官應該履行前任行政長官所餘下的任期（即兩年，從 2005 年至 2007 年），還是開展新一屆的任期（即五年，從 2005 年自 2010 年）。

這次的釋法內容反映出背後一個相對和完整的行政建構：香港特別行政區的行政長官具有雙重身份性，一方面是香港特別行政區的代表和特區政府的首長，另一方面也是中央人民政府所委任的國務院屬於下的官員。因此任期的安排，需要符合兩個系統的平衡，既要符合香港的情況，也需要考慮到全國性的官僚系統秩序。

這次的釋法內容可以進一步參考省長級別缺位時的制度安排。本文之所以拿省長作為比較對象，是因為省長與特區行政長官屬於相同的官階，兩者之間的比較是適當的。根據《中華人民共和國地方各級人民代表大會和地方各級人民政府組織法》的規定，當省長缺位時，應該（1）由省級人民代表大會常務委員會從副省長當中決定代理省長，[32] 或者（2）由省級人民代表大會選出新的省長。[33] 根據憲法，行政機關官員任期與當屆的人民代表大會相同。[34] 這就很清楚規定了行政機關的任期是受人民代表大會任期的規範，是一種屬於固定五年年期的委任，而不由選舉所決定。

當然這並不等同香港特別行政區也要跟從中國內地的政治制度，因為這根本是兩個不同的概念。但是至少在任期安排一事上，除非會根本動搖到香港的行政制度，否則也應該依隨全國行政體系的概念。最簡單的問題是，中央人民政府對官員的委任是基於一個統一完整、任期為固定五年的行政建構而作出的。如果面對一個並不屬於中央人民政府原有建構的情況，中

第二章　基本法與司法

央人民政府更是不應該去作出委任，因為這將會根本地違反了
中央人民政府對人民所已經達成的政治共識。簡單說，固定五
年的任期正是中央人民政府的其中一個根本建構。當然這個建
構為什麼被固定為五年，也與有效反映人民代表大會意志等政
治哲學有關係。可是由於這個問題與香港的情況關係不大，本
文就不再在這裏多加筆墨了。

四、對基本法解釋的文本主義主張

對基本法解釋的其中一個最主要爭議，就是 "立法原意"
所應該佔有的考慮比重和地位。這個部分，本文將會重點分析
文本主義的方法論。主要參考材料包括香港大律師公會、香港
律師會和四十五條關注組[35] 關於 "2004 年 4 月 6 日全國人大常
委會對基本法的解釋" 和 "2005 年 4 月 27 日全國人大常委會對
基本法的解釋" 的意見書、新聞公佈和提交報告等等。

（一）文本主義方法論對 "2005 年 4 月 27 日全國人大常委會對基本法的解釋" 的主張

1. 香港大律師公會

對於 "2005 年 4 月 27 日全國人大常委會對基本法的解
釋"，香港大律師公會提出了兩點意見。而這兩點意見，基本上
都是不同意全國人大常委會的釋法；因為從公會的立場看來，
所爭議的問題都是可以透過簡單的文字解讀來獲得答案。在大
律師公會的聲明中寫道：

《香港特別行政區基本法》第四十六條毫無保留地清楚
列明行政長官的任期為五年；而《香港特別行政區基本法》
第五十三條亦規定行政長官缺位時，應在六個月內依基本
法第四十五條的規定選出新的行政長官。根據《香港特別
行政區基本法》第四十五條（以及憑藉第四十五條之附件
一）當選供委任的候選人將成為新的行政長官。新的選舉
必須舉行。[36]

《香港特別行政區基本法》第四十六條指明對行政長官
任期為五年的規定，並不表示行政長官在未完成任期而缺
位時，新的行政長官須完成上一任行政長官的所餘任期。
此含意亦不能自《香港特別行政區基本法》第五十三條引
申。第五十三條只列明在行政長官缺位時，應根據《香港
特別行政區基本法》第四十五條的規定於六個月來產生"新
的行政長官"。[37]

香港大律師公會認為，新選出來的行政長官具有一個新任
期，應該為五年。按照文本主義的方法去作出結論，公會指出
在普通法的傳統，並沒有先例援引可以把相類似的文字作出司
法上的延展。公會進一步認為"若《香港特別行政區基本法》
某條文的字句並不含糊，即是字句的含義清晰，其效力須全面
實施"[38]。

從上面有關基本法解釋的分析來看，香港大律師公會基本
上是採納了文本主義的方法論來的基本法進行解釋：

……基本法參照條款的背景及目的，詮譯文本所用的字句，從而確立立法原意的詮譯方式，具有易懂和確實性的優點。[39]

　　公會理解在詮譯《香港特別行政區基本法》時，正統的處理方法為詮譯“法律本文所用的字句，以確定這些字句所表達的立法原意……”[40]

　　《香港特別行政區基本法》的清晰字句不應含有字句本身沒有的意思。[41]

香港大律師公會認為法例的文本才是法律，認為文本主義的解釋方法更為明確，也更為市民所能把握。[42]

2. 香港律師會

香港律師會是另外一個主張以文本主義方法論來解釋基本法的專業團體。該會的文本主義主張反映在認為應該緊貼普通法的方法去詮譯法律：

　　根據普通法的闡釋，條例須根據其實質字眼作出解釋。[43]

香港律師會主張法律解釋應該首重文字本身，除非法律條文不清楚和含糊，否則不應該考慮其他外在資料。而香港律師會評價全國人大常委會就基本法作出解釋時，則認為基本法“第四十六條條文不含糊，字眼亦清晰”[44]。

（二）文本主義方法論對“2004 年 4 月 6 日全國人大常委會對基本法的解釋”的主張

1. 香港大律師公會

對於“2004 年 4 月 6 日全國人大常委會對基本法的解釋”，香港大律師公會認同全國人大常委會就“2007 年以後”的解釋，應該包含 2007 年。至於其他方面，雙方則持有不同的理解。在解釋過程中，公會仍舊指向了文本主義。

由此可見，不同的方法論對於解釋結果有著關鍵性的作用。當雙方採用同一種方法論去進行基本法解釋時，解釋結果就不容易出現很大的分歧；如果雙方採用了不同的方法論，結果就會有很大差別。可想而知，方法論對於實際司法解釋運作和雙方爭議的巨大影響力。

2. 四十五條關注組

在“2004 年 4 月 6 日全國人大常委會對基本法的解釋”第三個事項中，全國人大常委會要求行政長官向全國人大常委會就是否有需要修改行政長官及立法會的產生辦法作出報告。而全國人大常委會也被規範需要按照基本法第 45 條和第 68 條的內容去決定行政長官的報告，並把香港實際情況和循序漸進的原則納入考慮範圍。而四十五條關注組則指出：

> ……人大常委會這項“決定”權需要細心分析。它並非基本法任何條文所確實賦予的權力。基本法給予人大常委會的每一項特定角色或權力，都會在基本法條文中確切

闡述該項角色或權力……[45]

四十五條關注組認為全國人大常委會的解釋權是由《中華人民共和國憲法》第 67 條和基本法第 158 條所賦予的,這種權力應該與部分補充和修改權作出區分。關注組進一步認為要求行政長官向全國人大常委會提交報告的安排並沒有在基本法當中列明,而全國人大常委會也沒有被授予對報告的確定權。關注組認為這兩項安排屬部分補充,而非解釋。最後,總結得出要求行政長官提交報告不符合憲法規定:

> 常委會對法律的解釋權,與它對法律作部分補充和修改的權力仍有所識別和區分。[46]
> ……第一百五十八條只是針對解釋權,這必須與部分補充和修改權分清楚……修改基本法的權力,是由一百五十九條規定,屬全國人大而非屬常委會……[47]

雙方爭議的核心問題是(1)要求行政長官向全國人大常委會提交報告的性質和(2)全國人大常委會作出確定的性質。從關注組依據文本主義的角度看來,兩個事項原來都沒有在基本法當中提及。因此一旦被提出來,就是一種新的概念和制度,因此是屬部分補充。相反,從全國人大常委會的角度看來,兩個事項只是從基本法條文中已經訂定的制度的一個延伸,在於清晰化、仔細化和具體化基本法當中已經提及的安排。要求行政長官向全國人大常委會提出報告,是協助全國人大常委會決定是否批准香港所提出的修改行政長官及立法會產生辦法的建議，而這個批准權力早就已經在基本法當中列明。這樣的安排，讓公眾預知全國人大常委會所關心的問題，從而有助節省時間和社會的精力。同樣地，全國人大常委會的確定權對於這次的釋法概念來說，只是批准權的一個延伸。如果全國人大常委會不同意特別行政區的意見並且在修改程序的第一階段就告訴特別行政區，這樣能夠有助節省時間和精力。

（三）文本主義和目的論解釋

香港大律師公會在 2004 年 3 月 11 日所發表的一份意見書中，第 23 段對於如何解釋基本法從而達到法律所規定的政治安排，在一定程度上採納了目的論解釋的方法論。

公會認為，普選產生行政長官是法律上所設定的最終政治安排。既然如此，就應該有傾向性地選擇和作出憲法性解釋，來實現現有基本法格局關於政治秩序的內在目標。這個 "最終目標" 作為立法者的良好動機，如果出現兩個可能的解釋，"但其中一個解釋有助向最終目標邁進、而另一解釋卻沒有，當局應選取不會對達到目標構成不必要阻礙的解釋。"[48] 這種為追求目標而作出或選擇的基本法解釋，在一定程度上反映出文本主義和目的論解釋方法論的結合。

事實上，文本主義和目的論解釋結合的解釋方法可謂香港終審法院的一貫立場。早在 "吳嘉玲案" 中，終審法院業已指明，解釋基本法這樣的憲法性法律時，法院均會採用考慮立法目的這種取向，而這方法亦已被廣泛接納。法院之所以有必要以這種取向來解釋基本法，是因為憲法性法律只陳述一般原則及表明目的，而不會流於講究細節和界定詞義，故必然有不詳盡及含糊不清之處。有關文本所使用的字句，法院必須避免採用只從字面上的意義，或從技術層面，或狹義的角度，或以生搬硬套的處理方法詮釋文意。[49] 從終審法院之後的判例來看，考慮文意的目的論解釋方法（Purposive Approach）一直是終審法院解釋基本法的基本立場。

五、香港基本法解釋的多元主義方法

無論是在普通法地區，還是大陸法地區，嚴格的文本主義已遭擯棄，憲法也不再以單一的方法來解釋。Philip Bobbitt 教授的《憲法性解釋》（*Constitutional Interpretation*）一書為憲法解釋的多元主義理論提供了新的途徑。[50] 本文將運用這一觀點，指出圍繞基本法解釋，釋憲派與反釋憲派、原創主義與反原創主義的諸多爭論。[51] 反而基本法解釋當中最重要的方法論問題，卻一直被忽略。

在這一部分，筆者將提出一個關於香港憲政主義的理念，透過尋求多元主義的方法進行基本法解釋，以獲得香港普通法和內地大陸法的共同接受。

（一）構成憲政主義的多元特性

因為香港在中國政治版圖中的獨特性和超過 150 年的殖民統治歷史，新的香港憲制 [52] 存在著豐富的元素，但最主要包含三種類別的基礎：第一類是建立香港特別行政區的不證自明的法律基礎，包括憲法和基本法。第二類是在香港實行的法律，即本地普通法傳統。第三類是兩種制度下，對制度安排和權力分配的一種比較性考量，本文將在之後的部分進行討論。因此，解釋基本法必須依賴於對整個憲法基礎（包括憲法和基本法）和其他基礎的理解，而不僅僅是相關的條款。

另一個支持以宏觀視野看待基本法解釋的原因，是因為香港特別行政區的建立本身就是建基於一套政治學意義上的框架，即"一國兩制"的國策。因此，權力和制度的安排必然會被高度政治化。儘管憲法和基本法有能力在一個統一的國家內和兩種不同的制度特徵下（有時甚至是獨立的）構建框架，也不可能完全保證"一國兩制"實行的效果。很多情況下，仍然需要透過經驗和談判去達成未解決事項的妥協。從前三次全國人大常委會解釋基本法的經驗來看，基本法的解釋可以被看作具有法律解釋和政治解釋的雙重屬性。

憲政主義的多元特性決定了基本法的解釋理論需要同時滿足兩方面的需要。一方面是能夠解釋和闡述基本法的內容。最理想的是，這種描述性解釋能夠滿足特區全體公民和公共社會的解釋期望和認知。[53]

第二方面的需要則是能夠證明法律上行政機關運作安排的正當性。本文之後將會進一步探討整體公權力機關的正當性，不僅是香港特別行政區政府，還包括中華人民共和國中央人民政府和其他省級政府。這也可以解釋為什麼基本法的解釋必須把全國的法律和政治制度納入考慮。對基本法的解釋，只有考慮到全國性的制度，才能保證在全國範圍內的有效性。

憲法是一個十分複雜的法律，由不同的法律和政治概念所組成。而憲法的不同條款又具有概括性和一定的籠統性特質。[54]事實上，基本法的條款也相當籠統，因為這是不同歷史、法律體系和制度安排之間相互妥協和平衡的結果。因此，基本法的解釋應該將這些因素都作出全盤考慮。

在基本法解釋中採取多元主義理論的目的，是為了能夠更好地描述法條的內容，以及為政治運作提供更合理的安排。香港終審法院首席法官李國能所提出的法律解釋多元原則，為香港基本法解釋實踐多元主義的方法論提供了寶貴的指引。[55]

（二）不同淵源指引不同方向

憲法解釋的各種理論都立足於對法律淵源的不同認識，而又從淵源的權威中汲取力量。[56] 並且正如 Post 指出的，不同的憲法解釋理論又來源於對憲法權威的不同理解。[57] 因此，我們可以得出這樣的結論：憲法解釋必會受到解釋學方法論的影響。

舉個例子，有些人可能會主張以普通法的推理適用於基本法解釋，[58] 但其他人則並非如此。內地的法律理論和政治意識形態認為：憲法權力來自人民的政治權利，所以全國人大享有至高性地位。而對於普通法的執業者來說，法律是不可以包含政治考量的，否則法律就不再是法律了。

當不同的方法論帶出不同的結果的時候，我們應該怎樣做？以香港特別行政區的情況來說，正如上文所提到的，香港憲制秩序包含了多個不同形式的淵源，都可以用於構建基本法的解釋理論。所以我們需要尋求更高的、普遍的統一適用性和政治道德考慮，從而達到基本法解釋的確定性。

以下我們將會對此展開進一步的討論。

（三）尋求統一和公認的解釋理論是一種法律義務

法律的確定性對於香港和內地的進一步交流起著關鍵作用。基本法解釋的框架已經由基本法確定下來：全國人大常委會被授予解釋權，香港特區的法院又被全國人大常委會授權解釋特區自治範圍內的條款。[59] 這和歐盟的二次立法原則有些相似。可是，因為對於解釋方法論缺乏強而有力的法律共識，所以造成了全國人大常委會的前三次基本法解釋均受到激烈的批評。法律規範的構建似乎還未圓滿，而缺乏一套共同認識和接受的運作習慣，對於規則的落實將是百害而無一利。

本文提出的另一個多元主義解釋方法論是比較方法論。一個統一的解釋標準和法律規範能夠通過對基本法條文的共同認識逐步建立。當然，當中需要包含全國性法律的精神和香港的普通法傳統兩個方面。

對於比較方法的解釋，需要考慮兩種制度下機構安排和權力分配淵源的三種類型：（1）全國性法律、（2）政府的基本原則（包括中央人民政府和香港特別行政區政府）、和（3）內地的法律和政治體系。為達到運作上的共識，還需要提及四種解釋原則：[60]（1）被普通法和大陸法共同接受的基本法文本；（2）存在於全國性法律、建立中央政府的原則和普通法案例當中，但基本法卻沒有包含的規則內容，對於特區行政長官補選的任期爭議便屬這一類問題；（3）從其他法律秩序中吸收外來元素而形成的規則，有利於達成普通法與大陸法之間的妥協；和（4）規則明確傾向於某一方面的解決方案，現在的爭議一定程度上是因為這個原因。

我們可以看到，基本法的立法者擁有建構一個統一和諧的全國性憲政格局的意圖。這種全國性憲政格局，一方面維持了香港特別行政區實行普通法，中國內地實行大陸法；另一方面也確保兩地能夠在統一的法律格局當中加深交流。當大陸法遇上普通法，無可避免地會出現不同導向，以上的提議希望可以對建立兩制間的和諧共融有所貢獻。然而，我們必須進一步界定兩個核心概念的定義：（1）基本法的本質和（2）"一國兩制"政策，這樣我們才能給予基本法解釋一個明確的定位。

六、基本法在整體法律系統中的地位

對於解釋基本法爭論的一個核心問題，是應該適用哪一種理論。儘管筆者不太同意這個爭論焦點，因為各方認為解釋基本法的時候，只能夠用一種單一的方法論，而筆者卻一直主張多元理論。但不管如何，這場爭論卻帶出了一個非常關鍵的問題：基本法的性質和地位是什麼？是香港特別行政區的所謂"小憲法"，還是中華人民共和國法律體系中的一部法律？

本文主張以"特別法"的概念來闡釋香港特別行政區基本法在中華人民共和國法律體系中的地位[61]以及因此而引起的與其他法律的關係：香港特別行政區基本法是中華人民共和國的憲法類特別法。那麼，什麼是特別法？特別法是指對一般法律所不處理的問題而特別設置的法律安排。這個概念在中國的法律系統中久已存在。例如，中華人民共和國的民法體系當中有《民法總則》和《民法通則》（一般法），用以闡明民事法律的基本範圍，例如對人的管理、自然人之間、自然人與法人之間，以及法人之間財產關係的調整。同時也存在一些專門的特別立法（特別法），用以處理婚姻、土地管理、環境、商標、版權等特別的民法問題。

在憲法體系當中，《中華人民共和國憲法》本身是一部管理國家基本問題的“一般法律”；而另外的特別法，如《中華人民共和國民族區域自治法》、《中華人民共和國香港特別行政區基本法》和《中華人民共和國澳門特別行政區基本法》，則分別處理民族自治區域和兩個特別行政區等特殊制度安排。雖然這種說法目前仍有爭議。但是，筆者仍選擇使用這個概念，因為這三部特別法在政治、社會和經濟架構上，解決了《中華人民共和國憲法》在當地不宜完全適用的問題。同時因為在這些地區所實行的制度非常獨特，與憲法完全適用的其他地區大不相同。

在這些地區，憲法的適用程度將作進一步討論。一個國家的憲法，從性質上而言，是必須適用於全國的領土範圍之內。因此，不可能說《中華人民共和國憲法》不適用於自治區和特別行政區。更重要的是，憲法是完整不可分割的，不是零碎的。我們不能選擇地適用憲法的某些部分，而又不適用其他某些部分。但是，考慮到這些地方的特殊情況，適用憲法的某些條款可能並不合適，所以便制定了上述的特別法，用以處理那些特別的問題，而不需要修改憲法去遷就或者強制改變已存在的特殊情況。

這有些類似香港的《工廠及工業經營條例》（Factories and Industrial Undertakings Ordinance）的制度安排，部分工廠經過鑒定後可免於監管，但這並不意味著條例對其不起作用。僅僅是法令不直接對那些工廠產生作用，但實際上這種特殊權利正是來源於法令本身。進一步而言，一個立法主體訂立一項不受其控制的法律，也是不合邏輯的。

七、什麼是"一國兩制"

另一個核心問題是"一國兩制"的性質。這個答案將不僅僅決定全國人大常委會和香港法院解釋權的範圍，更將決定香港特別行政區的自治程度。根據香港基本法第 158 條，香港特別行政區法院被授權解釋本特區自治範圍內的條款，同時全國人大常委會對涉及中央政府職責和中央與特區關係的事務負有解釋責任。[62]

當我們談論"兩種制度"時，我們首先要清楚地定義討論的主題：是指兩種法律制度？兩種教育制度？還是兩種電視廣播制度？

根據鄧小平的理論來看，[63] 答案是很直接的：兩種制度指的是指社會主義制度和資本主義制度。基本原則是不管內地怎樣實行社會主義制度，香港依然可以保留資本主義制度。弄清楚這個問題至關重要，因為這個安排決定了（1）什麼事情屬特區自治的範圍，什麼屬中央與特區的關係，以及什麼屬中央政府的職責，和由此而引申的（2）特區的高度自治程度。

回答了這個問題之後，我們能更清楚地看到"一國兩制"政策對香港繼續實行資本主義制度所產生的保障作用。而其他的內容並不由這個政策作出保障。

這樣第二個問題就出現了：伴隨著資本主義制度而產生，並構成資本主義制度組成部分的其他系統怎麼辦？這個答案由基本法解答和作出安排。根據基本法的安排，香港原有的司法權和法院的終審權，移民和海關，公共財政，貨幣和引渡等等，都繼續運作和保留，並屬特區政府負責的內部事務。

那麼關於政治制度呢？基本法已經明確說明了回歸後頭十年的政治制度安排。但是 2007 年後的發展卻沒有確切地提出，而這正是引起爭論的主要原因。一些人認為西方模式的三權分立和選舉等政治制度是資本主義的必然組成部分，因此也應該在香港落實。也有人認為，資本主義社會中的政治制度應建基在特定的環境上，無需要完全照搬西方社會的制度。這是二者爭論的核心。因此，準確解讀"一國兩制"對基本法解釋的討論，無疑是極具價值的。通過對"一國兩制"含義的清晰闡釋，我們能更清楚地分辨哪些案件應交由全國人大常委會解釋，哪些歸香港法院解釋。

八、結論

主張釋法派與反對釋法派在香港基本法解釋問題上產生了多次爭論，但卻都忽略了法律解釋學的原理和方法論。

本文分析了全國人大常委會就基本法的三次解釋和所採納的方法論。全國人大常委會基本上採用了大陸法系當中的四個經典解釋方法論，即文意解釋、系統解釋、歷史解釋和目的論解釋。另外，本文也研究了部分香港法律專業人士所提出的文本主義理論。

在不同的案件中，使用不同的方法論很可能推導出完全不同的結果。考慮到香港特別行政區的特殊法律格局，包括

（1）構成憲政主義的多元特性、以及（2）尋求統一和公認的解釋理論是一種法律義務，為追求一個合理的法律共識，本文提出了一種憲政主義觀點，主張採用多元主義方法論進行基本法解釋，從而更好地平衡香港的普通法傳統，以及香港在整體中國法律秩序當中的位置和關係。

多元主義方法論的內涵包括：（1）結合所有相關的文件和資料，全面地理解憲法，而非僅選擇個別條款作狹義理解，和（2）採用比較的方法論對普通法和大陸法進行解釋和思考。

最後，筆者建議在解釋權分配和界定自治程度的時候，對兩個核心概念進行深入的研究：（1）基本法的地位和（2）"一國兩制"的根本含義。

當普通法遇上大陸法的時候，無可避免會出現磨擦和碰撞。這個時候，需要兩地法律工作者放下傳統，跳進一個更加廣闊的法律空間，共同為建設全國普遍性的和諧憲政主義而努力。這是機會，也是挑戰。

1. *Ng Siu Tung and Others v. the Director of Immigration*, [2002] 1 HKLRD 561.

2. See "Top Legislature Interprets HK Basic Law", *People's Daily* (6 April 2004); "Top Legislature Adopts Interpretations of HK Basic Law", *People's Daily* (7 April 2004).

3. Interpretation of the Standard Committee of the National People's Congress on Annex I and Annex II of the Basic Law.

4. 香港特區行政長官的選舉委員會任期到 2005 年 4 月便會屆滿。這意味著如果新的行政長官的選舉如未能夠在選舉委員會的任期屆滿前舉行的話，將會違反基本法第 53 條有關新任行政長官必須在前任行政長官離任六個月之內舉行的規定。

5. J. Clark Kelso & Charles D. Kelso, "Symposium On Statutory Interpretation: Statutory Interpretation: Four Theories In Disarray", (2000) *South Methodist University Law Review* 53.

6. William N. Eskridge Jr., "The New Textualism", (1990) *UCLA Law Review* 37.

7. Antonin Scalia, "Common-Law Courts in Civil-Law System: The Role of United States Federal Courts in Interpreting the Constitution and Laws", in Antonin Scalia, *A Matter of Interpretation: Federal Courts and the Law* (Princeton: Princeton University Press, 1997).

8. Ibid.

9. Ibid.

10. J. Clark Kelso & Charles D. Kelso, "Symposium On Statutory Interpretation: Statutory Interpretation: Four Theories In Disarray".

11. Antonin Scalia, "Common-Law Courts in Civil-Law System: The Role of United States Federal Courts in Interpreting the Constitution and Laws".

12. Paul Brest, "The Misconceived Quest for the Original Understanding", (1980) *Boston Universtity Law Review* 60.

13. Felix Frankfurter, "Some Reflections on the Reading of Statutes", (1947) *Columbia Law Review* 47, p. 527.

14. Ibid.

15. Paul Brest, "The Misconceived Quest for the Original Understanding".

16. Oliver Wendell Holmes, "The Theory of Legal Interpretation", (1899) *Harvard Law Review* 12, pp. 417-418.

17. Richard A. Posner, "Statutory Interpretation — In the Classroom and in the Courtroom", (1983) *University of Chicago Law Review* 50, p. 817.

18. R. Radall Kelso, "The Natural Law Tradition on the Modern Supreme Court: Not Burke, But the Enlightenment Tradition Represented by Locke, Madison, and Marshall", (1995) *Saint Mary's Law Journal* 26.

19. William Winslow Crosskey, *Politics and the Constitution in the History of the United States* (Chicago: University of Chicago Press, 1953), pp. 366-367.

20. 3 Co. Rep. 7a, [1584] 76 *English Report* 637.

21. R. Radall Kelso, "The Natural Law Tradition on the Modern Supreme Court: Not Burke, But the Enlightenment Tradition Represented by Locke, Madison, and Marshall". J. Clark Kelso & Charles D. Kelso, "Symposium On Statutory Interpretation: Statutory Interpretation: Four Theories In Disarray".

22. Antonin Scalia, "Originalism: The Lesser Evil", (1989) *Universtity of Cincinnati Law Review* 57, pp. 849-855.

23. Richard A. Posner, "Statutory Interpretation — In the Classroom and in the Courtroom", p. 817.

24. 於 1996 年 8 月 10 日全國人民代表大會香港特別行政區籌備委員會第四次全體會議通過。

25. 《中華人民共和國香港特別行政區基本法》附件一第 7 條。

26. 《中華人民共和國香港特別行政區基本法》附件二第 3 條。

27. Jan Kleinheisterkamp, "Legal Certainty in the MERCOSUR: The Uniform Interpretation of Community Law", (2000) *Law and Business Review of the Americas* 6(5).

28. Interpretation by the Standing Committee of the National People's Congress on Articles 22(4) and 24(2)(3) of the Basic Law of the Hong Kong Special Administrative Region of the People's Republic of China.

29. 於 1986 年 12 月 25 日通過。

30. 於 1984 年 2 月 19 日通過。

31. Interpretation by the Standing Committee of the National People's Congress with Respect to Paragraph II in Article 53 of the Basic Law of the Hong Kong

Special Administrative Region of the People's Republic of China.

32. 《中華人民共和國地方各級人民代表大會和地方各級人民政府組織法》第 44 條第 9 款。

33. 《中華人民共和國地方各級人民代表大會和地方各級人民政府組織法》第 8 條第 5 款。

34. 《中華人民共和國憲法》第 106 條。

35. See Article 45 Concern Group Opinion No. 3, "On the Interpretation of the Standing Committee of the National People's Congress on Annex I and Annex II of the Basic Law of 6 April 2004 and on the Chief Executive's Report to the Standing Committee of 15 April 2004", 2004.

36. 香港大律師公會聲明:〈董建華先生請辭香港特別行政區行政長官而引起的法律議題〉,2005 年 3 月 10 日,第六段。

37. 同上,第七段。

38. 同上,第五段。

39. 香港大律師公會聲明:〈律政司司長就行政長官任期發表的聲明〉,2005 年 3 月 17 日,第十一段。

40. 香港大律師公會聲明:〈董建華先生請辭香港特別行政區行政長官而引起的法律議題〉,2005 年 3 月 10 日,第四段。

41. 同上,第五段。

42. 同上,第四段。

43. 香港律師會新聞稿:〈新任行政長官選舉〉,2005 年 3 月 18 日。

44. 同上。

45. 基本法四十五條關注組第三號意見書:〈關於 2004 年 4 月 6 日全國人民代表大會常務委員會對基本法附件一及附件二作出的《解釋》及 2004 年 4 月 15 日行政長官向人大常委會提出的報告的若干憲制問題〉,2004 年 4 月 5 日,第五段。

46. 同上,第十一段。

47. 同上,第十一段。

48. 香港大律師公會意見:〈《基本法》第四十五、六十八條及附件一、二:政制發展〉,2004 年 3 月 11 日。

49. *Ng Ka Ling and Another v. the Director of Immigration*, [1999] 1 HKLRD 315; [1999] 2 HKCFAR 4.

50. Philip Bobbitt, *Constitutional Interpretation* (Oxford: Basil Blackwell, 1991).

51. Stephen M. Griffin, "Symposium on Philip Bobbitt's Constitutional Interpretation: Pluralism in Constitutional Interpretation", (1994) *Texas Law Review* 72, p. 1753.

52. 筆者將憲政主義定義為一種書面框架，用以提供法律制約去規管香港特別行政區政府的運作。See Charles H. Mcilwain, *Constitutionalism: Ancient and Modern* (New York: Cornell University Press, 1940); Stephen M. Griffin, "Symposium on Philip Bobbitt's Constitutional Interpretation: Pluralism in Constitutional Interpretation", p. 1753.

53. Stephen M. Griffin, "Symposium on Philip Bobbitt's Constitutional Interpretation: Pluralism in Constitutional Interpretation", p. 1753.

54. Ibid.

55. 見 "入境事務處處長訴莊豐源案"，[2001] 4 HKCFAR 211，第 223-224 頁。至於其它多元主義的方法論，請進一步參閱 Bobbitt、Post 和 Fallon 的文章。

56. Stephen M. Griffin, "Symposium on Philip Bobbitt's Constitutional Interpretation: Pluralism in Constitutional Interpretation", p. 1753.

57. Robert Post, "Theories of Constitutional Interpretation", (1990) *Representations* 30.

58. 近期對於使用普通法理論去解釋《基本法》的討論，傾向於把憲法和普通法區分的條文解釋；但是也有人提出以合同理論和解釋意願為原則的解釋方法。See John H. Ely, *Democracy and Distrust: A theory of Judicial Review*, (Cambridge: Harvard University Press, 1980); Stephen M. Griffin, "Symposium on Philip Bobbitt's Constitutional Interpretation: Pluralism in Constitutional Interpretation", p. 1753, note 38: Tribe & Dorf, supra note 2, at 114-117 (arguing that a common-law method of interpreting the Constitution justifies controversial constitutional decision such as Brown and Roe).

59. 《中華人民共和國香港特別行政區基本法》第 158 條。

60. 根據 Jan Kropholler 的觀點，統一規範有四種類別，一般用於國際統一法律。筆者把這些原則運用到本文的研究當中，分析普通法與大陸法在香港特區《基本法》解釋問題上的不協調。See Jan Kropholler, *Internationales Einheitsrecht: Allg. Lehren* (Tubingen: Mohr, 1975); Jan Kleinheisterkamp, "Legal Certainty in the MERCOSUR: The Uniform Interpretation of Community Law".

61. 特別行政區基本法的地位一直是法學學者所關注的課題。大部分學者認為它是一部基本憲法性文件，但是這種解釋並不全面。參考王振民：《中央與特別行政區關係》，北京：清華大學出版社 2002 年版，第 91 頁。

62. 《中華人民共和國香港特別行政區基本法》第 158 條。

63. 鄧小平：〈一個國家，兩種制度〉，載鄧小平：《鄧小平文選》第三卷，第 58-59 頁。此為鄧小平 1984 年 6 月 22 日會見香港工商界代表時的發言。

香港司法案例中的中央與特區關係

原載國務院港澳事務辦公室《港澳研究》2014 年第 1 期

———— • ————

　　香港基本法第 158 條對終審法院提請全國人大常委會解釋基本法作出制度規定，這是中央與特區關係在司法方面的重要內容。但條文只規定了基本原則，沒有詳細的執行安排。經過回歸後多年來的審判實踐，終審法院逐步建立提請釋法的判定標準，即對爭議內容是否屬"範圍外條款"的前置判斷。具體包括思考案件的"類別條件"、"有需要條件"以及"有關理據是否是'可爭辯的'而非'明顯地拙劣'"。在提請程序上，終審法院通過"剛果（金）案"，嘗試對提請程序和提請內容進行規範化建構。而全國人大常委會則在"吳嘉玲案"以後，以《立法法》為依據，形成行政長官提交報告、相關主體提案、人大作出解釋的釋法實踐，逐漸發展出有別於法院提請的釋法制度。

一、引言

　　香港基本法（以下簡稱基本法）第 158 條規定了終審法院提請全國人大常委會進行解釋的安排。但只規定了基本原則，即"關於中央人民政府管理的事務或中央和香港特別行政區關係"。在案件的實際審理過程當中，如何判定該案所審理的內容是否關於"中央人民政府管理的事務"或"中央和香港特別行政區關係"，即是否屬"範圍外條款"，則沒有明確的界定。

經過回歸後多年來的審判實踐，香港終審法院通過對案例的判決，已經逐漸形成一套提請全國人大常委會釋法的判定標準，亦即案件內容是否涉及範圍外條款的判斷標準。另外，通過全國人大常委會和終審法院在幾個案件中的互動，也已形成了一套提請程序和途徑。

本文將以分析相關規則創設的案例為載體，系統整理出這十多年間（註：本文寫作時，尚未有第五次釋法，亦未至 2017 年 7 月 1 日，本文維持當時的表述）關於終審法院提請釋法的條件爭議，和對提請釋法的程序性探索及其對司法運作的影響。

二、終審法院提請釋法的條件爭議

筆者首先通過對重要的司法判決的梳理，明確終審法院與全國人大常委會所確定的有關提請解釋的判斷主體、判斷方法等焦點爭議問題。

（一）終審法院在"吳嘉玲案"中確定的審查原則及人大釋法的回應

1. 終審法院提請人大釋法遇到的兩大問題

終審法院與全國人大常委會之間產生實務關係的紐帶，就是第 158 條第 3 款中規定的提請程序。就提請程序來說，其面臨著兩方面的問題：

首先，提請是否構成一種法定的義務。即當終審法院在審理案件的過程中涉及到第 158 條第 3 款所規定的情況，是否有義務上報全國人大常委會就相關法條予以解釋。毫無疑問，就該條款的文義來說，在終審判決中，涉及到中央政府管理的事務或中央和香港特別行政區關係的條款上，香港法院無權自行解釋。但無權解釋，是否意味著必須提請全國人大常委會解釋？從各國的司法實踐，特別是普通法傳統下的司法經驗來看，當法院發現案件中所涉及的問題超越了自己的審理權限時，其通常採取的做法是拒絕審理，而不是向其他機關請示批覆。因為後者有可能會被認為破壞了法院的獨立性地位。基本法對此並不明確，因此一旦遇到類似案件，香港法院將面臨一種兩難的抉擇：不提請可能違反基本法，提請則可能違反獨立性的原則。

其次，如何判斷是否應該提請。由於基本法對提請程序設置了條件，那麼關於條件是否成立，需要進行判斷。"吳嘉玲案"中，終審法院總結基本法為提請程序設置的兩項條件為：（1）類別條件：必須是關於中央人民政府管理的事務或中央和特區關係的事務；和（2）有需要條件：當終審法院在審理案件時，需要解釋這些條款，而這些條款的解釋將會影響案件的判決。後一項條件是可以採取比較客觀或者顯而易見的標準來進行較為清晰判斷的。但第一項條件本身涉及到前置判斷，即必須去判斷某一條款處於自治範圍以內還是以外。可以說，該前置判斷實際上是一種先行解釋，即在對條款的內容進行解釋前，先對其性質進行解釋。

2. 終審法院對兩大難題的理解

首先，終審法院具有提請釋法的義務。第一，終審法院無權解釋 "範圍外條款"。1999 年 1 月 29 日，"吳嘉玲案"[1] 中，終審法院將基本法的條款分為兩大類：（1）屬特區自治範圍內的條款；（2）基本法的其他條款，其中包括兩種特殊的 "範圍外條款"。基於這一分類，終審法院以下的各級法院，有權解釋（1）及（2）項內的條款（包括範圍外條款）。而終審法院則僅有權解釋（1）及（2）項內的條款，但不包括範圍外條款。第二，根據基本法第 158 條的規定，當符合條件的情況下，終審法院 "有責任" 提請全國人大常委會作出解釋。也就是說，終審法院認為到提請條件滿足時，其有義務啟動提請程序。也正因如此，"提請" 將會成為一項十分具有嚴重性的事項，必須謹慎對待。

其次，"範圍外條款" 的判斷標準為類別條件與有需要條件。第一，類別條件是指必須是關於中央人民政府管理的事務或中央和特區關係；有需要條件是指當終審法院在審理案件時，需要解釋這些條款，而這些條款的解釋將會影響案件的判決。終審法院認為，這兩個條件都緊緊地在文字上依循了基本法的表述。第二，只有終審法院，而非全國人大，才可以決定某條款是否已符合類別條件，即是否屬範圍外條款。

"吳嘉玲案" 中，申請人認為本案主要應該適用的是基本法第 24 條[2]，永久性居民的居留權及該項權力的內容。而入境處處長認為本案主要適用第 22 條第 4 款，出境批准是關於中央人民政府管理的事務，而由內地進入特區則有關於中央和香港特區的關係，終審法院應該提請人大釋法。終審法院支持了申請人的主張，認為該案涉及的主要解釋對象是第 24 條，而第 22

條第 4 款只是提出了一種可爭論的問題。雙方並沒有在某一條款的性質上產生爭議，因此終審法院無需對第 22 條第 4 款進行解釋，即不滿足有需要條件，因此也就無須啟動提請程序。

3. 對終審法院判決的人大釋法

"吳嘉玲案"判詞引起軒然大波。1999 年 6 月 26 日，第九屆全國人大常委會第十次會議頒佈了《關於〈中華人民共和國香港特別行政區基本法〉第 22 條第 4 款和第 24 條第 2 款第（三）項的解釋》。在該解釋中，全國人大常委會並沒有理會終審法院所形成的上述規則，即當基本法某一條文的性質因自治範圍的問題產生爭議時，只能由終審法院啟動一項前置程序，判斷其是否符合類別條件及有需要條件，以確定該條款是否屬"範圍外條款"；而是直接宣佈第 24 條第 2 款第 3 項屬"範圍外條款"，終審法院應按第 158 條的規定提請釋法，並進而指出終審法院沒有履行法定的義務，因而可以推導出違反基本法的結論。這種宣稱相當於否認了終審法院形成的以判斷類別條件為核心的前置程序。

同時，人大釋法還認為終審法院以目的性方法對相關條文進行的解釋有違立法原意。針對第 24 條第 2 款中除第 3 項以外的其他條款，該解釋指出該條款的立法原意已體現在 1996 年 8 月 10 日全國人民代表大會香港特別行政區籌備委員會第四次全體會議通過的《關於實施〈中華人民共和國香港特別行政區基本法〉第 24 條第 2 款的意見》中。香港法院在適用第 24 條第 2 款其他條款時，如果需要對其進行解釋，應受籌委會 1996 年《意見》的約束。並強調，"本解釋公佈之後，香港特別行政區法院在引用《中華人民共和國香港特別行政區基本法》有關條款時，應以本解釋為準。"

（二）終審法院維護類別判斷規則的司法嘗試

1. 維護類別條件的判斷規則：合理性標準

在全國人大常委會釋法之後，1999 年"劉港榕案"[3] 再起風波。該案申請人主張：根據基本法中規定的香港特區所享有的高度自治，第 158 條實際上是對全國人大常委會權力的一項憲法性限制。除非香港特別行政區終審法院就"範圍外條款"提請全國人大常委會作出解釋，在其他情況下全國人大常委會無權解釋基本法。

但是，終審法院沒有接受"劉港榕案"申請人的觀點。終審法院認為：（1）基本法是一項全國性法律，這是將基本法放入中國憲法和立法體系中來進行考察的結果，而不再強調基本法在特區所具有的憲法性地位；（2）首次直接引用憲法條文[4] 第 67 條第 4 項[5] 以及基本法第 158 條第 1 款[6]，這裏並沒有引用基本法第 158 條第 3 款去討論提請程序的問題；（3）明確了從法條的字面上看，全國人大常委會的解釋權是普遍而且不受任何限制的。

但判決仍然說如果提請程序是終審法院的一項義務，則終審法院必須通過掌握類別條件判斷的前置程序，來決定提請程序的觸發條件。但是，針對全國人大常委會解釋序言中的批評（即指出終審法院錯誤地將基本法第 24 條第 2 款第 3 項界定為非"範圍外條款"），終審法院認為，在今後的案件中有必要重新考慮類別條件、有需要條件以及"主要條款標準"的合理性，並承認自己在"吳嘉玲案"中採取的類別條件判斷標準雖然合法，但存在"合理性"上的缺陷。

2. 類別條件判斷中的 "特性標準"

雖然 1999 年人大解釋中提出，涉及第 24 條第 2 款第 3 項的解釋，應參考"立法原意"，並以人大解釋為準。但在 2000 年"莊豐源案"[7]中，終審法院認為全國人大常委會解釋中關於"以及第 24 條第 2 款其他各項的立法原意"的陳述，並不構成一項對第 24 條第 2 款第 1 項具有約束力的解釋。因此，該條款是否屬"範圍外條款"，仍舊需要由終審法院依據其獨立的司法權進行判斷。

終審法院援引了"吳嘉玲案"中創建的類別條件判斷方法，並且進一步發展了該判斷方法，即判斷時所應予以考慮的是該條款的"特性"。以第 24 條第 2 款第 1 項為例，終審法院認為該條款的特性是用來界定享有居留權的永久性居民的其中一個類別。並以該特性為考慮，這項條款並不涉及中央人民政府管理的事務或中央和特區關係，因而不屬"範圍外條款"，無須提請全國人大常委會解釋。

"特性標準"是對類別條件判斷規則的細化。"特性標準"可以理解為是對類別規則合理性標準的一種補充，其最終目的是為了支持類別條件判斷規則，使終審法院在第 158 條提請程序上更加明確。

3. 人大釋法與終審法院釋法的關係：解釋權的分判

與"莊豐源案"同時判決的"談雅然案"[8]，則進一步地重新考察了基本法第 24 條第 2 款第 3 項的性質。該案涉及到一個特殊的情況，即在第 24 條第 2 款第 3 項的情況附加了一層收養關係，這種特殊的情況並沒有包含在全國人大常委會解釋的文義之中。因而產生了一項爭議，即全國人大常委會是否需要再次對該條款進行解釋。

全國人大常委會解釋的序言已經明確第 24 條第 2 款第 3 項屬 "範圍外條款"，當該條款需要再次解釋時，就應該按照基本法第 158 條的規定由終審法院啟動提請程序。但終審法院認為，通過 "莊豐源案" 的解釋，人大解釋的序言不具有約束力，所以其在序言中對條款性質的宣稱是不予以考慮的。全國人大常委會擁有絕對的不受約束的解釋權，1999 年人大釋法的基礎，是憲法和基本法第 158 條第 1 款規定的普遍的解釋權，而並非基本法第 158 條第 2 款的規定。這也就意味著，即使當全國人大常委會就某一條款進行了解釋，並不就當然地表明該條款屬 "範圍外條款"。

所以，終審法院認為，全國人大常委會的法律解釋權與香港法院的法律解釋權是兩個獨立的系統，互不干預。因此，當終審法院在審理案件時，即使某條款已經被全國人大常委會解釋過，但終審法院依然有責任依據第 158 條就其性質進行判斷。

在關於第 24 條第 2 款第 3 項性質的爭議中，入境處處長主張該條款屬 "範圍外條款"。其陳詞非常有意思，認為從實施結果和現實影響的角度來考慮，即認為該條款是一條 "實施" 起來會對中央政府管理事務或中央和特區關係產生 "實質影響" 的條款。

終審法院否定了這種以實質影響作為分類的驗證標準，並且再次提出了"莊豐源案"中確立的以條款"特性"為依據的判斷標準。按照該標準,終審法院認定第 24 條第 2 款第 3 項的特性表明,它是用來界定其中一類享有居留權的永久性居民。考慮到條款的這種特性,其並不涉及中央人民政府管理的事務或中央和特區關係,不屬"範圍外條款",無須進行提請程序。

4. 保留部分先例效力

2002 年"吳小彤案"[9],申請人主張其有權依據"吳嘉玲案"及"陳錦雅案"[10]的判決來核實其永久性居民身份。這些案件進行的過程中,全國人大常委會頒佈解釋。該解釋提及:"本解釋公佈之後,香港特別行政區法院在引用《中華人民共和國香港特別行政區基本法》相關條款時,應以本解釋為準。"

基本法第 158 條第 3 款規定:"如果全國人民代表大會常務委員會作出解釋,香港特別行政區法院在引用該條款時,應以全國人民代表大會常務委員會的解釋為準。但在此之前作出的判決不受影響。"這項規定一般地應該被理解為:一方面承認解釋公佈前已決案件的效力,另外一方面也是消滅已被全國人大常委會解釋所取代的判決的先例價值。

由於終審法院已經通過案例判斷了全國人大常委會的解釋是基於憲法和基本法第 158 條第 1 款獨立作出的,而非經由第 158 條第 3 款的提請程序而作出。因此,第 158 條第 3 款中"在此之前作出的判決不受影響"的規定是否也適用於全國人大常委會的解釋?[11]對於這一問題,該案法官的意見一致認為:第 158 條第 3 款中的上述規定,也同樣適用於全國人大常委會以該條第 1 款所獨立作出的解釋。

這是否意味著終審法院在"吳嘉玲案"中的判決就徹底被否決？終審法院理解並非如此。終審法院對第 158 條第 3 款中"判決"採取了狹義的解釋，即該款所指的"不受影響的判決"僅限於判決的命令部分，而不包括判決的理由。因而法院最終裁定：任何人士於常委會解釋前的情形符合"吳嘉玲案"及"陳錦雅案"中所闡述的有關法律所指的情況，都有權根據該兩案中的判決取得已具體確立的香港永久性居民身份。

"吳小彤案"通過對"判決"的狹義解釋，將判決所確立的規則從中抽取出來，使其能夠繼續在日後的案例中使用，保留了部分的先例價值。這一考慮，對於終審法院日後的審判工作很重要。終審法院在基本法解釋權問題上所創設的一系列規則，都是以"吳嘉玲案"中的類別條件判斷為基礎。如果"吳嘉玲案"被常委會解釋徹底地廢絕，那麼終審法院在基本法第 158 條上所做的建構都將存在問題。從另一方面來看，如果全國人大常委會的解釋並沒有截斷在先判例所確立的思想、方法和規則，那麼其通過解釋創造新規則的意義也會減低。這也為終審法院在基本法下積極地創造規則提供了廣闊的空間。

可以說，終審法院曲折地通過"劉港榕案"、"莊豐源案"和"談雅然案"、"吳小彤案"等一系列案件，對全國人大常委會的解釋進行了回應，並且重申其在基本法第 158 條第 3 款下所創設的規則，探索明確劃分基本法下法律解釋權的分配格局。

（三）"剛果（金）案"的發展及爭議

2010 年，在"剛果（金）案"[12] 中，回歸以來香港終審法院首次依照基本法第 158 條第 3 款的規定提請全國人大常委會就基本法條文進行解釋。因為在"吳小彤案"中終審法院對"判決"的狹義解釋，使得全國人大常委會的解釋沒有完全消滅"吳嘉玲案"的先例價值。"吳嘉玲案"所創設的前置判斷標準 —— 類別條件與有需要條件 —— 仍然能夠在常委會解釋之後被後續案件所援引。本案中，常任法官陳兆愷、李義和非常任法官梅師賢援引了"吳嘉玲案"中所創設的兩項判斷條件。認為只要案件同時符合上述兩項條件，且"有關理據又是'可爭辯的'而非'明顯地拙劣'，香港法院便有責任作出釋法的提請"[13]。

在審理"剛果（金）案"的過程中，終審法院法官之間的意見發生了較大的分歧。最終該案以 3 票贊成、2 票反對[14]的結果通過了啟動提請程序的意見。但是，法官在針對是否使用"吳嘉玲案"中所確立的前置判斷標準，以及其中的類別條件並無異議，即各方同意"剛果（金）案"涉及的相關條款應屬中央政府管理的事務或中央與特區關係的條款。因此，終審法院認為，"剛果（金）案"並非是檢討類別條件判斷規則"合理性"的合適案件，從而採取了"懸而未決"的態度。

一直以來，終審法院所創設的前置判斷標準遭受著一種疑問，即該標準在判斷類別條件之時，實際上已經在對待決條款預為解釋了。因為對某一條款進行判斷的過程，難免要涉及到對於該條款進行實質性解釋。在"剛果（金）案"中，終審法院的判決對這一質疑進行了回應。其認為基本法第 158 條第 3 款的措辭"顯然允許"終審法院對條文發表意見，該條款所要禁止的，只是在需要作出提請的案件中未經提請而作出最終判決。這裏用了"發表意見"這樣一個非常模糊的、非制度性的描述來作為對於前置判斷程序的支持。

法官的分歧是在於有需要條件（或者說必要性條件[15]）是否成立。在反對的包致金法官看來，"剛果（金）案"的實體問題，涉及到的是普通法的適用問題，相關法律清晰而明確，根本無須解釋，更不存在提請全國人大常委會的問題。而另一反對的馬天敏法官則認為，本案中提請程序所需要的"有需要條件"並不滿足，因而不應適用基本法第 158 條。而有需要條件上的爭議，實在是只有個案上的意義，而不具備憲政上的意義。

最終，終審法院在判詞中以簡短的一段話解決了該必要性的"爭議"："我們的看法是剛果民主共和國並沒放棄國家豁免。因此，我們必須就影響基本法第 13 條和第 19 條意思（尤其是'國防、外交等國家行為'這些字眼的意思）的解釋問題上作出決定，才可解決本案的爭議。因此，本案符合必要性條件。"

（四）小結

終審法院提請釋法的條件引起了廣泛討論，可能至少有以下幾點是值得關注的：

1. 終審法院是否有權確立"範圍外條款"的判斷標準

終審法院認為其是唯一享有判斷權的主體。這一結論顯然不是基本法第 158 條文義所當然包含的內容，而是終審法院通過對案例的法律解釋所設立的。主張對類別條件的判斷享有排他的權力，也就建立了提請程序的前置判斷權。

從主體上說，終審法院必須有權確定"範圍外條款"的判斷標準，但終審法院又不可能是唯一的主體。由於人大常委會有權按基本法第 158 條第 1 款進行解釋，這種解釋本身也應該包含對哪些條款屬"範圍外條款"的判斷權。終審法院亦承認，人大的解釋權是普遍的而不受任何限制的。從條款內容上看，終審法院堅持適用"吳嘉玲案"所創造的先例。但迄今為止，還沒有合適的案件澄清何謂"類別條件"。

2. 終審法院針對人大釋法效力的回應是否適當

終審法院宣佈人大釋法的序言無效，進而起到保留部分先例的效果。在這其中帶出了三個比較值得討論的問題：人大釋法存在什麼樣的瑕疵？終審法院是否應當遵循人大釋法？實際形成的事實是什麼？

這涉及到（1）人大解釋當中的法理問題，這是內在問題；以及（2）人大解釋與建立規則的關係，實際上就是與整個司法理念和對日後案件的判例效力的外在關係。其核心還是人大解釋對於建立規則的效力問題。批評人大解釋的意見主要認為其對法理和解釋背後理由的闡述不足，也就是法理不夠透明。這一點確實不利於通過解釋去建立規則。一方面，只著重說明觀點而沒有分析的解釋，無法融入實行普通法先例原則的香港司法運作當中。對於每個案例來說，結果固然重要，但是當中的思考和理據，也將成為日後考慮其他同類案件時的規則。從實際運用的角度，沒有詳細的法理說明，日後的案件也是無法參考的。另一方面，相對而言香港法院判詞關於法理的詳細分析，自然更為實用。而在之前的審判中，能夠看到終審法院對人大釋法的遵循，只是關於如何遵循有著不同的理解，例如終審法院對於人大常委會就"吳嘉玲案"的解釋的理解，是僅限於判決的命令部分，而不包括判決的理由。這實際上就是對於基本法第158條第3款"在此以前作出的判決不受影響"中"不受影響"如何理解的問題。這最終形成的結果自然是人大解釋的法理無法落地。這些題目背後都存在著重大的法理邏輯的思考,很應該通過解釋的細化來進行規則的探索。

三、提請釋法的程序性探索

上述是提請釋法標準所經歷的案例和各方的努力。除了實體法的考量之外,各機構在構建提請程序的安排上,經過多年的實踐,也已經逐漸形成了一套獨有的模式。

(一)"吳嘉玲案"後國務院提請人大常委會釋法

基本法第158條規定了終審法院的提請程序作為啟動全國人大常委會釋法的一種途徑,但是對於其他的途徑卻沒有明文規定和法定程序。1999年1月29日,"吳嘉玲案"判詞發佈以後,引起軒然大波。入境事務處處長進而要求終審法院澄清判詞中有關全國人大及其常委會的部分,理由是"該部分關乎一個重大的憲法性問題,並具有廣泛及公眾的重要性"[16]。為了消除輿論可能對判決產生的誤解,終審法院採取了特殊程序,對判詞發表聲明,明確並未質疑全國人大常委會根據基本法所具有的解釋權。同時強調了全國人大及其常委會應該依據基本法條文和基本法所規定的程序行使任何權力:即全國人大常委會在行使基本法解釋權時,必須依照基本法第158條所規定的提請程序進行。全國人大常委會如果繞開提請程序,主動對基本法進行解釋,則可能會在程序上構成對基本法的違反。

"吳嘉玲案"判決以後，1999 年 5 月 20 日，特區行政長官向國務院提交了一份相關報告，希望能夠就基本法相關條文實施過程中遇到的問題尋求中央政府的幫助。國務院則依據《立法法》所賦予的權力，[17] 提請全國人大常委會釋法。在此之後，人大常委作出了解釋。

其後，在"劉港榕案"中，與"吳嘉玲案"中的態度相比，終審法院不再以自身的提請程序作為啟動全國人大常委會釋法的唯一途徑。五位法官一致同意，全國人大常委會有權主動釋法。

基本法在關於全國人大常委會釋法的程序問題上，並沒有較為明確的制度性設置。終審法院通過形成案例，為第 158 條的提請程序加入一項前置程序，即類別條件的判斷。而全國人大常委會則依據憲法及基本法第 158 條第 1 款進行的釋法，通過行政長官報告制度，形成另外一條啟動法律解釋的途徑：（1）特區行政長官向國務院或全國人大常委會委員長提交報告；（2）國務院或全國人大常委會委員長會議向全國人大常委會提請釋法；以及（3）全國人大常委會進行解釋。在 1999 年人大釋法後，2004 年 4 月 6 日，全國人大常委會對基本法附件一和附件二作出解釋；2005 年 4 月 27 日，全國人大常委會對基本法第 53 條進行解釋，均採取了這一方式。

（二）終審法院在"剛果（金）案"中採用的提請程序

在"剛果（金）案"中，終審法院決定將涉及基本法的條款提請全國人大常委會解釋，但是馬上遇到了一個非常現實的問題，即基本法第 158 條第 3 款並沒有規定具體的操作程序。

另外由於"剛果（金）案"是終審法院首次決定啟動提請程序，所以並沒有過往經驗可以作為參考。雖然在"莊豐源案"中，終審法院曾經試圖探討過提請的具體程序問題，但是並沒有得出任何定論。

"剛果（金）案"審理時，終審法院要求訴訟各方提交擬提請問題的草案供參考之用，並由終審法院決定最終提請問題的清單。當然，終審法院述明了最終問題選定的一項原則，即根據基本法第 158 條第 3 款作出提請的責任，只限於在第 158 條第 3 款所指明的範圍內，就有關的基本法條文進行解釋。

終審法院沒有籠統地將相關條文提請全國人大常委會解釋，而是將其細化為若干條具體的問題。這其中體現了終審法院對於提請責任的理解，即一方面是有責任將問題提交給全國人大常委會，另一方面也確保其所提交的問題必須具體而且界限清晰，避免全國人大常委會的解釋超越了需要解釋的範圍。

終審法院經過慎重考慮，最後決定由律政司司長透過外交部駐香港特派員公署，提請全國人大常委會釋法。隨問題提交的文件還有該案歷次審理的判決書，其中包括終審法院各成員在上訴中所宣告的判決理由。

（三）小結

1. 基本法對釋法程序的規定

基本法第 158 條對解釋權的安排作出了規定。其中第 1 款明確了解釋權屬於全國人大常委會，第 2 款則規定了特區法院在審理案件時進行解釋，第 3 款規定了特區法院在審理案件時提請人大常委會作出解釋的安排。可是對於全國人大常委會如何行使解釋權，以及在何種情況下怎麼樣使用，都是不明確的。相反，特區法院解釋基本法和由特區法院啟動提請程序的安排都是清晰的，明確了在審理過程當中的使用。

在中國內地的法律理念當中，所有權代表著不受限制的絕對使用權。可是放在香港的法律環境當中，所有權的行使卻必須有對應的程序安排和前置條件，否則就只是空中樓閣沒法落地。這正是當前問題的核心，是在理論上有待梳理的課題。

2. 有關國務院提請人大常委會釋法的嘗試

全國人大常委會第一次釋法引起了極大的爭議，被認為有意繞開終審法院。值得注意的是，該解釋同時闡述了這次釋法的程序及其法理依據，即"國務院的議案是應香港特別行政區行政長官根據《中華人民共和國香港特別行政區基本法》第43條和第48條第（二）項的有關規定提交的報告提出的"。全國人大常委會此舉應該理解為是在回應終審法院聲明中提出的應依基本法條文及基本法所規定的程序行使權力。但以基本法第43條[18]和第48條第2項[19]的規定來看，僅僅是對於行政長官職權的概括性、原則性的規定，要從中推導出與基本法解釋相關的程序性規定，還需要細化，釐清當中所涉及的兩個主要問題，包括（1）司法機關及行政長官與基本法的關係，以及（2）基本法第48條第2項當中"執行"一詞所應該包括的範圍、方式和內涵。簡言之，這個途徑的法理依據分為兩部分，一是行政長官對國務院負責的關係，二是內地法律對國務院工作的規定。

3. 終審法院提請釋法的程序

總體而言，終審法院提請釋法的程序，是合法和合理的，在基本法的條文內，內化其中的規定，細化成一套具體的行為程序。從"剛果（金）案"當中，要求訴訟各方提交擬提請的問題，並列出提請問題清單的做法可見，終審法院體現出普通法法庭審理案件時一貫的嚴密辯論和舉證邏輯。同時主動劃定了人大常委會的釋法範圍和內容，體現出一種司法積極主義的傾向。

四、結語

在香港的法律體系當中，關於基本法解釋，天然存在著因為兩個法系的不同理念而帶來的衝突。普通法的理念認為只有法院可以對法律作出解釋，這是平衡立法機關權力的一種制度安排，裏面隱含著立法和司法權力相互制約的政治理念。而人大常委的立法解釋則把重點放在進一步澄清範圍、區分法律界限，使之更分明、內容更專注、法條應用更順暢等。可是這種做法，正正引起一些香港法律界人士的質疑，認為這種做法是 "管轄權之管轄權"（Kompetenz-Kompetenz 或 Competence-Competence），即立法機關既立法，又解釋，容易造成權力的無限擴大。從這種指責中我們更可以看出理念上的矛盾。

香港的法律體系，特別是對基本法的解釋，正是處於兩個法系中的紐帶位置。回歸後十多年來司法案例的審判實踐，對如何打通兩個法系作出了不斷的探索。這便是本文所討論的核心。

總括而言，經過十多年來幾百個案例的處理，香港的司法系統已經逐步探索出一套提請全國人大常委會解釋基本法的規則，大大地細化充實了基本法第 158 條的內涵。事實上，今天的基本法已經比文本當中有了更深入的內涵。在實際應用層面上，比文字的規定要複雜得多。這種動態的發展，正是我們進行研究時值得關注的焦點。相信判決對使用基本法的影響，將會越來越加深。

本文對此整理出一些條理。在提請釋法的條件方面，終審法院在思考是否提請時，需要先作出"前置判斷"，考慮爭議內容是否"範圍外條款"（是特區自治範圍內或外的判斷）。具體包括思考案件的（1）類別條件：必須是關於中央人民政府管理的事務或中央和特區關係；（2）有需要條件：當終審法院在審理案件時，需要解釋這些條款，而這些條款的解釋將會影響案件的判決；（3）有關理據是"可爭辯的"而非"明顯地拙劣"。

而在提請程序上，終審法院通過"剛果（金）案"，嘗試了提請程序和內容的方式。而全國人大常委會則通過"吳嘉玲案"以後，由特區行政長官向國務院提交報告的方式，依據《立法法》的規定進行了解釋。

雖然上述內容產生巨大爭議，但總體來說還是比較正面健康的。這強化了中央與特區在司法關係，特別是提請釋法這一環節上的制度建設。這些爭議其實也是十分正常而且可以理解的，因為這正是兩個法律系統不同思維的衝擊，而基本法本身就是處在這交叉點之上，對基本法的解釋權更是司法運作的最核心制度安排。而從這一環節的案例發展，我們甚至可以說這是香港回歸之後，建立新憲政秩序所必經的過程，當中的案例已經並將繼續成為香港回歸後憲政史的重要而具有影響力的基石，同時它們也是體現著普通法面對新憲政秩序早期的真實史料。

1. *Ng Ka Ling and Another v. the Director of Immigration*, FACV 14/1998.

2. 基本法第 24 條規定："香港特別行政區居民，簡稱香港居民，包括永久居民和非永久性居民。香港特別行政區永久性居民為：（一）在香港特別行政區成立以前或以後在香港出生的中國公民；（二）在香港特別行政區成立以前或以後在香港通常居住連續七年以上的中國公民；（三）第（一）、（二）兩項所列居民在香港以外所生的中國籍子女；（四）在香港特別行政區成立以前或以後持有效旅行證件進入香港、在香港通常居住連續七年以上並以香港為永久居住地的非中國籍的人；（五）在香港特別行政區成立以前或以後第（四）項所列居民在香港所生的未滿二十一周歲的子女；（六）第（一）至（五）項所列居民以外在香港特別行政區成立以前只在香港有居留權的人。以上居民在香港特別行政區享有居留權和有資格依照香港特別行政區法律取得載明其居留權的永久性居民身份證。香港特別行政區非永久性居民為：有資格依照香港特別行政區法律取得香港居民身份證，但沒有居留權的人。"

3. *Lau Kong Yung and Others v. the Director of Immigration*, FACV 10&11/1999.

4. 憲法第 31 條規定："國家在必要時得設立特別行政區。在特別行政區內實行的制度按照具體情況由全國人民代表大會以法律規定。" 在此之前，曾有意見認為該條是基本法與憲法的唯一聯繫，使得基本法可以排除對憲法其他條款的適用。

5. 憲法第 67 條第 4 項規定："全國人民代表大會常務委員會行使下列職權：……（四）解釋法律。"

6. 基本法第 158 條第 1 款規定："本法的解釋權屬於全國人民代表大會常務委員會。"

7. *The Director of Immigration v. Chong Fung Yuen*, FACV 26/2000.

8. *Tam Nga Yin and Others v. the Director of Immigration*, FACV 20&21/2000.

9. *Ng Siu Tung and Others v. the Director of Immigration*, FACV 1,2&3/2001.

10. *Chan Kam Nga v. Director of Immigration*, FACV 13/1998.

11. 按照終審法院在"莊豐源案"和"談雅然案"中的觀點，終審法院在援引全國人大常委會解釋時是不承認該解釋序言中陳述部分具有約束力的。

12. *Democratic Republic of the Congo and Others v. FG Hemisphere Associates LLC*, FACV 5,6&7/2010.

13. Ibid.

14. 贊成提請的有常任法官陳兆愷、李義，非常任法官梅師賢，反對提請的有常任法官包致金、非常任法官馬天敏。

15. 在終審法院判詞中，這兩個概念具有相同意義，並且時常混用。

16. *Ng Ka Ling and Another v. the Director of Immigration*, FACV 14/1998.

17. 《中華人民共和國立法法》第 24 條規定："委員長會議可以向常務委員會提出法律案，由常務委員會會議審議。國務院、中央軍事委員會、最高人民法院、最高人民檢察院、全國人民代表大會各專門委員會，可以向常務委員會提出法律案，由委員長會議決定列入常務委員會會議議程，或者先交有關的專門委員會審議、提出報告，再決定列入常務委員會會議議程。如果委員長會議認為法律案有重大問題需要進一步研究，可以建議提案人修改完善後再向常務委員會提出。"第 43 條規定："國務院、中央軍事委員會、最高人民法院、最高人民檢察院和全國人民代表大會各專門委員會以及省、自治區、直轄市的人民代表大會常務委員會可以向全國人民代表大會常務委員會提出法律解釋要求。"

18. 基本法第 43 條規定："香港特別行政區行政長官是香港特別行政區的首長，代表香港特別行政區。香港特別行政區行政長官依照本法的規定對中央人民政府和香港特別行政區負責。"

19. 基本法第 48 條第 2 項規定："香港特別行政區行政長官行使下列職權：……（二）負責執行本法和依照本法適用於香港特別行政區的其他法律。"

論世界各地混合司法管轄制度的實踐
——— 兼論英國法院對歐盟法律解釋方法的發展

原載國務院發展研究中心港澳研究所《港澳研究》2007 年秋季號，

內容經過更新整理

———— • ————

　　隨著香港回歸，中國在司法運作上，正式成為一個實踐 "混合司法管轄"（Mixed Jurisdiction）的國家。根據《中華人民共和國香港特別行政區基本法》第 8 條的規定，普通法繼續在香港地區適用；與之相對應的是中國內地的大陸法系＋共產主義法系，以及台灣地區和澳門地區的大陸法系。[1] 如何處理好一個國家內多種法律傳統的協作和融合，同時又可以有效維護主權的完整，成為實施 "一國兩制" 的重大挑戰。本文分析了世界上四個有較長實踐混合司法管轄歷史的國家和地區，以瞭解普通法系傳統[2] 和大陸法系傳統並存和運作的經驗。當中特別討論英國法院在加入歐盟並成為混合司法管轄體系後，對法律解釋方法的發展；因為從憲法層面來說，法律解釋無疑是最能夠凸顯兩個法系分別的環節。即使英國在加入歐盟約半個世紀後的今天要脫歐，歐洲大陸法對於英國普通法法庭的影響，相信不會隨英國在政治上的脫歐而立刻消失。實際上，英國的司法已經融合了混合司法的特色。

第二章　基本法與司法

一、世界各地混合司法管轄制度的實踐

（一）混合司法管轄的定義和辨析

關於混合司法管轄，最傳統也是最權威的定義莫過於沃爾頓（F. P. Walton）的定義："混合的司法管轄是指羅馬法傳統的法律體系在一定程度上被英美法所滲透。"[3] 而現在的一般觀點則認為是 "一個在廣泛的程度上同時體現大陸法系和普通法系傳統的法律體系"[4]。雖然在文字和強調的重點上有一些區別，但就其實質而言，兩者其實沒有太大的分歧，都是指兩種或兩種以上的法律傳統（體系）── 一般是指大陸法系和普通法系的傳統 ── 共存於一個國家或地區（司法管轄主權領域）之內。

混合的司法管轄又有狹義和廣義之分。狹義的也是最普遍的概念，是指大陸法系和普通法系傳統的混合，當中包括南非、波多黎各、津巴布韋、納米比亞、博茨瓦納、斯威士蘭、菲律賓，以及美國的路易斯安那、加拿大的魁北克和英國的蘇格蘭等國家和地區，往往都是因為政治和歷史的原因而同時具有大陸法系和普通法系的法律傳統。而廣義的混合的司法管轄則包括非大陸法系和普通法系的混合，例如埃及、伊朗、伊拉克等國家，大多是因為歷史、民族或宗教的原因，因為和本文主旨目的關係不大，故略過不談。本文採狹義的含義，即混合的司法管轄主要指一個國家或地區內同時存在著大陸法系和普通法系的法律傳統。

需要指出的是，混合法律體系（Mixed Legal System）不同於混合司法管轄。混合法律體系指的是一個國家或地區內的有效法律，同時具有兩個或兩個以上的法律傳統，關注的是法律本身，例如埃及的主要私法部分規定來自於大陸民法傳統，部

分來自穆斯林和其他宗教法。而混合司法管轄強調的是司法體系中具有大陸法系和普通法系的傳統，關注的是制度和司法層面，例如路易斯安那的主要規制法傳統是大陸法系，但是因為歷史和美國聯邦與其他州的影響，也在一定程度上受到普通法傳統規制，法院可以同時引用大陸法和普通法傳統，也同時受兩者的約束。[5]

（二）混合司法管轄的分類

混合司法管轄的國家和地區，根據對大陸法系傳統的不同理解和側重，粗略地可以劃分為兩類，即（1）具有成文法或者法典化傳統的國家和地區，如魁北克和路易斯安那，以及（2）歷史上曾經很長時間受到羅馬法統治，現在存在很多大陸法傳統，但是缺乏成文法或法典化傳統的國家和地區，如蘇格蘭和南非。這樣的區別對本文以下的研究也會有一些影響，需要加以注意。

混合的司法管轄根據其形成的原因不同可以將其區分為兩類，即通過（1）接受和移植（Reception）成為混合的司法管轄的國家和地區，和（2）通過征服（Conquest）成為混合的司法管轄的國家和地區，這兩者在以下具體的討論中會有一些區別和影響。前者包括蘇格蘭，16、17世紀的時候，大量從歐洲大陸學習法律的蘇格蘭法官和律師回到蘇格蘭，帶來了大陸法系的傳統，也帶來了他們對大陸法系的偏愛；而到了19世紀以後大量的普通法傳統被介紹和引入之後，蘇格蘭則受到了普通法的巨大衝擊，而這兩次所謂的"接受"都是由於一個法律傳統（外來的）強於或者優於另一個法律傳統（原有的）所造成的，而這一結論基本上也可以在所有通過接受成為混合的司法管轄的國家和地區身上得到驗證。而後者包括魁北克、南非和路易斯安那等，或者是通過武力或者是通過條約，使得一個法律傳統強加於另一個法律傳統之上的。

如果再換一種劃分標準的話，還可以將混合的司法管轄分為四類，包括（1）例如蘇格蘭，一方面具有和英格蘭相同的機構框架，但另一方面因為受到歷史傳統的影響，具有很大比例的不同部分；（2）例如阿爾及利亞，屬制度、機構的整體和部分都完全不同的類型；（3）例如津巴布韋，屬存在法律二元論，需要內部的衝突規則來加以協調的類型；和（4）一般是指憲法的法律傳統被混合的類型，當中又可以細分為兩小類，前者例如荷蘭，因為法國、德國、荷蘭和羅馬法法律文化的聯姻而造成混合的法律傳統，後者例如土耳其，因為受到殖民或者其他自身原因而將外來的法律代替本土的部分法律。本文的第一部分將會以蘇格蘭、魁北克、路易斯安那和南非為例，探討一下各地混合司法管轄制度的實踐情況。

本文的第二部分則集中討論英國法院對歐盟法律解釋方法的發展。在歐盟內部，關於大陸法系和普通法系的混合問題是討論得非常熱烈的。首先歐盟內部本來就包含著大陸法系（如德、法）和普通法系（如英國）的國家和地區，必須要考慮到相互之間的關係處理。其次歐盟議會又是有立法權的，而且其立法是超越成員國的國內法的，可以適用在不同法律傳統的國家和地區上，必然要考慮到成員國不同法律傳統的妥協。從這一層意義上來說，歐盟本身就是或者說正在成為一個混合的司法管轄地區。並且因為歐盟的國際地位和影響的重要性、同一時代性，以及內部制度框架結構的類似性，對中國處理內地和香港地區問題有重要的參考價值。本文將會集中在法律解釋方面作出深入的討論，因為如前所述，法律解釋無疑最能夠凸顯大陸法系和普通法系的分別。

（三）大陸法系與普通法系

一個國家或地區的法律體系，跟當地的具體法律相關，或者通過具體的法律加以表現，但是又不簡單地等同於它們。相反，它更受那些傳統的、深層次的原則、理念和法律文化所影響和決定，例如對於法律本質的看法、以及對於法律地位和作用的看法等等，還包括對於法律的制定、適用、遵守、研究、完善等的態度等。

一般認為，世界上各國和地區的法律體系有兩種主要的傳統，分別是大陸法系和普通法系，此外，還有社會主義法系、穆斯林法系、印度法系、猶太法系、遠東法以及非洲部落法等。本文所討論的混合司法管轄，主要涉及大陸法系和普通法系。這兩大法系雖然同屬歐洲文明圈，然而在法律傳統、法律推理、思維模式、法的結構與分類、訴訟程序和各種具體制度等方面，都存在著程度不同的差異。在對世界上一些混合司法管轄的國家和地區作出討論之前，讓筆者先對這兩者的概念、定義以及區別作一簡單論述界定。

大陸法傳統主要是指起源於羅馬法，然後在歐洲大陸發揚光大並傳播到世界各地的一種法律傳統。根據不同的標準可以對其進行細分，和本文相關的主要是根據是否具有法典化的特性而加以區別。第一類也是最典型的，具有成文的羅馬法形

第二章　基本法與司法

式的法典，例如法國和德國，魁北克和路易斯安那也屬這一類型；而第二類則不具有法典化的特性，例如蘇格蘭和南非。

普通法則起源於大約 11 世紀的英國，現在不僅流行於英格蘭、蘇格蘭、愛爾蘭，美國的除了路易斯安那的其他 49 個州，加拿大和澳大利亞等，還包括以前英國的一些殖民地和英聯邦中的國家和地區，它相比大陸法來說，法院的判決佔有更加重要的地位。

大陸法系和普通法系的一個最重要的區別就是立法和司法機構的地位和作用。在大陸法系，因為繼承了孟德斯鳩的三權分立學說，立法機構被視為創設法律的機構，而司法機構則是適用法律；但是在普通法系，雖然也是三權分立，卻是以司法為中心的，法官造法和先例制度是其制度和價值的核心之一，"普通法之為'活法'而跟得上時代的步伐，照英國法律史家梅因的說法，大抵藉助於三件工具：虛構、衡平、立法。我們說過，英美法國家的立法無論文字表述詳盡與否，須經過訴訟才知道確切的含義。故立法跟虛構、衡平一樣，也要等待法官的'發現'。法律無遺漏，卻能夠時時'發現'不見於文本的規則權利，是普通法最基本也是最成功的虛構。" [6]

大陸法系是根據部門法將整個法律體系加以細分的，例如區分為民法、刑法、行政法等；而英美法則主要是根據管轄的法院不同加以區分，例如根據普通法法院和衡平法法院區分普通法和衡平法。

大陸法系傳統的法律和法院關注的是當事人的權利和義務，而普通法系法院的出發點則是是否支持當事人特定的訴訟請求，這和普通法的歷史與傳統是分不開的，普通法系最開始的時候必須要獲得令狀才能得到法院審理。

大陸法系和普通法系的法律思維也是存在區別的，英、美法的律師習慣於從以前類似的判例中提取特定的規則，然後通過演繹適用到新的特定的案件中，所以無論是理論、實務還是法學教育，都採取一種更加注重實踐的思路。而大陸法系的學者更重視原則的指導作用，是一個特殊到一般再到特殊的邏輯過程，而法學院的教育也不僅僅以培養律師為目標。

遵循先例制度（*Stare Decisis*）是區分大陸法系和普通法系的一個重要特點。在普通法系，法官一般會嚴格執行這一制度，遵循之前的更高級別的法院就類似問題作出的判決，先例具有很高的地位和作用。而在大陸法系則沒有這一傳統，如前所述，這和大陸法系對原則的重視是分不開的。規定在法典和法律中的原則具有指導和統一的功能，在一定程度上起到了和先例同樣的作用。

相應的，成文法在這兩種法律體系中的地位和功能也有差別。大陸法系的法律往往是通過原則或者很抽象的規則來加以規制，然後通過細則條例等來賦予可操作性和加以完善；而普通法系中的成文法主要是對判例法加以總結和完善，並且都要經受法院合憲性的審查。

相比較而言，大陸法系傳統是一個比較封閉的系統，所有的內容都由一定數量的原則和規則加以規制，法官在審判的時候自由裁量權較小，一般都要先找到適用的法律和原則，然後將案件情況與其相比較得出結論，但相對而言卻比較穩定和有較大的可預測性。而普通法系統則是一個開放的體系，法官自由裁量權較大，通過法官造法可以加以創設新的規則或者將原有的規則擴大適用範圍，而在判決的時候不僅可以依據先例、法律和學說，甚至可以做出政策考量。

（四）混合司法管轄的個案考察

大概瞭解過大陸法系和普通法系的概念和區別之後，本文將會以魁北克、路易斯安那、蘇格蘭和南非為例，通過歷史考察和現實研究來認識和討論混合司法管轄的相關問題，從而對這幾個國家和地區加以解構和比較，以期對中國內地和香港地區不同法律傳統問題有所啟發。

1. 魁北克

在 1763 年簽訂《巴黎條約》之前，現在的加拿大魁北克省的疆域主要是由三類淵源的法律所規制的，首先是主要針對財產的 16 世紀左右巴黎議會通過的巴黎習慣法，其次是針對人的建立在法國學者著述和羅馬天主教法庭的教會法基礎上的羅馬法，以及一系列的"皇家法令"（Royal Ordinance）。

1763 年，英國同法國國王路易十五簽署《巴黎條約》，法國放棄新法蘭西以換取繼續擁有西印度群島的瓜德魯普。英國人於是將當時新法蘭西的一部分加拿大改名為魁北克省，之後魁北克的法律體系一度陷入混亂，法國人紛紛抵制剛建立起來的英式法庭，而傾向於將糾紛通過原有的法律體系和途徑加以解決。在這樣的情況下，出台了 1774 年的《魁北克法案》，確保了魁北克地區的法語和法國文化不受威脅。這個法案允許魁北克保留法國的民事法和整個法律體系，同時也保障了宗教自由，使得羅馬天主教得以保留。但這一法案在支持魁北克原有的法律繼續規制財產和民事權利的同時，也肯定了普通法對刑法的權威地位。到了 1791 年的時候，憲法法案將魁北克劃分為下加拿大（即現在的魁北克）和上加拿大（即現在的安大略），在沒有改變下加拿大大陸法傳統的同時，將普通法傳統建立在上加拿大地區。[7]

1857 年，加拿大建立了一個委員會，制定了 1866 年的《下加拿大民法》和 1867 年的《加拿大民事程序法》，這兩個法案在 1867 年魁北克成為加拿大聯盟的一個部分的時候生效。值得注意的是，1866 年的《下加拿大民法》在很大程度上是學習了 1804 年的《法國民法典》，無論是立法技術還是基本內容；但是主要是借鑒了其中涉及大革命之前的相關規定，並且增加了一些魁北克的內容。這是魁北克作為大陸法傳統的地區的最主要的法律淵源之一。1866 年《下加拿大民法》的另一個重大特點是它是同時用英語和法語起草的，根據 1867 年《加拿大憲法》的規定，魁北克地方議會的任何法律的這兩種語言的文本具有同等效力。

魁北克在 1991 年的時候通過了新的民法，並且於 1994 年生效，取代了原有的 1866 年民法。相比以前的版本，新民法在更大程度上體現了英美法傳統，例如採納了很多信託法的原則和內容，但是在整體上來說，這還是一部大陸法系傳統的法典，並且成為主要法律淵源之一。

2. 路易斯安那

路易斯安那最早是法國在北美的殖民地，1682 年法國探險家拉薩爾沿密西西比河而下，到達河口，聲稱密西西比河流域的廣大土地歸法國所有，並以當時法國國王路易十四的名字命名該地為路易斯安那。這一地區在 1731 年正式成為法國的殖民地，是由法國的布告、法令和習慣法所規制的。

在 1763 年以後，作為對西班牙支持法國參與七年戰爭對抗英國的補償，法國把路易斯安那西部即密西西比河以西地區秘密割讓給盟國西班牙，由西班牙的法律和機構接管。

拿破崙時期，到處征戰，很快使西班牙成為法國控制下的依附國，1800 年路易斯安那通過一個秘密協議又回到法國人手裏。然後在 1803 年美國以每畝售價不到三美分的價格，花 1,500 萬美元從法國手裏購買了路易斯安那，但是在這段時間內仍然是由西班牙法律規制。在以上這些階段中，路易斯安那都主要是由大陸法系傳統的國家和法律來統治的，後者給其打下了很深的大陸法系傳統烙印。

在納入美國之後，路易斯安那受到了很大的壓力，要求其採用普通法傳統，而且此時在路易斯安那適用的西班牙法律極其混亂，不僅有六個不同版本的法律存在，而且沒有明示兩萬多部西班牙法律中的哪些可以適用於路易斯安那。因而存在很大的疑惑和問題。

為了解決第一個問題，路易斯安那地方議會成立了一個兩人的小委員會來澄清哪個版本的法律可以適用於路易斯安那，並隨之產生了 1808 年的《路易斯安那民法》，並得到了那些鼓吹普通法的人們的妥協。1808 年民法基本上繼承了 1804 年《法國民法典》的立法技術和內容，其兩千多條條款中大約有百分之七十來自《法國民法典》，而其他的部分主要來自西班牙法律。

為了解決眾多的西班牙法律和習慣法哪些仍舊可以適用的

問題，路易斯安那地方立法機構又成立了另一個委員會，將仍具有效力的法律法規增加到民法中，其成果是 1825 年的《路易斯安那民法》。1825 年民法同樣繼承了《法國民法典》，其中三千多條條款基本上都可以在後者找到原型，並且成為路易斯安那最主要的私法法律淵源。

需要指出的是，這兩部法律都是首先用法文起草，然後翻譯成英文，然後同時用兩種語言公佈，並且同為官方版本。但是不同的是，1808 年民法中明示了兩種語言的版本具有同等效力，當一種語言的版本中存在疑問時可以用另一種版本來加以解釋；但是 1825 年的民法中刪去了這一條文，並且因為這部法律是首先用法文起草，然後翻譯成英文的，法文的版本逐漸具有高於英文版本的效力，從某種意義上大陸法系傳統佔據了優勢地位。

1870 年路易斯安那通過了第三版的民法，主要是增加了一些與時俱進的新的法律，但基本上還是沿襲了 1825 年民法的傳統和規定。此外，雖然這一版本只有英文的官方版本，但是司法和學界的一致觀點是認為那些沒有改變的條文出現疑惑時，1825 年的法文版本還是具有更高的效力。

3. 蘇格蘭

蘇格蘭除了在外交和軍事等幾項事務受英國國會管轄之外，內部的立法、行政管理等基本上擁有高度的自治空間。在所有混合司法管轄的國家和地區中，蘇格蘭無疑是非常典型同時又具有特色的一個。如前所述，蘇格蘭雖然一般被認為是大陸法系傳統的地區，但是它不具有法典化的特性，英格蘭的地理和歷史背景又使其深受英美法系的影響。所以蘇格蘭的經驗對於我們處理中國內地和香港不同法系的問題具有非常重要的參考作用。

要理解蘇格蘭的混合司法管轄現狀，就必須先對其作一個完整的歷史考察，一般可以將蘇格蘭的歷史劃分成如下四個階段。

第一階段：從大約 1000 年以前蘇格蘭疆域初步形成直到 King Robert the Bruce 逝世的封建時代；

第二階段：從上一階段結束直到大約在 1532 年左右 Court of Session 建立為止的所謂黑暗時代；

第三階段：從 1532 年直到拿破崙戰爭，這一階段繼受了大量的羅馬法文化和傳統，一般被稱為羅馬時代；

第四階段：從拿破崙戰爭之後一直延續到現在，這一階段因為受英格蘭的影響而繼受了大量的英美法文化和傳統，特別是英國的上議院成為蘇格蘭的最高法院，影響重大。

封建時代的法律相關的重要事件包括英格蘭封建法的影響，天主教會法對家庭法的影響等，以及初步建立起統一的法律權威和體系。

而在黑暗時代，雖然由於政治動蕩、經濟困難和政府無能，蘇格蘭陷入了蕭條，但是其和法國的關係進入了蜜月期：學習法國建立了一系列機構，大批的律師到法國接受教育，等等。可以說是在這一階段蘇格蘭奠定了大陸法系的傳統。

羅馬時代是一個對蘇格蘭現行的法律制度、體系、傳統和文化產生了重大影響的年代，很多在歐洲大陸接受教育的律師回到了蘇格蘭，帶回了羅馬法系當時最新的概念和思想，建立起蘇格蘭自己新的法律制度和原則，並且體現了濃厚的大陸法系傳統。此外，這一階段還帶來了大量的司法和政治改革，例如羅馬天主教會法院對家庭和婚姻法管轄的取消，封地佔有的登記機構的設立，以及蘇格蘭高等法院的建立等，可以說大陸法系傳統對蘇格蘭法的影響達到了頂峰。但在這之後，大陸法系的影響就開始慢慢減弱甚至消亡了，一方面 Court of Session 開始建立自己的司法管轄權力，另一方面由於很多蘇格蘭學者開始著述和註釋法律，並且一些著名學者，例如 Viscount Stair, John Erskine 等，特別是 Institutions of the Law of Scotland 中很多學者的著述，和先例一樣對法官具有約束力，[8] 歐洲大陸的學說和理論開始變得不那麼重要，而法學院的學生也開始覺得法國並不是學習蘇格蘭法律的最佳地點。特別是 1707 年的《聯合法案》(The Treaty of Union)，雖然還保留了蘇格蘭法和法院，但是取消了蘇格蘭自己的國會，[9] 英格蘭的國會成為蘇格蘭的立法機構，英格蘭的上議院成為蘇格蘭的最高法院，不可否認此時英格蘭的普通法系已經取代或者說已經開始取代大陸法系，成為對蘇格蘭法影響最大的外部因素。

在最後一個階段中，大約從 1800 年開始，蘇格蘭法迅速地受到普通法的滲透和影響，特別是建立了先例制度，而且可以將英格蘭和其他普通法系國家地區的判例作為先例，對其普通法的性質起了決定性作用。但不可否認的是，蘇格蘭法直到今天還是以大陸法系傳統為主，不僅體現在諸如地役權、擔保權等一些稱呼、概念和內容上，而且體現在拉丁文的流行上，更體現在對原則的重視和演繹的法律思維上。蘇格蘭官方和西方的學者基本上也持類似觀點。

從上面的敘述我們可以看到，蘇格蘭法在其發展過程中，受到了封建法、羅馬法、教會法、普通法等多種法律傳統的影響，當然其中大陸法和普通法的影響是最深的。蘇格蘭可以說是一個典型的混合司法體系的地區。

4. 南非

南非的法律體系同時體現了大陸法和普通法的性質，以及一些非洲習慣法的特點。[10]

大陸法系傳統對南非的影響最早可以追溯到 16 世紀中葉荷蘭殖民者最初到達好望角的時候。南非在荷蘭統治時期受到了荷蘭和歐洲大陸普通法傳統的影響。19 世紀初英國開始入侵，1806 年奪佔開普殖民地，荷裔布爾人被迫向內地遷徙。在英國統治時期，英國法開始滲透到商業、公司等私法以及憲法、行政和刑法等公法領域。在 1910 年南非聯邦建立之後，大陸法和英美法在某種程度上融合成了單一的法律體系。在最高法院和其他法院的持續努力下，才將大陸法傳統和英美法傳統區分開來。

在新的南非共和國成立後，因為缺乏立法和先例，所以普通法和大陸法傳統在一種實用主義的進路下被賦予了同等的地位和作用。荷蘭羅馬法被放到了非常重要的位置，同時給與了先例很大的價值。

二、英國法院對歐盟法律解釋方法的發展

自從德、法等六國於 1951 年簽訂《歐洲煤鋼共同體條約》，意圖建立煤鋼共同市場起，歐洲大陸便開始了舉世矚目的一體

化進程。由《歐洲煤鋼共同體條約》、《歐洲經濟共同體條約》和《歐洲原子能共同體條約》三大條約構建起來的歐洲共同體經過四次擴大，從最初的六國擴展到十五國，一體化的地域範圍不斷擴大。1993 年 11 月，《歐洲聯盟條約》正式生效，原先的"歐洲共同體"由"歐洲聯盟"代替，同時歐洲一體化的步伐又向前跨了一大步。

英國根據 1972 年國會通過的《歐共體法》（The European Communities Act），於 1973 年 1 月 1 日加入歐共體。但三十多年的歷史表明，英國這個歐盟中至關重要的角色實屬一個"異端"，特別是在政治上，它與歐盟中德法這樣的領導者充滿猜忌和分歧。雖然說英國的入盟對歐洲聯盟力量的壯大居功至偉，但是同樣可以說，歐盟進一步的一體化因為英國的加入而阻礙重重。

英國與其他歐盟成員國之間的不和諧因素並不只是政治上的，法律體制上的差異同樣引人關注。由於歐盟的發展採取的是法治化的道路，英國加入歐共體不僅意味著英國謀求與歐洲大陸的政治一體化，也意味著英國法將要被置於歐盟法的權威之下。英國與歐盟之間的關係將首先體現在法律這一層面上，因此，英國獨特的法律體系和傳統因入盟而發生的嬗變就更值得研究。

司法傳統是法律體系和文化的重要組成部分，而且英國所創造的普通法制度在當今世界中與大陸法系分庭抗禮，同樣特色鮮明的是英國法院的"形式化"司法傳統。然而歐盟的多數國家，特別是作為領導者的法、德兩國，在法律傳統上都屬大陸法系，那麼英國入盟後，她的司法傳統是否面臨著挑戰，蘊含著革新，最終和其他歐盟成員國走向趨同呢？

英國法院在判決中對成文法的解釋傳統 —— 即嚴格遵循條文，拒絕替代議會造法，是“形式化”特徵的重要表徵之一。那麼英國法院入盟之後，在法律解釋方面，特別是在解釋歐盟法律的時候，是否需要做出調整和改變？英國司法的形式化特徵是否正在迎接衝擊？這是習慣了形式化思維的英國法官所熱切關注的，同樣也是英國整個法律界爭論不休的話題。以下我們將通過英國法院對歐盟法律的解釋這一角度，對英國法院的司法傳統所面臨的挑戰作一全面的介紹和闡述。

（一）歐盟法律解釋的對象與主體

英國法治在入盟之後最為表層的變化是歐盟法律將被植入英國法體系，那麼歐盟法具有怎樣的體系結構呢？或者說法律解釋的客體範圍包括哪些？就歐洲聯盟法的法律淵源而言，可以分為主要淵源（Primary Sources）和次要淵源（Secondary Sources），前者主要是指成員國通過多邊談判、協商達成的關於歐洲聯盟的基礎性和後續性條約，如上述的三大基礎性條約、1986 年的《單一歐洲法》、1992 年的《歐洲聯盟條約》等等，這些條約規定了歐共體以及歐盟的根本目標、任務和一般性原則，建立了歐洲聯盟的組織機構和各自權限，確立了歐盟的基本法律制度和各項政策。

歐盟法律的次要淵源是由歐盟的理事會（Council of European Union）和委員會（European Commission）指定的各種規範性法律文件，通常有條例（Regulations）、指令（Directives）、決定（Decisions）、建議（Recommendations）、意見（Opinions）五種。

根據《歐洲共同體條約》（即《歐洲經濟共同體條約》）第189條的規定，條例具有普遍適用的效力，在所有的成員國可以直接適用，具有基礎性條約的實施細則的性質。目前，在歐盟的共同關稅、農業政策、競爭政策、"四大自由"等方面，歐盟理事會和委員會都制定了大量的條例。指令與條例不同，具有鮮明的歐盟特色，根據《歐洲共同體條約》，指令對於其所指稱的成員國，就其所欲達成的目標具有拘束力，但採用何種形式和方法達成該目標，則由成員國國內法來決定，可見，指令僅就其欲達到的目標對成員國具有拘束力。決定只對其指明的對象具有拘束力，這些對象既包括成員國，又包括公司和個人。與前幾種法律性文件不同，建議與意見並不具有法律上的約束力，但事實上，歐盟機構的建議和意見通常也得到成員國的遵守。

如果說以上所述的是法律解釋的客體範圍問題，那麼我們所謂的法律解釋的主體是誰呢？通常認為法律解釋包括有權解釋和學理解釋，這裏我們所探討的當然是有權解釋，從而此處所謂的法律解釋主體應當是指歐盟法律的解釋權歸誰所有。根據《歐洲共同體條約》第234條的規定，歐洲法院（European Court of Justice）有權對（1）《歐洲共同體條約》；（2）歐盟機構和歐洲中央銀行制定的規章；（3）根據歐盟委員會的規章建立的機構制定的成文法進行解釋。此外，按照學者一致的觀點以及歐盟的法律實踐，歐洲法院也是有權解釋歐盟法律的唯一機構。

需要指出的是，我們說歐洲法院是有權解釋歐盟法律的唯一機構，是指除了歐洲法院之外的所有其他歐盟機構不能對歐盟法律作出解釋，而並非成員國法院也被排除在外。實際上，成員國法院，包括英國法院對歐盟法律的解釋更為頻繁。

應該說成員國法院並不是必然面臨著對歐盟法律的解釋，在歐共體成立之初，這個問題並不存在，因為歐共體法律的國內效力狀況並不明朗。英國法院能夠解釋歐盟法律完全依靠歐盟法律效力的兩個基本原則的建立，即直接效力原則和最高效力原則。

（二）解釋的前提 —— 直接效力原則與最高效力原則

對歐共體法律的國內效力問題，最初的歐共體條約是緘默的，從早期的相關案件中可以看出，歐共體法律在成員國適用與一般的國際條約並無不同，從而歐共體法律本身便被認為是國際條約。在傳統的實踐中，國際條約的國內效力取決於成員國的憲法或法律規定，通常有一元論與二元論的不同，前者直接承認了國際法在國內的效力，後者不承認國際法在國內的直接效力，國際條約並不能成為成員國國民提出請求的基礎，多數國家包括英國在內都採取了後一種做法。顯然，歐洲一體化目標靠這樣的效力原則是無法實現的，歐洲共同體的先驅們以及歐洲各國都不會因此得到滿足，此時，對歐盟法秩序貢獻卓然的歐洲法院審時度勢，通過行使對成員國法院提交案件的現行裁決權，創立了直接效力原則（Direct Effect）和最高效力原則（Supremacy）。從此歐盟法律真正進入了成員國的法體系，歐洲聯盟的一體化進程也掃除了法律上的障礙。

1. 直接效力原則

歐洲法院在 1963 年的 *"Van Gend en Loos* 案" 中創設了直

接效力原則,法院指出:不僅成員國,而且其公民都可以成為歐洲共同體法的主體,歐共體法律秩序直接賦予訴訟人以對其所屬國家提出主張的個人權利,而且成員國國內法院的任務是為了維護這些權利與利益而適用共同體法。通過該案,歐共體法律成為一種新型的國際法,其主體既包括成員國也包括成員國國民,換句話說,歐共體法律在成員國有直接效力,個人可以直接依據歐盟的法律提出訴訟請求。

然而,直接效力原則的適用並不是無條件的,這裏必須澄清三個方面的問題。第一,"Van Gend en Loos 案"涉及的僅是《羅馬條約》[11]條款的效力適用問題,即該案只承認了歐盟法律主要淵源的直接效力原則,而且,該案還指出,並非所有的條約條款都有直接適用的效力。歐洲法院在此後的判決中逐步完善了直接效力原則的適用要求,包括:有關條款對成員國應負義務的範圍和內容也有明確的規定;有關條款的規定必須是不附條件的義務,成員國或者共同體機構在貫徹時沒有行使自由裁量的餘地;有關條款的規定已經比較充實,無需共同體機構的進一步的補充實施。

第二,在法律淵源方面,適用直接效力原則的法律形式從歐盟的條約擴展到次要淵源,《歐洲共同體條約》第189條規定,"……條例的各個組成部分都具有約束力並直接適用於所有成員國。"該條賦予了條例的直接適用性,卻並未賦予指令和決定這種法律屬性。決定是對特定成員國履行某項義務的明確規定,適用直接效力原則並無疑問,存有爭議的是指令。根據指令的性質,其不具有自動成為成員國內國法律體系的一部分的能力,指令所針對的特定成員國對於執行這一指令的具體方式有自由裁量權，但是成員國立法機關必須在規定的期限內由議會制定一部新的法律或者修改現有法律來實施指令，使國內相關領域的立法反映歐盟指令的標準和要求，因此，指令似乎並無適用直接效力原則的可能。但歐洲法院在 *"Van Duyn v. Home Office*（Case 41/47）案"中，卻承認了指令的直接效力，原告 Van Duyn 是荷蘭公民，援引了《歐洲共同體條約》第48條和第64/221號指令，對英國政府拒絕她進入英國接受基督教科學派教堂僱傭提出質疑，歐洲法院認可了指令的直接效力，其理由是：若原則上排除指令所規定的義務可以為利害關係人所引用的可能性，這將與《歐洲共同體條約》賦予指令的拘束力不符。而如果一項法律措施能夠被個人在國內法院援引，它的作用會更大。[12]

第三，直接效力分為縱向的效力和橫向的效力，縱向效力是歐盟法律可以被個人直接援引對國家提起訴訟的效力，橫向效力是歐盟法律可以被個人直接援引對其他個人提起訴訟的效力。在 *"Marshall*（Case 152/84）案"中，歐洲法院認為指令只具有縱向的直接效力，而沒有橫向的直接效力。

2. 最高效力原則

所謂最高效力原則，是指當歐盟成員國的立法與歐盟法衝突時，後法優於先法的一般法律原則不適用，只能是歐盟法優於成員國國內法。類似於一般性的國際條約，歐共體條約和歐盟條約並沒有歐共體法高於成員國國內法的規定，雖然成員國有義務遵守並貫徹歐共體法律，有關歐共體條約也對此作了明確規定，但這並不必然意味著歐共體法律在成員國內必然取得了國內法地位並凌駕於國內法之上，特別是在那些採用二元論的國家。儘管如此，歐洲法院還是在 "*Costa v. ENEL*（Case 6/64）案" 中宣佈了最高效力原則，指出：根據條約，成員國由其國內法律體系向歐共體法律體系轉移權利和義務，這種轉移伴隨著對其主權權利的永久性限制，據此，與歐共體概念不相符的任何隨後的單方面行動不能具有凌駕性。因此，最高效力原則不是條約的直接產物，而是歐洲法院的創造。

歐洲法院並未就此止步，在 "*International Handelsgesellschaft mbh*（Case 11/70）案" 中，其進一步認為歐共體法的最高效力是絕對的，其 "不能因主張共同體法與成員國憲法規定的基本權利或者國內憲法組織機構的原則有衝突而受影響"。可以認為，歐盟法律不僅優先於成員國的一般法律，並且優先於各國的憲法。

可以說，最高效力原則是直接效力原則的進一步發展，它們反映了歐盟法律效力的強化和歐洲一體化進程的突破，二者的關係是：只要一份歐共體法律文件滿足了直接效力的條件，成員國法院必須直接、無條件地適用。

不難發現，直接效力原則和最高效力原則是英國法院能否有權解釋歐盟法律的前提，兩項原則是歐盟法律體制的兩根支柱，同時也是成員國法院的司法系統迎接歐盟法這個外來因素的橋樑。

（三）英國法院和歐洲法院在法律解釋傳統上的比較

歐盟法與英國法是兩個截然不同的法律體系，各自的造法特點決定了二者在法律解釋上也必定風格迥異，只有在弄清他們各自的法律解釋傳統的前提下，才能夠判斷和預測英國法院在解釋歐盟法律時將會作出的抉擇。

1. 英國法院的法律解釋傳統

立法是議會的天然權力，而法律解釋則天然地歸屬於法院。在理想狀況下，議會制定法律，法院在判決過程中依照議會的法律判決案件，法律的實施會有條不紊。然而事實上，條文的"法律含義"（Legal Meaning）常常難以確定，立法者會有用詞的錯誤或失誤，不管是有意還是無意。因此，法律解釋理論就必須存在，對法院審理案件、適用法律進行指導。

英國法院通過近兩個世紀的發展，形成了以下三種法律解釋規則。

在英國的法律解釋傳統中，"文義規則"（Literal Rule）是最重要、最基本的一項法律解釋規則。根據這一規則，如果法律文本的字面含義是清楚的，即使該字面含義會導致明顯的荒謬結果，法官也必須遵循該文字所表達的意思。[13] 解釋議會意圖的最好方法就是遵循條文的字面含義，因為，條文是議會立法意圖的最後的、最重要的呈現。

適用該規則的典型案例如 *London & North Eastern Railway v. Berriman 案*。該案中，一名鐵路員工在鐵路綫上給信號設施加油時被一列火車撞死，他的遺孀認為鐵路公司違反了法定義務，應當承擔損害賠償責任。有關規章規定，當安排工人"更換或修理鐵軌"時，鐵路公司應當放置警示標誌。上訴法院的判決認為該規定應當適用於本案的情況，但上議院以 3 比 2 的多數撤銷了上訴法院的判決，認為應當運用字義解釋規則處理本案，即有關規章的規定的情況不包括本案中的死者給鐵路信號裝置加油的情況。

"黃金規則"（Golden Rule）是指，如果運用字義解釋規則出現荒謬的結果時，法官應當尋求異於字面含義的合理含義以避免荒謬結論的出現。至於何為荒謬的結果，本身就需要進行解釋，Wensleydale 在 "*Grey v. Pearson* 案"中指出，不僅當字面含義導致荒謬的結果，如果字面含義與其他條款不一致時，也應當尋求其他合理解釋。

比如 "*Adler v. George* 案"中，某 A 是參加抗議活動者之一，因 "在禁區附近"妨礙哨兵值勤而被治安法官以其違反 1920 年《官方秘密法》而認定有罪。某 A 不服該判決並上訴稱，當時自己實際上是 "在禁區裏"，而不可能是 "在禁區附近"，因此並沒有違反該法。高等法院分院駁回了他的上訴。首席法官帕克勳爵在判詞中指出，"如果該法律規定發生在皇家空軍基地之外的妨礙行為才構成嚴重犯罪，而在基地之內的妨礙行為根本不構成犯罪的話，那就太奇怪了。"因此，"在……附近"一詞應當被解釋為 "在……裏面或在……附近"。

在 "*Smith v. Hughes* 案"中，法院創設了 "目標規則"（Mischief Rule），即法官解釋成文法時要充分考慮成文法所欲彌補的法律制度上的漏洞，並努力去彌補議會在制定該成文法時所欲彌補的缺陷。法院認為，適用該規則時應當考慮三種因素：（1）在該法制定之前的法制狀況如何；（2）該法的制定是為了消除什麼樣的危害，或者是為了解決什麼樣的社會問題；和（3）議會意圖提供什麼樣的救濟。

在上述案件中，1959 年《街頭犯罪法》第 1 條第 1 款規定，妓女"在街道或公共場所"拉客者構成犯罪，一些妓女因違反該規定而受到指控。她們中有一個人是站在街邊樓房的陽台上，其他人則坐在第一層樓房的開啟或關閉著的窗戶後面。首席法官帕克勳爵在上訴審中維持了對這些妓女的有罪判決，並指出，這正是議會制定該法的目的之一。眾所周知，議會制定該法的目的就是要確保人們可以在沒有妓女騷擾及拉客的情況下自由地漫步長街。如果行走在街上的人們可以清楚地看到這些妓女的話，便已經足夠判她們有罪了。

不難發現，上述三種法律解釋規則的邏輯關係是："黃金規則"是文義規則的突破或者修正，同時也是建立在文義解釋的基礎之上的，即只有文義解釋的結果十分荒謬時，黃金規則才適用。而目標規則是對文義規則的進一步突破，它不再只關注條文的用語和內部邏輯，在條文含義並不清晰時議會的立法意旨起著決定性的作用。可見，這三種解釋規則的靈活性依次增加，同時法院在解釋時的自由裁量權也依次增加。

再從三種解釋規則的歷史沿革來看，英國法院在相當長的時間內嚴格遵循文義解釋規則，目標規則只是在二十世紀中期才發展起來，而且，不管是在哪個時期，遵循文義規則始終是法院裁判的主流。正是在這個意義上，英國法院被稱為是以"形式化"（Formalism）為根本特徵的法院。

在司法模式的分類中，其中很重要的一種就是形式化和非形式化的分類，形式化的司法模式是指，法院在司法裁判中只注重既定的規則（Rule-Focused），嚴格解釋法律，對自由裁量權進行自我限制；而在非形式化（Substantive）的司法模式中，法院重視實質正義，考慮更多的社會、政治、經濟因素，

擁有較大的自由裁量權，對法律採取靈活的解釋方法。形式化
的司法模式有兩個主要的特徵，第一，嚴格地遵循先例原則，
在判決時重在考察先例在形式上是否能夠適用，而且法官有義
務遵循先例；第二，即是在法律解釋的規則上，嚴格遵循文義
規則，在法律條文的內部理解條文的含義，而很少綜合法外因
素做出解釋。英國的司法傳統就是典型的形式化的司法模式，
也是目前仍採取這種模式的少有國家和地區之一，可以說，英
國是對司法的形式化最為迷戀的國家。

　　這種特徵的形成與英國的法治狀況是密不可分的，究其原
因，大致有以下幾個因素：首先，議會主權原則的存在決定了
法律解釋的形式化。議會主權使得法院無法對議會制定的法律
進行司法審查，而根據其他國家的經驗，司法審查是對法律採
取 "實質性解釋"（Substantive Interpretation）的重要領域。
同時，議會主權強調議會在法律制定方面的權力絕對性，從而
法院造法的情形被嚴格禁止，從而法院的判決不能用來彌補議
會立法的空白與不足。這裏的邏輯通常讓人感到疑惑，因為眾
所周知，英國法的主體是判例法，法院是造法的主角，為什麼
會說法院不能來彌補議會立法的空白與不足呢？原因在於，在
英國普通法與制定法已經涇渭分明，在制定法的領域法院遵奉
的是 "司法順從主義"（Judicial Deference），並不侵犯議會的
立法權限；在普通法領域，判例法主體的形成已經是遠去的歷
史，而 "先例原則" 早已形成，目前英國法院創設先例的情形
已經十分罕見。

　　其次，議會立法的避簡就繁縮小了法院的解釋空間。時至
今日，制定法實際上已經取代判例法成為英國法的主要淵源。[14]

225

制定法不僅包括某個法領域的基本原則，還力圖涵括如何將這些基本原則適用於特定情形的具體規則，包括議會立法和委託立法在內的制定法，通常使用複雜的句式，爭取在語義的表述上滴水不漏。由於立法上事無巨細，英國法院通常無需脫離法律的字句，而且，議會冗繁立法的意圖之一就是限制法官的自由裁量權，因此，法官的靈活解釋通常也不被允許。[15]

2. 歐洲法院的法律解釋傳統

對比於英聯邦法院，歐洲法院在相應的法律體系中的角色要積極得多，更具有創造性。在法律解釋方面，歐洲法院採取的是靈活的、實質性的（Substantive）解釋原則，具體表現為：

第一，歐洲法院通常採用四種方法來解釋歐盟法律，即文義解釋，體系解釋（Contextual Approach），歷史解釋（Historical Approach）和目的性解釋（Teleological Approach），而且這四種解釋方法之間是選擇性的，即歐洲法院在解釋法律時沒有一成不變的解釋原則，而是根據需要選擇其中一種解釋方法。

所謂字面解釋，即按照法律條文用語之文義及通常使用方式，以闡釋法律之意義內容的方法。需要注意的是，這裏的字面解釋方法和上面所說的文義解釋規則並不相同，前者只是一種解釋方法或者手段，如果說法律解釋是一個過程的話，字面解釋通常是法律解釋的首要階段，而且是唯一的階段，而後者是法律解釋的一種規則，甚至傳統，在這種規則下，文義的通常含義是條文解釋的唯一結果。

所謂歷史解釋，是指在解釋法律條文時，參考立法時的準備、辯論資料，即通過回溯整個立法過程，來弄清歐盟機構的立法意圖。由於歐共體基本條約的締結過程通常保密，所以在解釋條約時歷史解釋很難適用。但是，歐盟法律中的條例和指令與上述條約不同，這些法律的準備材料，如歐洲委員會的原始提案和歐洲議會對提案的意見，均公開發表，這些立法準備材料在歐洲法院對條例和指令進行歷史解釋時很有幫助。例如，歐洲法院在解釋"共同關稅稅率"時，就參考了屬立法準備資料的"共同關稅稅率專用名詞解釋規則"和不屬稅率部分的一些解釋性說明。[16]

所謂體系解釋，是指以法律條文在法律體系中的地位，即依其編、章、節、條、款、項之前後關聯位置，或相關法條之法意，闡明其規範意旨之解釋方法。所謂目的解釋，指以立法目的為依據，闡明條文含義的解釋方法。作為一個採用目的性解釋和體系解釋的典型案例，在歐洲共同體理事會第 3 號條例中，第 19 條規定了有關流動工人的社會保障問題。歐洲法院在解釋其中的"掙工資者或者類似的工人"的含義時，認為應當參照《歐洲經濟共同體條約》第 51 條，因為這是該項條例的法律基礎。然後，歐洲法院又把第 51 條放在上下文中，指出："第 51 條處在"工人"這一章中，位於條約第 2 部分（共同體的基礎）中的第 3 個標題之下（人員、服務和資本的自由流動）。工人儘可能徹底的自由流動的建立，因此構成了共同體'基礎'的一部分，由此也形成了第 51 條的主要目標，成為對這些為了執行該條而通過的條例進行解釋的條件。"歐洲法院也因此對這些條例中的措辭作了擴大解釋，把目前尚未被僱傭的和暫時居住在國外的人都包括進來了。

這種頗為靈活的法律解釋並非是歐洲法院的隨意選擇，而是歐盟法律體系的要求，在現存的歐盟法秩序中，對歐盟法律進行嚴格的解釋是不合時宜的。[17] 原因在於，歐盟法是新生的、正處於發展之中的法律體系，在精確性、確定性、全面性、系統性等方面都有相當一段路要走，而現實卻要求歐洲法院在廣闊的領域內行使管轄權，包括國際條約、民事、行政領域等等，因此，歐洲法院必須在相當的範圍內填補歐盟機構立法的空白（Gaps），通過靈活多變的解釋方法，使殘缺不全、漏洞頻出的聯盟立法不至於過分無能為力。

第二，相對於其他解釋方法，歐洲法院更側重於目的性解釋方法。原因在於，首先，歐盟的法律性文件通常採用多種語言，而採用字面解釋等方法會在不同語言版本之間產生非常大的差異。其次，基於歐盟法律性文件的特色，歐盟法律的目標都在文件中得到了詳細的闡述，既然通常情況下立法目的已經相當明確，就無需進行事無巨細的規則制定，法院也就無需過分著重在法律用語上。再次，目的性解釋與歐盟法律的演進性特徵相適應，因為在共同市場直至最終的政治一體化的大目標之下，每一階段的具體目標還需要審時度勢地予以確定，如何通過解釋歐盟法律的條文來最優化地實現歐盟的及時目標，是歐盟一體化對歐洲法院的要求，也是歐洲法院面臨的挑戰。

（四）對歐盟法的解釋給形式化特徵帶來的挑戰

由於歐盟法律已經植入英國法體系，並且具有直接的效力，那麼英國法院對歐盟法律的解釋就不可避免。那麼，在解釋歐盟法律時，英國法院是像解釋國內法一樣維持形式化傳統，還是要向歐洲法院的解釋方式轉變呢？

1. 英國法院的法律解釋傳統的轉變方向

在《歐共體法案》中，英國法院被施予了三個方面的義務，包括（1）對於具有直接效力的歐盟法律，英國法院必須依照相應的條款，而不能對其置之不理；[18]（2）歐盟法律條文中的任何問題都應被視為法律問題（Question of Law）；[19]（3）英國法院必須採用與歐盟法律相適應（Compatible）的解釋方法，[20] 來解釋歐盟法律文件，並且還不能與歐洲法院的判決所確定的原則相違背。[21]

可見，在解釋歐盟法律時，《歐共體法案》要求英國法院必須採用與歐盟法律相適應的解釋方法，但是，何為"歐盟法律相適應的解釋方法"？這個條文本身就需要解釋。上面已述，英國法院和歐洲法院對法律的解釋方式是大相徑庭的，正如丹寧勳爵在 "*H. P. Bulmer Ltd. v. J. Bollinger S. A.* 案" 中所言："（歐共體法律）完全不同於我們已經習慣了的任何法律，我們的法律起草人力圖表明他們自己極為注意法律的精確性，他們力圖預見一切可能發生的情況以便為這些情況做好準備。他們犧牲了風格，犧牲了質樸純真，他們放棄了簡潔的問題，把法律文句寫得又長又複雜。結果法官們亦步亦趨。他們把法律解釋為只適用於其詞句所規定的情況，而他們對法律詞句的解釋又是字面上的。如果某項成文法的詞句中沒有包括一種新情況 —— 這種情況是沒有預見到的 —— 法官們就認為自己無權填補這個空白，因為這樣做將是'赤裸裸地篡奪立法職責'……這個空白必須在那裏空著，直到國會找時間把它填補上為止。"[22]

"條約與此有多麼大的差別啊！它制定的是總原則，表達的是目的和意圖。它的所有句子都長短適中，通篇的文風都值得稱頌。但是它'缺乏'精確性，在遣詞造句中未下任何定義。一個英國律師會去在其中尋找一項解釋條款，但必然徒勞無功，因為那裏面根本沒有這種東西。通過羅馬條約的所有道路都佈滿了溝壑和窪地，這些溝壑和窪地必須由法官們去填平，或者用法規（條例）和命令去補充，這就是歐洲的方式……""歐洲共同體的法規（條例）也是同樣，為了使每個人都服從，它們與我們的法律文件完全不同。這些法規（條例）和命令必須說明它們賴以制定的理由，因為它們從序言部分開始，就是'有鑒於'、'有鑒於'和'有鑒於'，那些序言是說明法規（條例）和命令的目的和意圖的……"[23]

毫無疑問，《歐共體法案》要求英國法院在解釋歐盟法律時有必要偏離傳統的解釋原則，即過於形式化的解釋方法，與其說這種偏離是英國司法系統對歐盟的妥協，不如說這是歐盟法律本身特徵的客觀要求。然而，這種偏離究竟要達到什麼樣的程度，《歐共體法案》並沒有給出精確的答案，英國各級法院也沒有一致的回答。

英國上議院曾在"*D. P. P. v. Henn and Darby* 案"[24] 中表示出對英國法院應當如何解釋歐盟法律的看法，"〔上訴法院（Court of Appeal）〕的做法隱藏著一種危險，這種危險是英國法院適用傳統的解釋方法（English Canons）來解釋歐盟條約、條例和指令造成的。"儘管英國上議院曾表達這樣的看法，但這並不能夠說明目前的英國法官在解釋歐盟法律時都採用了歐洲法院的做法。[25]

英國的上訴法院在法律解釋方法上的轉變要比上議院激進得多，許多案例表明上訴法院採取了歐洲法院的目的性解釋方法。丹寧勳爵是這種改變最熱誠的鼓吹者，他認為歐盟法律的植入，使英國法院必須積極面對新來的司法潮流（Incoming Tide），英國的法官需要改變那些根深蒂固的迷戀法律條文的觀念。在"*Bulmer* 案"中，他說到："毫無疑問，英國法院必須遵循與歐洲法院相同的原則，否則在九國之間就會出現差別。我們決不應該讓這種差別出現，所有九個國家的一切法院都應該運用同樣的方式解釋條約，都應該遵循同樣的原則……"

"如果英國法院面臨某個問題（涉及到歐共體法律的問題）需要解釋，他們應該怎樣去做呢？他們應當仿效歐洲法院的做法，決不可以再謹小慎微地審核語言的細節和辯辭的精確語法含義，他們應當注意目的和意圖，從"條約的表達和條約的精神中，推斷出共同體諸法規（條例）的意思"。

上訴法院法律解釋方式的轉變似乎並不僅僅局限於歐盟法律，有相當的案例表明法院在解釋某些英國法律時，雖然歐盟法律中並沒有相應的規則，但類似的立法在其他成員國中存在，此時法院認為對該法律的解釋有必要與其他成員國法院對相應條文的解釋相一致，因為所有成員國對相同的法律問題都應該做出相同的回答，這是歐盟條約所期望的。由於其他成員國對法律的解釋常常採取目的性、實質性的解釋方法，這就意味著英國法院也需"自發"地採用目的性、實質性的解釋方法。

然而，上議院對這樣的觀點毫不遲疑地進行了反對，在上議院看來，如果沒有歐盟機構對某個法律問題做出立法或者其他行為，成員國法院就不應在歐盟法層次上考慮這個法律問題，成員國並沒有相應的義務。正如 Wilberforce 大法官所言，"將我們對法律的解釋建立在其他成員國法院如何解釋的基礎之

上，無疑是冒險的、自我否定的行為……" [26]

2. 先行裁決程序對保持形式化特徵的作用

一般而言，某項幾百年的歷史積澱而成的傳統很難在短時間內改變，傳統總會尋找到適當的機制對迎面而來的衝擊作出迴避。對英國法院的形式化傳統而言，歐洲法院的現行裁決制度（Preliminary Reference Procedure）就是這樣的機制。

根據《歐共體條約》第 234 條，成員國法院及仲裁機構在自己的案件中就有關歐盟法律的問題可以向歐盟法院要求先行裁決，該條是建立在歐盟法院和成員國法院分工合作的基礎之上的，目的是為了在歐盟全體成員國範圍內準確、統一地適用歐盟法。其內容是：

歐盟法院對下列事項享有先行裁決的權力：

（1）本條約的解釋；

（2）歐盟機構和歐洲中央銀行制定的規章的效力及解釋；

（3）根據歐盟委員會的規章建立的機構制定的成文法的解釋。

當成員國法院或仲裁機構認為對一個問題進行先行裁決是自己對案件作出裁決的前提時，它可以將該問題提交歐盟法院作出先行裁決。

當成員國的法律對某個問題缺乏相應的救濟措施時，在其法院或仲裁機構在審理案件時遇到該類問題時，該法院或仲裁機構應該將問題提交歐盟法院。

不難發現，對歐盟法進行解釋是先行裁決的主要內容。當成員國法院面臨需要對歐盟法進行解釋的情況時，歐盟法院就可以 —— 有的情況下必須 —— 對該問題進行先行裁決，來回答成員國法院提出的法律解釋的問題。雖然根據該條的規定，歐盟法院對相應的案件不能做出最終的判決，但是，該條文由於把歐盟法院與成員國法院聯繫起來，它已經被證明是歐盟法發展的跳板。因此可以說，先行裁決制度是歐盟的奠基人最成功的創造之一，甚至它已經比當初奠基人的設想更為成功。在歐盟法發展的許多方面，先行裁決制度都是功不可沒的。比如上文提到的 1962 年的 "*Van Gend En Loo* 案"，歐盟法院裁定，在歐盟內個人可以依照歐盟法的規定在一定條件下在成員國法院行使他們的歐盟法的權利，從而創設了直接效力原則。

對於歐盟法院來說，先行裁決程序是保證歐盟法律的實施，維護歐盟法制統一的重要途徑，而對於英國法院來說，先行裁決程序是避免自行解釋歐盟法律，從而維護傳統的法律解釋方式的救生圈。事實上，英國法院也經常性地提起先行裁決程序，[27] 從而避免考察條文之外的因素。

在 "*Macarthys Ltd v. Smith* 案" 中，一名女性僱員起訴她的僱主，稱僱主支付的工資低於自己的前任男僱員，從而違反了《歐洲共同體條約》第 119 條。該條規定，每個成員國都必須在法律上建立這樣的原則，即男女僱員必須同工同酬。勞動法庭（The Employment Appeal Tribunal）支持了原告的請求，認為英國的《同酬法案》（Equal Pay Act）應該根據《歐洲共同體條約》保護同工同酬的原則進行解釋。上訴法院推翻了勞動法庭的判決，認為按照勞動法庭的解釋，《同酬法案》的條文含義將會被改變。但是，《歐洲共同體條約》第 119 條是否適用於本案並不確定，因此，上訴法院提請歐洲法院進行先行裁決。歐洲法院對同酬的概念做出了清晰的回應，即 "同酬" 的範圍並不限於同時為僱主工作的僱員，還包括先後為僱主工作的僱員之間的工資。此後，上訴法院採納了歐洲法院作出的裁決，判決原告勝訴。

　　顯而易見，上訴法院通過先行裁決程序避免了對《歐洲共同體條約》的解釋，從而既遵循了歐洲法院作出的裁決，又實際上推翻了勞動法庭對《同酬法案》所做的目的性解釋，可謂是在不知不覺間維護了英國法院的法律解釋傳統。當然，先行裁決程序並非是澆滅英國所面臨的公法革命的利器，因為一方面先行裁決程序使英國法院在維護形式化的司法傳統上成為可能，另一方面，先行裁決程序提起越多，議會主權原則受到的衝擊越大，歐洲法院成為事實上的 "聯邦法院"，在歐洲法院作出初裁後，英國法院對議會法律的司法審查常常顯得更為必要。

　　即便沒有其他方面的負面影響，先行裁決程序對形式化司法傳統的保持也並不絕對是一服靈丹妙藥。一方面，根據《歐洲共同體條約》第 234 條，歐洲法院不能對成員國國內法與歐盟法是否一致作出裁決，儘管它能夠通過解釋歐盟法對國內法院提出一些相關的判斷因素，以幫助國內法院判斷其一致性。另一方面，歐洲法院作出的初裁決定並非全都清晰、確定，有時候會像歐盟條約一樣具有原則性。因此，很多時候，英國法院不可避免地要對其進行進一步的解釋。

3. "解釋性義務"下改變解釋傳統的壓力

英國法院不僅在解釋歐盟法律時面對改變法律解釋傳統的壓力，在解釋國內法律時，有時候也會面對同樣的壓力，即英國法院承擔"解釋性義務"的時候。

何謂解釋性義務？當某些歐盟法律文件或者其中的條款並不適用直接效力原則時，並不意味著成員國法院可以對其視而不見。在某些情況下，成員國法院在解釋成員國法律時，必須以歐盟法律的立法目的為導向，而不能違背歐盟法律。歐洲法院在 *"Von Colson v. Land Nordrhein West-falen*（Case 14/83）案"中就確立了針對指令的成員國法院的解釋性義務。法院指出："成員國依指令有義務取得指令所要求的結果，依條約第 5 條有責任採取一切一般或特別的措施以保證義務的履行。成員國的這種義務和責任，對成員國的所有機構包括法院在其管轄權之內有約束力。也就是說，在適用國內法特別是專為執行該項指令而頒佈的國內法的條文時，國內法院應當根據指令的用詞和目的來解釋國內法，以求得條約（《歐洲共同體條約》）第 189 條所指向的結果。"

因此，在解釋國內法律時，英國法院必須遵循相應的歐盟法律的立法目的和意圖，使國內法律與歐盟法律相符。這種解釋性義務是歐盟法植入英國法律體系的一種體現，在《歐洲共同體條約》第 10 條也有表述，它不僅限於在成員國法中具有直接效力的歐盟法律，更重要的是擴展到所有其他的歐盟法律性文件，從而使歐盟法律的最高效力原則適用於所有的歐盟法律性文件，因此，成員國法院的解釋性義務也被稱為間接效力原則。

"*Von Colson* 案"確立間接效力原則時,對間接效力原則的適用條件和範圍並沒有清晰的界定。首先,該案並未確定何種類型的國內法律處於解釋性義務的範圍之內,歐洲法院裁決中的某些地方似乎表明這些法律只限於成員國履行歐盟指定的立法任務的部分,即用來實施歐盟法(例如指令)的國內法部分,而其他的某些地方又似乎表明所有的國內法律都處於解釋性義務的範圍。在"*Barber v. Guardian Royal Exchange* 案" [28]中,歐洲法院較為明確地指出,國內法律應作廣義的理解。其次,這種解釋性義務的適用是否是絕對的、毫無例外的?成員國法律是否需要與歐盟法律完全一致?亦即歐盟法律的立法目的和意圖被遵守的程度如何?如果解釋性義務是絕對的、無條件的,那麼這種間接效力原則將會和直接效力原則毫無區別,成員國法律可以被直接地宣佈無效。

歐洲法院的判例更多地支持間接效力原則的廣義化理解,在"*Marleasing SA v. La Commercial International de Alimentacion* 案"中,在確認 Von Colson 的原則之後,歐洲法院繼續說到:"在適用國內法時,不管它是在指令之前還是之後制定,必須使國內法符合指令的用語和目的,實現歐盟法律所追求的目標。"

英國法院在履行解釋性義務時,是否意味著必須偏離傳統的法律解釋規則呢?答案無疑是肯定的,"成員國法院的法律解釋規則必須與歐洲法院相一致,即尋找法律的意圖,而不限於它的書面含義。" [29]因為依據傳統的解釋方式,英國法院在解釋議會立法時通常只關注法律的字面含義,對其他解釋素材(Interpretative Aids)很少考慮,而在解釋性義務之下,歐盟機構的立法意圖是最為主要的解釋素材，而且歐盟機構的立法意圖可以對抗法律的字面含義。問題是這種偏離究竟達到什麼樣的程度？精確的答案是無法做出的。但可以肯定的是，"解釋性義務"的存在，使得英國法院面臨著改變形式化法律解釋傳統的壓力，而且許多司法實踐已經證明了這種轉變的發生。

（五）英國法院所面臨的其他挑戰

歐盟法律通過直接效力原則和最高效力原則植入英國司法系統，使英國的法律體系，特別是公法領域發生了巨大的變化。這種變化最直接、最重要的承受者要算是英國法院，就如同歐洲法院創設了歐盟法秩序中最重要的部分一樣，英國法院必須通過判決來回應新的歐盟法律元素。除了在法律解釋傳統上的革新壓力之外，"議會主權"的下降與司法審查，也是不得不考慮的方面。

英國是通過議會制定的 1972 年《歐共體法案》接受了當時業已形成的直接效力原則和最高效力原則，即直接有效的歐洲共同體法律高於英國法律。對於英國法律傳統來說，這無疑是一項史無先例的"主權革命"。在 1972 年以前，英國憲法的基本原則就是"議會至上"（Parliamentary Sovereignty），這就是說英國議會有制定或不制定任何法律的權力，並且，英國法律不承認任何人或者實體具有高於或者廢除議會所作的立法的權力。然而《歐共體法案》第 2（4）節卻明確規定："任何已經通過的或者將要通過的法律的解釋和效力都應當服從前述條文（歐共體法律）的規定"。因此，議會主權的原則名存實亡，議會不再是至高無上的，議會制定的法律不再是不可挑戰的，這項法治原則受到的挑戰成為反對英國入盟的主要理由。

議會主權原則的下降不只是體現在觀念上。在司法實踐中，英國法院必須重新審視議會主權原則，當一項議會立法與歐共體法律發生衝突時，特別是個人主張歐盟法上的權利（Community Right）來對抗國內法律時，對議會法律的司法審查（Judicial Review）就不可避免。需要指出的是，英國傳統的司法審查制度是貫徹和實施議會主權原則的重要手段，它是指高等法院對下級法院和行政機關的行為進行審查，確定其是否違背議會制定的法律的制度設計，[30] 而不包括對議會法律是否違憲進行審查。因為英國憲法屬不成文的柔性憲法，和一般的法律效力相同，議會法律在效力上就是最高的，法院不能審查其效力。

作為議會主權原則的一個方面，議會不能約束其任何下一屆議會的立法，或者說議會的後法應當理所當然地優於先法，這也是英國法上的默認撤銷原則（Implied Repeal）。由於英國是通過 1972 年的《歐共體法案》承認了歐共體法律的國內效力。因此，如果議會於 1972 年以前頒佈的法律與歐盟法律相違背，歐盟法律應當優先適用，這並無違背默認撤銷原則，可以認為 1972 年議會通過《歐共體法案》撤銷了之前的議會立法。但如果議會在 1972 年之後通過的法律與歐盟法律相違背，那麼默認撤銷原則就必須被推翻，正是從這個意義上說，《歐共體法案》使議會主權原則受到了嚴重的限制。

審查並推翻議會法律的典型案例是 "Factortame 案"。Factortame 是依據英國法律設立的具有英國法人資格的公司，但此公司的董事會成員和股東卻大部分是西班牙人，所以由西

班牙股東控股。公司擁有的 95 艘深海捕魚船都依據英國 1894
年《商船法案》(Merchant Shipping, 1894) 註冊為英國船籍，
並因此享有了在英屬海域捕魚的資格。1988 年頒佈了新的《商
船法案》和《商船登記規則》，新法案要求商船重新註冊（Re-
Registered），並更改了註冊要求——只有英國股份控股的商船
才能獲得英國船籍。這樣 Factortame 和一些其他公司的商船就
當然不能獲得英國船籍了。於是 Factortame 和一些其他公司向
地區法院起訴，主張 1988 年《商船法案》新的註冊要求違反了
歐共體條約而無效。案件上訴至上議院。上議院認為，就英國
法本身來考慮，法院沒有權力對任何一項議會法案不予適用，
即使是部分地不予適用。也就是說，上議院意圖站在維護議會
主權的立場上作出肯定 1988 年《商船法案》的判決。但是作為
歐共體成員的最高法院，它沒有權力直接作出這樣的判決。基
於羅馬條約第 177 條第 3 款規定的義務，上議院必須先將案件
提交歐洲法院。然而，不難想像，歐洲法院必然會站在維護歐
共體法律的效力的立場上作出初步裁決。歐洲法院在對本案的
初步判決中明確表達的觀點是："如果阻礙依據歐共體法律給予
救濟的是一個成員國國內法的話，那麼這個成員國的國內法就
應當被撤銷。"於是英國上議院不得不根據歐洲法院的判決宣
佈 1988 年《商船法案》與歐共體條約相衝突的部分無效。

　　議會法律與歐盟法律的衝突要遠比想像中的頻繁，[31] 因為
歐盟法律已經遍佈了所有的重要領域，而且歐盟基本權利原則
（Community Fundamental Rights Principle）——即個人在行使歐
盟法律賦予的權利時可以對抗國內法的禁止性規定原則，早已
得到了確立，從而個人對成員國提起的訴訟越來越常見。

第二章　基本法與司法

三、總結：兩法系的並存融合造就穩定的司法秩序

總括而言，從上述四個混合司法管轄國家和地區的經驗，以及英國加入歐盟的過程當中，我們不難發現，能夠融合兩個法系傳統的多元司法運作原則和共識，是使司法秩序穩定的要素。現在大陸法系和普通法系已經有互相借鑒和融合的趨勢。一方面是原來普通法或者大陸法傳統的國家內部的融合和借鑒，例如英國某些法院的書面審理程序就摒棄了法庭抗辯傳統，而法、德等典型的大陸法國家中判例法也有一定的價值，例如不當得利制度和 Restitution 制度的融合等。另一方面則是通過一些跨國家甚至是國際性的立法來融合普通法和大陸法傳統，例如《聯合國國際貨物銷售合同公約》（CISG）等，歐盟的立法更是一個有力的證據。大陸法和普通法的法律傳統，如果得到同等的重視並加以平衡，對於一個混合的司法管轄體系是非常有益的。兩者對於中國的法治建設都是有利的，都會在中國建設法治國家以及處理好內部的混合司法管轄的問題上發揮重要的作用。

（一）《聯邦法和大陸法融合法》

此外，國外最近還有一種通過成文法對大陸法系和普通法系加以融合和統一的觀點和趨勢，這樣的嘗試加拿大在 1998 年就已經開始了，其嘗試著通過《聯邦法和大陸法融合法》（Federal Law-Civil Law Harmonization Act）。如前所述，加拿大有九個省和三個行政區都是普通法傳統，但是魁北克卻是大陸法系傳統的地區。由於大部分聯邦的立法和司法者都是在魁

北克以外接受的法學教育，所以近年來的趨勢就是聯邦立法基本上都是普通法系的傳統、術語和思維，比方說一部希望通過的法律都是先用英文起草，然後再翻譯成法文再到國會進行審查，大陸法系的傳統很難得到體現。相應的，就會帶來聯邦法律在魁北克適用和執行的困難。《聯邦法和大陸法融合法》正是在這樣的背景下產生的。

《聯邦法和大陸法融合法》的立法目的在其宗旨中寫得很明白，就是在加拿大這樣的普通法和大陸法系傳統同時存在的聯邦制國家中要“保證所有的相關私法的聯邦立法的術語、概念和機構與魁北克的大陸法系傳統相協調”[32]，然後促使魁北克的法院適用聯邦法律，從而維護聯邦法律的尊嚴和統一。

在《聯邦法和大陸法融合法》通過之後，加拿大司法部加快了對原有法律的審查速度，對七百多部成文法的格式或內容方面提出了修改意見，並且正在對三百多部法律進行進一步的檢討。這一嘗試還在進行過程中，最大的困難可能就是工作量的巨大，但是如果在加拿大的這一創造性的通過成文法來同時尊重大陸法系和普通法系的傳統並對兩者加以協調的試驗能夠取得成功的話，對中國或者是世界上其他混合的法律體系的國家和地區都將會是非常具有借鑒意義的。

（二）支持兩個法系並存融合的要素

最後，讓我們根據上述四個混合司法管轄國家和地區的經驗，從語言、立法機構和司法機構等三個方面，簡單分析一下這些國家和地區能夠有效並存融合兩個法系的要素。

1. 語言

語言作為文化的載體和交流的媒體，是混合司法管轄中很重要的助力部分，甚至可以說是基礎性的部分之一。因為歷史因素，普通法傳統一般來說需要英語的支持，大陸法傳統則需要法語、德語等語言的支持，並且法律傳統和相對應的語言是一種正比例關係。

根據加拿大憲法的規定，所有的魁北克法律法規和聯邦法律法規都必須要有英文和法文的版本。相應的，在立法機構審議爭論的時候也可以用英語或者法語進行，而立法記錄也必須包括這兩種語言；同時在聯邦任何一級法院和魁北克省的任何法院中，英語和法語都被視為官方語言。[33]

在實際的法律生活中，語言的重要性也得到了充分的體現。幾乎所有的魁北克的法律從業者，比如學者、法官、律師、立法者等，都同時使用英語和法語。而法學院的學生也在客觀上需要熟練掌握英語和法語，否則就不能有效地進行學習。法律雜誌是雙語的，法院的判決也是雙語的，而法官對英語和法語，大陸法和英美法傳統的熟練使得判決中既有對大陸法系理論和學說的引用，也有對普通法系別的國家和地區的先例的引用。這樣的雙語環境使得魁北克混合的法律體系有效地運作，既使得大陸法系和普通法系傳統都不能完全壓倒和取代對方，也充分體現了這兩種法律傳統的優勢和特點。而魁北克的法學院的學生和律師，因為經過了嚴格的雙語訓練，以及隨之的對普通法和大陸法傳統的瞭解，無論是在聯邦一級上還是魁北克一級上都是非常熱門的。

和魁北克一樣，南非現在的混合法律體系很大程度上也是歸功於南非荷蘭語和英語同為官方語言的地位，而在歷史上，荷蘭羅馬法在 19 世紀末 20 世紀初之所以能夠在普通法的強大壓力下延續下來，很多南非人熟悉德語和荷蘭語是非常重要的原因之一。

同樣，南非現在混合的法律體系是由立法者、律師、學者和法學院學生對於英語和南非荷蘭語的熟悉所支持的。所有的法律同時具有英文和南非荷蘭語版本，律師們可以在法庭中使用這兩種官方語言的任一種，法官們的判決也會具有兩種語言版本，並且會引用大陸法系和普通法系的先例和學理，而法學院的學生也需要掌握兩種語言，無論是為了學習還是以後的工作，而法律雜誌也是雙語的了。當然一般來說關於荷蘭羅馬法的內容都是由南非荷蘭語完成的，普通法的則是由英語來完成的。

和前兩者的情況有所不同，路易斯安那的大陸法傳統正在被普通法所替代，而這很大程度上就是由於英語的優勢地位和講法語人口的持續下降所造成的。雖然路易斯安那最早的憲法是由法文起草的，而且在 1845 年、1852 年、1879 年、1898 年和 1913 年的路易斯安那憲法都明文要求所有的法律、公共記錄、立法和司法文件都必須同時具有英文和法文的版本，但是隨著英語人口的增多和法語人口的下降，英語無論是在立法還是司法機構都獲得了統治地位，而現行的 1974 年路易斯安那憲法也刪除了以上要求同時具有雙語版本的條文。相應的，普通法系傳統也相較大陸法系傳統取得了絕對優勢地位，例如在擔保法等很多領域都是普通法取代了原來的大陸法傳統的法律。

蘇格蘭和路易斯安那的情況相似。語言在蘇格蘭接受其他法律傳統上起到了很大的作用，無論是在十六七世紀繼受羅馬法傳統時，還是在當代繼受英美法傳統的時候。在前者，正是大批的蘇格蘭學者和律師在歐洲大陸通過拉丁、法文、德文和荷蘭語接受大陸法系傳統的教育，然後在回國的時候不僅帶來了大陸法系的知識和理論，也帶來了他們對大陸法系傳統的偏好；而在後者，由於英語的便利，蘇格蘭的主流文化由學習和繼受歐洲大陸慢慢轉向了英格蘭，而其學者和律師也慢慢地將自己視為是英語為主的英美法傳統中的成員，普通人也更傾向於去英格蘭和美國學習法律。而更重要的是英語是蘇格蘭唯一的法定語言，而法文除了一些專業的法學學者，並不為廣大蘇格蘭普通人所熟悉，相應的，普通人也不會熟悉大陸法系傳統。所以最新的研究表明，蘇格蘭雖然在整體上被認為是一個大陸法系傳統的地區，但蘇格蘭法律中的大陸法傳統有被英美法傳統淹沒的危險，一方面是因為普通法通過英格蘭對蘇格蘭進行著持續有效的影響，但更重要的原因是蘇格蘭的官方和法學院學生有主動疏遠大陸法傳統的趨勢，而這又很大程度上是因為大陸法的很多著作和最新研究成果都是用非英語的語言所完成的，這在客觀上存在障礙。[34] 普通法系傳統慢慢較大陸法系傳統取得了優勢地位，例如蘇格蘭用普通法系的 Restitution 制度代替了大陸法系的不當得利制度。

2. 立法機構

立法機構作為法律的制定者，同樣對法律傳統具有很大的影響。

再先以魁北克為例，魁北克從 1867 年就有其獨立於聯邦立法機構的立法機構。這樣的機構對於魁北克保持和發展大陸法系傳統是非常重要的，因為其一直堅持著 1866 年的《下加拿大民法》和 1867 年的《加拿大民事程序法》對於魁北克的影響，否則魁北克的大陸法傳統處在這樣一個加拿大和美國普通法傳統的包圍中，很容易就會被淹沒。而魁北克如果沒有自己獨立的立法機構，那麼它現行的 1994 年的新的民法也永遠不會出現。

南非議會為兩院制，由國民議會和全國省級事務委員會組成。國民議會有四百名議員，兩百名通過大選產生，另一半由各省選舉產生。全國省級事務委員會（前身為參議院）共設九十個議席，由九個省議會間接選舉產生，每省十個議席，各個省還有自己相對獨立的省議會。這樣的兩極機構對其混合的法律體系的維持和發展起到了很大的支持作用，一方面國民議會需要考慮到各個地區法律傳統的不同需要，另一方面各省議會也可以根據自身的法律傳統做出一些變通的規定。

路易斯安那雖然也有獨立的立法機構，但是相比魁北克和加拿大的關係，路易斯安那由於處在一個更加強大的盛行普通法的聯邦制美國中，是非常難以維持和發展其大陸法傳統的，普通法傳統幾乎已經處於相當優勢地位。當然總的來說，路易斯安那還是一個大陸法系的地區，比如其 1870 年的民法雖然在普通法的強大壓力下近些年做了很大的修改，但是還是基本保持著其大陸法傳統性質，並且是路易斯安那在私法方面最主要的法源。

蘇格蘭在將近兩百年的時間裏沒有自己獨立的立法機構，很大程度上導致了其普通法傳統的盛行和大陸法傳統的衰落。

可喜的是，經過全民公決，蘇格蘭自己的國會又開始運作起來了，並且正在根據歐洲大陸和其他大陸法系傳統國家和地區的法典和經驗起草自己的民事法典，相信這對於蘇格蘭維護和發展其大陸法系傳統將會很有幫助。不過需要指出的是，雖然蘇格蘭在很長一段時間內沒有立法機構，但是英國國會中卻成立了一個專門研究蘇格蘭法律的委員會，這對於蘇格蘭在那段時間內維持其大陸法系傳統起到了很重要的作用，否則蘇格蘭在今天還能保持這樣的大陸法傳統是無法想像的。

3. 司法機構

司法機構，因為其司法功能和一定程度上的造法功能，對於法律傳統的發展同樣具有很重要的意義。一方面是法官對於兩種法律傳統的熟悉程度以及這兩者作為法律淵源的適用性；另一方面就是最高法院的構成，因為最高法院是一個國家最高、最終的裁判機構，那麼其態度在很大程度上決定了各種法律傳統在這一國家內的地位和作用。

在加拿大，省一級法院中只有省法院和省上訴法院的法官是由聯邦任命的，而其他法官的任命權都保留在魁北克自己的手裡。魁北克所有的省法院都有權審理判決關於金錢的糾紛，無論是根據加拿大法還是魁北克自己的法律，所以魁北克的法院是同時具有大陸法系和普通法系傳統的，而一般來說魁北克的法官都是同時熟悉大陸法系和普通法系的法律傳統的，或者至少是熟悉一種法律傳統而瞭解另一種法律傳統 —— 這種情況大部分是熟悉大陸法傳統，瞭解英美法傳統 —— 無論這些法官是由聯邦還是魁北克自己任命的，畢竟大部分的法官都是在魁北克接受的法律教育。

此外還需要注意的是，加拿大上訴法院和加拿大最高法院一般都會有三位熟悉大陸法系的法官（而且大部分是來自魁北克的），然後與其他六位來自普通法系傳統的省份的法官共同審理所有上訴或者終審的案子。大陸法系傳統和普通法系傳統就是以這樣一種現實的方式共存於加拿大。

南非根據 1996 年憲法，設置憲法法院、最高上訴法院、高等法院、地方法院以及其他根據議會決議設立的法院。憲法法院為解釋憲法的最高機構，由主席、常務副主席和九名法官組成，有權撤銷國會通過建立的立法機關。最高法院是除了憲法事務以外的最高司法機構，由首席法官、上訴庭法官和省庭法官組成。地方法院上訴的案件提交最高法院的省庭裁決，省庭上訴則提交最高法院的上訴庭裁決。憲法法院和最高上訴法院的法官一般都會同時很熟悉大陸法系和普通法系傳統。而南非1996 年憲法還規定了其憲法法院、最高上訴法院和高等法院在審判的時候必須同時考慮大陸法和英美法傳統。

路易斯安那則和美國其他的州一樣，同時具有聯邦系統和州系統的法院，包括初審法院和上訴法院。大部分牽涉到路易斯安那民法的案子都由州系統的法院來審理，而這些法官在被選上之前一般都需要作為律師至少在路易斯安那執業五年，而在他們成為律師之前需要通過主要考核大陸法系傳統和部分適用於路易斯安那的普通法系傳統的律師資格考試。但是不同於魁北克，美國最高法院從來沒有大陸法系傳統的法官，所以路易斯安那的案子一旦上訴到了最高法院，即使是應該由路易斯安那的大陸法傳統的法典規制，也會由普通法傳統的法官作出最後的判決。從這個意義上來說，路易斯安那的大陸法系傳統在一定程度上是不夠完整的。

蘇格蘭也有自己獨立的法院系統，但是英國上議院卻是其最高法院。哪怕是關於大陸法系傳統的案子也會由上議院審理，不過相比路易斯安那，上議院曾經是有蘇格蘭法官的。此外，雖然所有的蘇格蘭法官都是由英國國王任命的，但卻由蘇格蘭行政或立法機構推薦的，這樣就基本上能保證蘇格蘭的法官熟悉大陸法傳統，對於大陸法傳統在蘇格蘭的維護和保留也起到了一定的作用。

（三）對中國的經驗

總括而言，多元的司法運作原則，是融合至少兩個法系，並締造混合司法管轄國家的司法秩序的要素。文中所述的四個混合司法管轄國家和地區，以及英國法院在加入歐盟，並成為混合司法管轄體系後的法律解釋運作，為中國內地和香港地區不同法律體系的關係處理問題，提供了非常有參考價值的經驗。

奉行普通法一百多年的香港特別行政區回歸奉行大陸法的祖國之後，在不同歷史背景下發展起來的兩種法律傳統必然需要磨合。《中華人民共和國香港特別行政區基本法》第 8 條的規定，為普通法繼續在香港地區適用定下基礎。筆者根據四個混合司法管轄國家和地區的經驗，配合基本法與混合司法管轄有關的規定，選取三方面的因素進行討論。當中包括（1）語言：根據基本法第 9 條的規定，中文和英文同為香港地區的正式語文。而且在法律界，英語是十分普遍、普及和重要的，香港法院在審理案件時仍然大量使用英語。（2）立法活動：根據基本法第 17 條的規定，為協調中央和特別行政區的關係，訂定了基本法委員會作為協調兩個法系衝突的諮詢角色，以及根據基本法附件三的規定，明確了在香港地區實施的全國性法律。（3）司法機關及其活動：根據基本法第 158 條的規定，基本法的解釋權屬於全國人大常委會，並授權香港特區法院對自治範圍內的條款自行解釋。

本文旨在就上述與混合司法管轄相關的主題，提供一些有較長實踐經驗的國家和地區作為參考，以拋磚引玉，引起學界對這一主題的討論，並最終優化中國在這方面，尤其是在內地與香港不同法系的關係處理問題上的發展。

| 註釋 |

1. 這裏涉及兩岸四地的混合司法管轄問題，但本文主要集中討論中國內地的大陸法系和香港地區的普通法系的協調問題。同時，由於本文的討論重點並不在於內地的法律性質，所以會把內地所實行的法律制度簡化稱為大陸法系。

2. 嚴格來說，普通法是與衡平法、教會法、習慣法和制定法相平行和相對應的概念，由於其中的普通法對整個法律制度的影響最大，所以，英美法系又稱為普通法系。需要說明的是，本文是在同一意義上使用普通法和英美法這兩個概念。

3. 英文原文為："Mixed jurisdictions are legal system in which the Romano-Germanic tradition has become suffused to some degree by Anglo-American law." 參閱 Frederick Parker Walton, *The Scope and Interpretation of the Civil Code of Lower Canada* (Montreal: Wilson & Lafleur, 1907; reprinted by Boston: Butterworths, 1980)。

4. 英文原文為："... A legal system which, to an extensive degree, exhibits characteristics of both the civilian and the English common law traditions." 參閱 Robin Evans-Jones, "Receptions of Law, Mixed Legal Systems and the Myth of the Genius of Scots Private Law", in Ernest Metzger (ed.), *A Companion to Justinian's Institutes* (Ithaca, N.Y.: Cornell University Press, 1998), p. 228。需要指出的是他是以蘇格蘭為例子加以概括。

5. 本文的重點是混合司法管轄，針對中國內地和香港地區作為不同法律傳統地區如何來協調的問題。至於中國關於混合法律體系發展的例子，則包括 2006 年生效的新《公司法》和 2007 年通過審議的《物權法》，都同時具有來自大陸法系和英美法系的傳統和內容。

6. 馮象：《政法筆記》，南京：江蘇人民出版社 2004 年版，第 82 頁。

7. 1841 年英國政府將上下加拿大併為加拿大省。1867 年加拿大省與另兩個英屬殖民地新不倫瑞克，新斯科舍合併為加拿大聯盟，但加拿大省本身卻又分成了安大略和魁北克兩個部分。

8. 詳見 David M. Walker, *Principles of Scottish Private Law* (Oxford: Clarendon Press, 1988)。筆者認為，一方面這些典型的具有羅馬法律傳統的學者的著述影響巨大說明了蘇格蘭的大陸法性質；但是另一方面學理和先例一樣具有約束力，法官可以引用學理來加以判決，也從一個側面體現了其英美法或者說類似英美法的性質。這也是蘇格蘭作為一個混合的司法管轄的具體證據之一。

9.   1998 年時，英國政府根據 1997 年時通過的公民投票決議，公佈了《蘇格蘭法案》（Scotland Act），確定消失了接近三百年的蘇格蘭國會要再次成立。如今，新的蘇格蘭國會已經在運作中，擁有大部分內部事務的治理權，以及局部稅率調整空間。可參閱 H. T. Dickinson & Michael Lynch, *The Challenge to Westminster: Sovereignty, Devolution and Independence* (East Linton: Tuckwell, 2000)。

10. 根據南非憲法，在習慣法可以規制的領域其必須適用，只要不與憲法和法律相衝突。所以南非的混合司法管轄還有傳統非洲習慣法的一席之地。可參閱 Reinhard Zimmerman & Daniel Visser, "South African Law as a Mixed Legal System", in *Southern Cross: Civil Law and Common Law in South Africa* (Oxford: Clarendon Press; New York: Oxford University Press, 1996)。

11. 《歐洲經濟共同體條約》和《歐洲原子能共同體條約》的統稱。

12. 《歐洲聯盟法》，第 89 頁。

13. Catherine Elliott & Frances Quinn, *English Legal System* (London, New York: Longman, 1998), p. 31.

14. John Bridge, "The Reform and Restatement of English Law", (1971) *Nebraska Law Review* 50, p. 447.

15. "它們來源於我們立法起草的謹小慎微，又使我們的立法起草更加慎微謹小。"〔英〕R.J. 沃克著，夏勇、夏道虎譯：《英國法淵源》，重慶：西南政法學院編譯室 1984 年版，第 150 頁。

16. 徐淑霞：〈論歐盟法的解釋〉，《齊魯學刊》2005 年第 5 期，第 144 頁。

17. John Bridge, "National Legal Tradition and Community Law: Legislative Drafting and Judicial Interpretation in England and the European Community", (1981) *Journal of Common Common Market Studies* XIX(4).

18. 《歐共體法案》第 2 條第 1 款。

19. 《歐共體法案》第 3 條第 1 款。

20. 《歐共體法案》第 2 條第 4 款。

21. 《歐共體法案》第 2 條第 1 款；第 3 條第 1 款。

22. *H. P. Bulmer Ltd. v. Bollinger S. A.,* [1974] Ch. 401, pp. 418-419.

23. Ibid.

24. *D. P. P. v. Henn and Darby,* [1980] 2 C.M.L.R. 229, p. 233, per Lord Diplock.

25. 《歐共體法案》第 3 條第 1 款。

26. [1978] 1 C.M.L.R. 156, p.164.

27. Jonathan E. Levitsky, "The Europeanization of the British Legal Style", (1994) *American Journal of Comparative Law* 42(2), p. 361.

28. *Barber v. Guardian Royal Exchange*, [1990] ECR I-1889.

29. Jo Shaw, *Law of the European Union* (Beijing: Law Press of China, 2003), p. 448.

30. 何勤華：《英國法律發達史》，北京：法律出版社 1999 年版，第 209 頁。

31. Jo Shaw, *Law of the European Union*, p. 448.

32. 英文原文為："Ensure that all existing federal legislation that deals with private law integrates the terminology, concepts and institutions of Quebec civil law."

33. 就魁北克而言，大陸法傳統在私法領域體現得更多，相應的法語也更為重要；而在公法領域，則是普通法和英語佔主流。

34. Robin Evans-Jones, "Receptions of Law, Mixed Legal Systems and the Myth of the Genius of Scots Private Law".

第三章

國籍與對外交往

"一國兩制" 下的國籍研究
—— 兼論相關公民權利和身份制度安排

原載《一國兩制：比較的視角學術研討會文集》（北京：清華大學、

北京大學，2008 年 4 月），內容經過更新整理

●

一、引言

隨著 "一國兩制" 在香港和澳門實施，中國國籍法律也開
始在這兩個特別行政區適用，對兩地居民的國籍身份作出管理。

可是，由於香港和澳門一向以來的管理制度和居民現有的
身份及國籍情況，與中國內地居民有很大差別，中國對兩個地
區居民的國籍授予、身份承認和權利安排都作出了靈活處理，
形成一些制度創新。

港澳居民的國籍安排由幾個內涵組成，包括：（1）根據中
國的國籍法律規定，對公民的身份作出定義。這種定義具有法
律強制性質，不由當事人所選擇，對特區居民持有的外國國籍
身份不予承認。這樣的結果是確定適用規管中國公民的法律，
去進行這類人士的權利安排。（2）靈活處理外國政府給予中國

公民的一些該國國民的權利。對於外國政府所給予這類人士的
一些權利，並不像其他不承認雙重國籍一刀切否定的做法，而
是予以靈活處理。（3）根據中國的國籍法律，去規管外國給予
中國公民權利在中國能夠享受的程度。（4）對持有外國護照的
中國公民給予部分公民政治權利，但這種權利並不是一般公民
的完整權利。

在實施港澳居民的國籍安排時，主要體現出兩個重點，包
括：（1）承認當地的中國公民享受一定的外國公民權利；和（2）
承認非中國公民在中國特區範圍內的永久性居民身份，並容許
其享受一定程度的公民權利。

港澳居民國籍安排的理論，背後涉及到幾方面的公民身份界
定原則，包括：（1）"國籍身份與國籍權利分離的原則"，以容
許實現中國公民保留外國政府給予權利的基礎；（2）"國籍與永
久性居民身份分離原則" 及相關的雙綫公民政治權利基礎，以適
應香港和澳門兩地的獨有情況，容許這類人士享有特區本地的政
治權利；和（3）"護照與國籍分離原則"，以在不承認雙重國籍
的前提下，容許使用外國政府簽發的有關證件作為旅行證件。

事實上，針對香港和澳門而作出的國籍安排，主要是以地
域作為標準。但這種對身份和公民政治權利的切割，可以是多
樣性的多元標準，例如根據界別或地域等而劃分。

其中主要涉及《中華人民共和國國籍法》、《中華人民共和
國香港特別行政區基本法》、全國人大常委會在 1996 年透過《全
國人民代表大會常務委員會關於〈中華人民共和國國籍法〉在
香港特別行政區實施的幾個問題的解釋》等等法律和規定，以
處理殖民統治時期遺留下來的相關問題。

由於香港和澳門的殖民統治歷史，兩個社會呈現出華洋雜處的多元族裔特徵。隨著兩地回歸祖國，對中國國籍法律中相關的"中國血統"和"多民族"等定義帶來了新挑戰。而且隨著中國內地和港澳特區居民的交流，也為居民身份的制度安排帶來了新發展。

隨著"一國兩制"的實施及其帶來的港澳居民的國籍安排，中國面臨更進一步完善國籍制度的機遇。這有利於配合中國更多地跟世界接觸並隨之產生更複雜的居民身份問題的形勢，發展更適應積極參與國際事務大國的國籍制度。

本文的研究主要以香港的情況為基礎，分析現時"一國兩制"下關於國籍的安排問題，並對港澳居民的國籍安排的內涵進行理論化分析，對相關理論的進一步發展提供基礎建議。研究主要通過法律和制度分析，以及對具有相關情況的居民的深度訪談而進行。

二、對香港實施國籍制度的基本框架及國籍身份的強制規定

港澳居民的國籍安排的基礎內涵，就是對特區居民的身份和國籍，根據全國性適用的國籍法律原則作出強制性規定；但不像一般承認雙重國籍的國家，容許其國民持有雙重國籍並擁有一定自由選擇國籍的空間。

這方面的強制性規定有兩層意義，包括（1）強制規定什麼人具有中國國籍，和（2）對持有的外國國籍不予承認，並對已經持有的外國護照作出規範。

（一）中國國籍的基本框架："國籍＋血統關連原則"

授予中國國籍的基本框架是血統主義，這個框架也適用於回歸之後的香港和澳門居民。這是通過兩方面的原則而實行，包括（1）兩地回歸後，中國國籍法律以及人大常委會所作出的相關解釋在兩地適用，和（2）這樣合乎中國不承認兩地殖民地地位的一貫原則。

對於中國的血統主義國籍具體安排，根據《國籍法》的規定，中國國籍的原始取得是基於血統主義（華人血統）和出生地主義相結合的原則，以血統主義為主導、配合出生地的考慮為輔助。

血統主義的考慮具體表現在兩個方面：（1）父母雙方或一方為中國公民，本人出生在中國，具有中國國籍（《國籍法》第四條），和（2）父母雙方或一方為中國公民，本人出生在外國，具有中國國籍（《國籍法》第五條）。但對於在外國出生、而父母擁有中國公民血統的人士，在第五條後半段則作出了例外條款，即是說：父母雙方一方為中國公民並定居在外國，本人出生時即具有外國國籍的，不具有中國國籍。這個規定是針對在實施出生地主義（在本國出生即具有本國國籍，例如美國）的國家所出生的中國公民子女，防止他們因為在外國出生而具有雙重國籍。這是一種對出生地主義的考慮。中國國籍的原始取得還可以基於出生地主義。根據《國籍法》第六條的規定：父母無國籍或國籍不明，定居在中國，本人出生在中國，具有中國國籍。但是總體而言仍然是以血統為最根本的考慮。

一向以來，中國政府並不承認港澳兩地的殖民地身份。香港和澳門一直都是中國領土的一部分，只是基於實際情況被英國和葡萄牙控制而已，因此當地人仍然是中國人。為適應本地華人社會的組成特質，應當按照因為是中國人而授予中國國籍的原則處理。至於在兩地的外國人和兩地居民擁有外國身份的情況，都是基於英國和葡萄牙的控制而出現，所以原始立場是不認同，但可以透過申請作出改變和基於現實考慮作出靈活處理。

（二）對特區居民中國國籍身份的強制規定

1.《解釋》第 1 條對哪些特區居民擁有中國國籍的界定

在適用上述 "國籍 + 血統關連原則" 的基礎上，為了靈活處理特區居民原有的國籍情況，全國人大常委會進行發佈了《關於〈中華人民共和國國際法〉在香港特別行政區實施的幾個問題的解釋》，其中第一條規定："凡具有中國血統的香港居民，本人出生在中國領土（含香港）者，以及其他符合《中華人民共和國國籍法》規定的具有中國國籍的條件者，都是中國公民。"

即是說，只要某香港居民（1）是在香港出生且有中國血統，或者是（2）其他原因符合獲得中國國籍的，都是中國公民。這個身份並不由當事人自行決定，而是根據法律強制規定。這一條的重要含義在於確定了在香港實行血統主義，香港居民的中國國籍身份與他們是否擁有中國血統有關聯。至於非中國血統的香港居民，如果要取得中國國籍，就必須透過申請程序才能獲得。

這種硬性規定香港居民中國公民身份的做法，對上述人士來說，會造成兩種後果，包括：（1）根據《解釋》所說的在中國境內不享有外國領事保護權利。事實上，這個做法符合《關於國籍法衝突的若干問題的公約》第四條所規定，一個國家對於兼有另一國國籍的本國國民不得對抗該另一國而施以外交保護。（2）不管這類人士使用哪一個國家的證件進入中國，都是中國公民。具體而言即是說，這些人士如果是使用外國護照進入中國，仍然會被視為中國公民，不會因為是使用外國護照而不被視為中國公民。同時，不管你在外國的國籍狀況如何，只要回到中華人民共和國境內，包括香港，仍然是中國公民，就會受《國籍法》對中國公民的規管。對一個主權國家和相關的國籍法律來說，一個公民使用什麼護照進入國境並不影響該國民的身份規定。這個做法基本上也符合針對特區居民所實施的港澳居民國籍安排的"護照與國籍分離原則"。

根據上述的規定，大部分具有中國血統的香港居民，都一律先被視為中國公民。除非他們根據《解釋》第五條，主動啟動變更國籍的程序，否則不管他們持有什麼護照，都是中國國籍，即使持有別國國籍也不會受到承認。

2.《解釋》第 2、3、4 條對外國國籍身份和國籍權利的分割處理

對國籍身份作出強制性規定的做法，除了透過《解釋》第 1 條的正面界定之外，還通過《解釋》第 2 條、第 3 條和第 4 條的反面否定作出表述。而這幾條最重要的內容，是確定了對外國國籍身份和權利的分割處理，即不承認外國的國籍身份，但靈活處理甚至可以承認外國國籍帶來的權利。

不承認外國國籍的政策分為兩類，第一類是根據《解釋》

第 2 和第 4 條，不承認外國國籍身份，但容許護照持有人在外國享有一些外國籍人士的權利。第二類是根據《解釋》第 3 條，完全不承認因為"居英權計劃"而獲得的英國公民身份，也不承認該等人士所能夠享有的權利。

這方面有幾點特別值得注意。首先，條文當中一直只是對護照和居留權等等問題的處理作出陳述，而完全沒有提及國籍的問題。這表明了中國在處理香港居民的外國籍身份時，把國籍身份和國籍權利分割處理。中國不承認雙重國籍，所以完全不接受這些人士的外國國籍身份。但是對於他們持有外國所簽發護照而帶來的權利，則予以靈活處理。對於這方面權利的靈活處理，並不能夠作為國籍身份的憑證。

其中對於《解釋》第 2 條所針對的"英國屬土公民護照"和"英國國民（海外）護照"則比較簡單。因為根據英國國籍法的規定，這兩類人士不屬英國公民，而只是能夠享有一些英國政府所給予的出入境和領事服務權利而已。

但對於《解釋》第 4 條所針對的外國居留權和外國政府簽發的有關證件，問題可能會比較複雜。因為不同的國家對於居留權和旅行證件與國籍的關係會有不同的規定。雖然護照和居留權與國籍的關係十分密切，但也不表示二者是等同的。所以這些人士是否實際上擁有另外一個國籍，就要視乎該另一國的國籍法規定。同樣，中國的國籍法律也不可能影響別國的國籍法安排。中國現行對特區居民的政策也不要求當事人放棄該國國籍，但是對（1）另一個國籍在中國國境時所能夠帶來的權利（"不得因持有上述證件而享有外國領事保護的權利"）和（2）外國政府簽發的文件的用途（"可使用外國政府簽發的有關證件去其他國家或地區旅行"/"使用英國政府簽發的有效旅行證件去其他國家或地區旅行")作出規管,並規定(3)這類人士適用規管中國公民的法律。

至於另一個問題是針對《解釋》第 3 條,不予承認"居英權計劃"下而獲得英國公民的身份。在回歸之前,香港居民能夠獲得英國公民身份的主要透過兩個途徑,包括直接根據《1981 年英國國籍法案》取得英國公民身份,以及"居英權計劃"。中國不予承認"居英權計劃"的英國公民身份,只承認根據《1981 年英國國籍法案》所取得的。可是具體操作起來可能會出現一定的分辨困難。

三、港澳居民國籍安排的公民權利內容

港澳居民的國籍安排在界定特區居民身份和國籍之後,第二個組成內涵就是相適應的公民權利安排內容。本文將會從(1)公民政治權利和(2)出入境規定、居留權及旅行證件等兩方面作出探討。而當中關於公民政治權利的部分,由於內容繁多,只會集中在與國籍相關的問題上作出討論。

其中要達到這些制度安排,關鍵在於背後除了前述的一般原則之外,還引入了兩個特殊的分離原則,包括(1)針對公民政治權利安排而引入的"國籍與永久性居民身份分離原則",和(2)針對出入境安排而引入的"護照與國籍身份分離原則"。

(一)公民政治權利的安排

一直以來,獲得中國國籍的方法和要求,與獲得香港永久

性居民身份的並不相同。為了更適當處理國家層面和地方公民政治權利的安排狀況，中國在這方面採取了相應配合身份制度的獨立雙綫權利安排機制。

1. 國籍與永久性居民身份分離原則

根據中國《國籍法》的規定，獲得中國國籍可以是透過自動取得或後天申請兩個途徑；而申請加入的必須放棄外國國籍。至於香港永久性居民身份，除了基本法第 24 條第 1 款和第 3 款所規定的天生獲得情況之外，還有第 24 條第 2 款所規的後天情況，即在香港通常居住連續七年以上的中國公民，和第 24 條第 4 款的在香港通常居住連續七年以上的非中國籍人士，均可以成為香港永久性居民。這是充分體現了出生地主義和有效所在地（居住地）主義的安排。

即是說，香港永久性居民除了天生獲得之外，還可以透過居住滿七年的途徑獲得，而且沒有放棄外國國籍的要求。因而造成了香港永久性居民身份和中國國籍的獲取途徑不同：國籍是基於申請的，永久性居民身份則是基於客觀事實；國籍具有排他性，而永久性居民身份則沒有對國籍作任何要求。

這是對於中國《國籍法》以血統主義為主導和以出生地主義為輔助的基本原則，在香港的適用作出了變更處理：肯定香港一向以來以出生地為獲得永久性居民身份的基本原則。

但要注意，按照基本法第 24 條第 3 款的規定，即中國公民的永久性香港居民的子女在香港以外出生的，包括中國領土中香港地區以外的其他地區和外國，都擁有永久性居民身份。但是這類在香港地區以外出生的子女要先天獲得香港永久性居民的身份，則需要有一個先決條件，就是他們是中國籍。這方面對於在中國領土其他地區出生的人士來說並沒有疑問，因為根據中國《國籍法》第 4 條的規定，父母雙方或一方為中國公民，本人出生在中國，具有中國國籍，而因此也可以獲得香港永久性居民身份。但對於在外國出身的這一類子女，則視乎他們出生時是否擁有外國國籍。根據《國籍法》第 5 條的規定，本人出生時即具有外國國籍的，不具有中國國籍。而不具有中國國籍，則不會先天擁有香港永久性居民的身份。因此總括而言，對於在香港居民在外國出生子女的預先給予國國籍身份，除了必須符合中國血統的要求外，還必須排除擁有外國國籍。

這個原則之下，中國國籍和擁有香港永久性居民身份的取得並沒有任何關係；也由於這種獨立雙綫的安排，造成重複獲得這兩種身份的可能性。最終形成四種身份組合：（1）是永久性居民，同時也是中國公民；（2）是永久性居民，但是非中國公民；（3）非永久性居民，但是中國公民；和（4）非永久性居民，也是非中國公民。

2. 對公民政治權利安排的影響

這方面最重要的影響，是有關公民政治權利安排的問題。在香港地區內的政治權利安排，產生雙綫的權利基礎。香港地區是按照是否永久性居民為標準而給予政治權利，中國則是按照是否公民為標準而給予政治權利。即是說在香港的中國公民，可以享有按照中國公民身份而產生的全國性政治權利。而永久性居民，則可以享有按照永久性居民身份而產生的本地政治和社會權利。二者與國籍和永久性居民的關係相似，並無特別關係。

具體而言，在香港的永久性居民，不論是否中國公民，均可以按照基本法第 26 條，享有本地的參選權利。同時，對於永久性居民中的非中國公民，在立法會議席，也通過基本法第 67 條作出了規定，有關比例不得佔超過百分之二十。而在香港的中國公民，則不論是否永久性居民，均可以按照基本法第 21 條，享有參與國家事務的權利。

按照上述四類身份的可能性，也相應地做成了四種權利安排：（1）永久性居民中的中國公民，享有完整的政治權利，包括本地參選權和國家事務的參與權；（2）永久性居民中的非中國公民，只享有本地參選權利；（3）非永久性居民的中國公民，擁有參與國家事務的權利；和（4）非永久性居民的非中國公民，並不享有任何上述的政治權利。

表 3.1.1　有關中國國籍與香港永久性居民權利的四類身份

	中國公民	非中國公民 （包括外國籍和無國籍）
永久性居民	完整權利： 可參與國家事務（基本法第 21 條） 本地參選權（基本法第 26 條） 可擁有外國護照	1. 本地參選權 （基本法第 26 條） 2. 立法會全體議員百分之二十的議席，可以由非中國籍和在外國有居留權的永久性居民擔任（基本法第 67 條）
非永久性居民	可參與國家事務 （基本法第 21 條）	無相關政治權利

當香港地區的本地權利和國家權利互不相干的時候，根據兩種標準基礎來授予權利並沒有任何問題。可是根據基本法的規定，香港永久性居民當中的中國公民有權參與全國性事務，而對香港特區的永久性居民授予中國公民身份，可能包括一些

持有外國護照或外國籍的人士。雖然如前所述，中國並不承認這類人士擁有外國國籍，但在具體操作上，很多被定義為香港永久性居民的中國公民，都在另一方面擁有外國籍。因而造成了持有外國護照或外國籍的人士，有權行使中國全國性事務權利的情況。這樣便打破了應有參與國家事務的權利制度安排。

從此可見港澳居民的國籍安排對外國國籍持有人開放內部權利的特點，容許非中國公民的永久性居民擁有特區本地的公民政治權利。另一方面，持有別國國籍的香港永久性居民中的中國公民可能擁有全國性的公民政治權利，衝擊了應有的制度。

給予持外國護照、甚至有外國國籍人士本地永久居留權的做法，除了香港之外，也有一些其他的國家，例如日本政府所簽發的 "永住在留資格"，但都不會伴隨著或涉及到公民政治權利的安排。但是在港澳居民的國籍安排制度下，香港特區對這類人士給予了本來只有本國國民才應該享有的權利。這是對非中國籍人士的一種權利開放：只考慮有否永久居留權，並把這個作為一種權利身份。

（二）出入境規定、居留權及旅行證件的安排

1. 出入境安排

港澳居民的國籍安排對於特區居民出入境安排的靈活處理，主要體現在兩個方面，包括（1）使用居民身份證進出香港特別行政區，和（2）使用港澳居民來往內地通行證（以下簡稱通行證）進出內地。當中的法理與上述公民政治權利安排的基本相同。

香港特別行政區居民身份證是根據居民身份所簽發，由特區政府簽發永久性居民身份證予永久性居民，居民身份證予非永久性居民。永久性居民憑永久性居民身份證進出香港特區，以及擁有在香港的居留權。而非永久性居民則憑居民身份證進出香港。由此可見，居民身份證的簽發只考慮持證人是否擁有居住和逗留在香港的權利，而不考慮所屬國籍的問題。

至於通行證的簽發，則由公安部出入境管理局負責。通行證的前身是從"港澳同胞回鄉介紹書"和"港澳同胞回鄉證"，隨著香港回歸祖國而演變過來。它是根據 1951 年《粵公邊字第六號》的規定簽發的。[1] 根據規定，兩類香港居民有權獲得通行證：第一類是香港永久性居民中的中國公民，包括（1）在香港出生，具有中國國籍的香港永久性居民；（2）在中國其他地區出生的香港永久性居民中的中國公民；（3）在外國出生的香港永久性居民中的中國公民；（4）香港永久性居民中的外國籍或者無國籍人士，經批准恢復或者加入中國國籍。第二類是非香港永久性居民中的中國公民，主要指經批准赴香港定居的內地居民。[2] 由此可見，通行證的簽發主要給予擁有香港居留權及定居在香港的中國公民，考慮的標準是是否擁有中國國籍。只有擁有中國國籍，才有權獲得通行證。

這方面再次表現了：（1）在"一國兩制"下，中國內地和香港地區在給予出入境權利和公民政治權利時的不同標準。中國內地以國籍為考慮；香港地區則以居民身份為考慮，因而導致非中國籍的香港永久性居民可以擁有特區的居留權和出入境權利。（2）港澳居民的國籍安排的原則下，容許持有別國國籍的香港永久性居民中的中國公民擁有內地的出入境權利。

另外關於通行證，還有一個值得討論的問題。根據 1981 年的《公安部關於執行國籍法內部規定第七條有關問題的通知》（以下簡稱《通知》）第 3 條的規定：可以對持有英國和葡萄牙護照的中國血統人士發出回鄉證（即通行證）。這便會造成持有這兩個外國國籍的華裔血統人士可以通行證進入內地的情況，反映出通行證的屬性問題。而《解釋》對這方面作出了更加具體明確的規定，以是否擁有中國國籍作為標準來發給通行證，取代《通知》比較含糊的"中國血統外籍人"的定義。

2. 旅行證件

根據《解釋》，中國並不承認香港居民中的中國公民的外國國籍身份。但是對這些人士擁有的外國國籍權利，則採取靈活的處理方法。特別是對於使用外國政府簽發的有效旅行證件或有關證件去其他國家或地區旅行，都是容許的。只是對於這些護照持有人在香港特別行政區和中國其他地區，不得因持有有關證件而享有外國領事保護權利作出限制。

如上所述，如果說對外國國籍持有人開放特區本地公民政治權利，是體現港澳居民的國籍安排對外國國籍持有人開放內部權利特點的話，有關容許中國公民使用外國護照作為旅行證件的安排，則是體現了港澳居民的國籍安排對中國公民享受外國權利的開放性。

3. "護照與國籍分離原則"

容許使用外國旅行證件的安排，表現出一個重要的內在法理原則："護照與國籍分離原則"。即是說，根據中國國籍法律的界定，香港居民中的中國公民持有外國護照，與他們的所屬國籍無關。這類人士都是中國公民，外國政府所簽發的護照不作為國籍身份的憑證。

外國旅行護照和國籍分離的原則，在《解釋》的第 2 條、第 3 條和第 4 條都已經有明確規定，否定了在香港的中國公民的外國國籍（除非申請變更國籍）。正如本文上述有關不承認四類人士的外國國籍的分析，這些人士都屬於中國公民身份的持有人，具有中國國籍。這四類證件都只會被視作為旅行證件。一個重要的佐證是，不管持有什麼護照，凡符合《解釋》第 1 條的香港居民中的中國公民，都可以憑著他們的香港身份證件或港澳同胞往返內地通行證進出香港和內地。

這個安排在中國領土之內並沒有任何問題。但是這類人士如果在第三國（中國和他所持有的外國護照國之外的其他國家）發生任何需要所屬國家協助或保護的時候，中國仍然是需要面對雙重國籍的問題。因為在《解釋》的第 4 條當中，已經明確承認了擁有外國居留權的香港中國公民這一概念，即承認部分香港中國公民會擁有外國居留權。同時該條條文只是排除了這類人士使用有關證件在中國境內獲得任何外國領事保護的權利，卻沒有對這類人士在第三國的情況作出規定。由於中國一向不承認雙重國籍，所以這方面的安排，將可能會成為中國在國際法上處理雙重國籍問題的一個開端。

關於護照，還有一個值得討論的問題。根據上述 1981 年《通知》第 2 條的規定，曾經出現過英國和葡萄牙 "本土護照" 的概念。對於本土護照，原定安排是一律按照外國人對待。但是根據《解釋》的規定，應當按照如下原則作出處理，即是承認根據《1981 年英國國籍法案》所簽發的本土護照作為旅行證件，而不承認根據"居英權計劃"所簽發的。

四、"中國血統"及"多民族"定義在"一國兩制"下的新發展

中國根據《國籍法》和相關文件，對香港居民中的中國公民作出定義。當中涉及最主要的概念，是"中國血統"的界定。

同時，《國籍法》第 2 條的規定，提出中國是"多民族"的國家，各民族的人都具有中國國籍。由此分析，《國籍法》第 2 條所提出的各個民族，都屬擁有中國血統，並因而獲得中國國籍。除此以外，《解釋》第 2 條還指出了"中國同胞"的概念。

但是，當中的各民族應該包含些什麼族裔的人士呢？而中國血統和中國同胞又應該如何界定呢？香港和澳門回歸，兩地社會的獨特人口構成多元性，對中國國籍這方面的規管帶來了衝擊和機遇。

在如何界定這些定義的時候，涉及到兩個不同的原則，包括（1）純宗族血緣原則和筆者提出的（2）從屬地界定血緣原則。前者的血統界定需要追溯當事人父母的國籍進行界定，但涉及歷史和追溯時間界定的問題。後者的血統界定是透過領土範圍進行，即是說只要在中國領土範圍內的居民，他們所屬的血統都應該被定義為中國血統。但這個方法同樣面對時間界定的問題。

隨著香港和澳門回歸，中國的多民族定義受到了衝擊，特別是面對一些別的國家也同樣擁有的民族。舉例而言，中國的

多民族包含朝鮮族，而朝鮮族又是韓國、朝鮮兩國的組成民族。那就會形成一個弔詭的局面：為什麼澳門的葡萄牙裔居民不被列為中國的其中一個民族，而朝鮮族則列入呢？雖然澳門基本法第 24 條第 3 款和第 4 款均有特別針對以澳門為永久居住地的葡萄牙人作出規定，但都只是關於永久性居民的身份，並沒有涉及到所屬國籍的問題。

當然在具體操作的時候，也會考慮屬地原則。即是說當需要定義某位朝鮮族當事人是否具有中國血統時，我們也會需要考慮他的居住地和與中國領土的淵源，而不會把任何朝鮮裔的人士都定義為具有中國血統。

但是總體而言，中國的法律文件並沒有對所謂中國血統作出具體的界定。唯一對中國血統的確認標準，是香港政府的行政指引中所羅列的一套確認方法，當中包括相貌、在中國是否擁有祖籍、是否擁有中國姓名、是否擁有中國人親屬等等。[3] 因此可說，純宗族血緣原則下的中國血統是一個籠統的概念，依此授予中國國籍也可能會造成一些含糊的情況。

事實上在實際操作的過程當中，也不可能不考慮屬地原則。

因此面對香港和澳門兩個特別行政區，以及居住在這塊土地上的非原有的 56 個民族的居民時，筆者建議應該加強屬地原則的運用。一方面，領土是一個更加具體的法律概念。而且如果只根據與中國的淵源作為考慮標準，容易出現偏差。因為中國是一個多民族的統一國家，幅員廣闊，而且文化多樣。西部地區很多民族，他們的外貌和風土人情就跟一些其他國家的很相似，但他們都絕對是中華民族的一員。所以面對法律定義時，結合屬地原則比其他的考慮會更為清楚。另一方面，兩個特區已經回歸祖國，也不能再用看待被殖民統治地區的心態去對待這塊土地上面的居民。如前所述，雖然只承認香港和澳門的中國血統居民具有中國籍，是有一定的歷史根據，也符合歷史和時代的需要的，但是香港和澳門的回歸，提供了制度創新的空間和機會。

具體的做法可以是：凡是有出現過在兩個特別行政區內的永久性居民的所屬族裔，都納入為中國血統的一員。這一做法並不表示所有這些族裔的人士都自動能夠獲得中國國籍，還要考慮這類人士是否擁有外國國籍等問題，但是卻能夠為之後的國籍授予提供一個寬鬆的空間。

事實上，香港、澳門跟內地都是中國的土地，雖然兩地經歷了不同的歷史，但在授予居民中國國籍的處理上，應該有較為一致的標準。在中國內地的各民族居民都是中華民族，同樣地在香港和澳門的各族裔居民也都應該有獲得授予中國血統定義的機會。縱觀歷史，中華民族的概念本身就是從數千年的交流而形成的，亦只有這樣才能體現中華民族的多民族特質和文化多元性。

面對過去，中國一直都沒有具體的法律作出這方面的定義；而面對新時代人口迅速流動的特性，上述建議對香港和澳門非原有 56 個民族居民的處理方法，值得借鏡。這樣能更新和完善全國性國籍法律的對中國血統和多民族的定義並最終能夠幫助加強對人口的有效管理。

至於有關"中國同胞"的說法，具體定義無從稽考。但是有很多學術研究[4]和法律文件都曾經使用這個說法。包括 1958年《最高人民法院關於住在香港和澳門的我國同胞不能以華僑看待等問題的批覆》，以及 1991 年《國務院港澳辦公室關於港澳同胞等幾種人身份的解釋（試行）》等等。由於這方面並不是本文的研究焦點，所以不作進一步分析。但總括而言，針對港澳問題，"中國同胞"的說法具有一定的歷史條件，泛指回歸之前生活在香港和澳門的中國血統居民。他們是中國人，但卻處於英國和葡萄牙殖民統治下。所以其與由中國人自己當家作主的政府管治下的中國人，從身份和國籍制度上都有所不同，因而被稱為同胞。這個邏輯已經在 1981 年《公安部關於實施國籍法的內部規定（試行草案）》第 7 條第三自然段所清楚表達。這個說法針對回歸前的香港和澳門，《解釋》第 2 條主要針對 1997 年 7 月 1 日前的情況作出說明。

五、結語：什麼是港澳居民的國籍安排

總括而言，港澳居民的國籍安排包括以下幾個組成內涵：

（1）根據中國的國籍法律規定對公民的身份作出定義，這樣的結果是確定適用規管中國公民的法律，去進行這類人士的權利安排。這符合《關於國籍法衝突的若干問題的公約》第 1 和第 2 條的規定。[5]

（2）靈活處理外國政府給予中國公民的一些該國國民的權利，採取國籍身份和國籍權利分離的原則。至於權利的程度則視乎外國相應國籍法律的規定。在全國人大常委會就香港特別行政區適用國籍法的《解釋》當中，其中一項最重要的靈活處理，就是採取了"護照與國籍分離原則"，在不承認雙重國籍的前提下，容許使用外國政府簽發的有關證件作為旅行證件。

（3）根據中國的國籍法律，去規管外國給予中國公民權利在中國能夠享受的程度。

（4）對持有外國護照的中國公民給予部分公民政治權利，但這種權利並不是一般公民的完整權利。這種公民政治權利的切割，可以是根據界別或地域等標準作出劃分。而針對持有外國居留權或護照的香港永久性居民時，則採取了"居民與國籍分離原則"，容許這類人士享有特區本地的政治權利。

港澳居民的國籍安排中，最值得注意的有兩點：一是承認當地的中國公民享受一定的外國公民權利，二是承認非中國公民在中國特區範圍內的永久性居民身份，並容許其享受一定程度的公民權利。

"一國兩制"的實施，也對中國國籍法律當中的"中國血統"和"多民族"的定義帶來新發展。面對香港和澳門多元族裔的人口組成結構，特別是佔澳門特區人口有一定比例的葡裔人士，應該加強從屬地主義界定中國血統的原則，並以回歸祖國的時間作為標準，把當時在兩地存在的族裔納入為中國血統的一員。這個做法有助加強對兩地居民的管理，以及理清兩地居民的國籍身份問題。

| 註釋 |

1. 相關規定為："⋯⋯ 茲為進一步堵塞空隙，鞏固治安，各界人民除應嚴加遵守中央人民政府國務院頒發的"進出口船舶船員旅客行李檢查暫行通則"之一切規定外，本府並根據我省的實際情況，對沿海旅客之進出，補充如下規定 ⋯⋯ 凡旅客出入口，均須於出入口前向所在地或目的地之縣、市以上人民公安機關申請出口或入口，經核准並取得通行證後，方准出入 ⋯⋯"

2. 根據香港中國旅行社資料。

3. 張勇、陳玉田：《香港居民的國籍問題》，香港：三聯書店（香港）有限公司2002年版，第70頁。

4. 其中一本這方面的研究專著，可參閱鄭宏泰、黃紹倫：《香港身份證透視》，香港：三聯書店（香港）有限公司2004年版。

5. 《關於國籍法衝突的若干問題的公約》分別規定如下。第1條："每一個國家依照其本國法律斷定誰是它的國民。此項法律如符合國際公約、國際慣例以及一般承認關於國籍的法律原則，其他國家應該予以承認。"第2條："關於某人是否具有某一特定國家國籍的問題，應依照該國的法律予以判斷。"

「一國兩制」下的香港法治和管治研究

香港特別行政區參與國際條約的情況和特徵研究 *

原載國務院發展研究中心港澳研究所《港澳研究》2011 年夏季號，

內容經過更新整理

—— • ——

一、引言

　　香港於 1997 年回歸中國，成立特別行政區。《中華人民共和國政府和大不列顛及北愛爾蘭聯合王國政府關於香港問題的聯合聲明》（以下簡稱聯合聲明），對回歸後適用於香港的國際條約做出了制度安排，《中華人民共和國香港特別行政區基本法》（以下簡稱基本法）正式做出了相應的規定。特別行政區的創設並參與國際條約，為國際法當中參與國際條約主體的問題帶來了新思考。本文的目的，是探討香港以特別行政區的身份，作為中央政府授權的國際條約主體時，參與國際條約時的一些特徵。筆者集中回顧香港回歸前後國際條約的適用和變化情況，從而總結出這種特別的經驗和歷史過程。

　　筆者將從適用於香港的國際條約制度安排的視角，考察國際條約在香港的適用情況以及香港在條約下的角色。香港在回

第三章　國籍與對外交往

歸以後適用的國際條約[1]主要包括兩大類，分別為：（1）回歸前已生效，自回歸之日起繼續適用或者開始適用於香港的國際條約；和（2）回歸後由中央政府或者香港特區政府締結並適用於香港的國際條約。該兩類條約涵蓋了目前適用於香港的所有條約，其法律依據和法理基礎有所不同。

其中，第一大類的條約涉及香港回歸前後條約適用的銜接制度安排。第二大類的條約則是香港回歸後作為中國的一個特別行政區新締結或新適用的國際條約，包括：（1）中央授權香港特區自行締結的國際條約；（2）中央締結並決定延伸適用於香港特區的國際條約；（3）中央專門為香港締結並僅適用於香港特區的國際條約。

本文第一部分將對回歸後香港新締結或新適用的多邊和雙邊國際條約進行分類統計，分析其回歸後參與國際條約的實踐和法律特徵。第二部分將香港回歸後參與國際條約的情況與香港在英國殖民統治時期參與國際條約的情況進行比較分析，討論香港參與國際條約的實踐以及其對傳統條約法規則的創新。

本文第三部分將結合第一部分、第二部分對香港參與國際條約情況的整理和分析，嘗試探討香港特別行政區參與國際條約的主體地位，包括以下兩個問題：（1）中央政府與香港特區政府在適用於香港的國際條約中的角色；以及（2）香港的締約權限及其國際地位。

本文條約數據截至 2018 年 5 月 30 日，包括適用於香港的多邊和雙邊條約兩方面。

二、香港回歸後參與國際條約的法律實踐

香港回歸後作為中國的一個特別行政區，新締結或新適用了不少國際條約，包括多邊國際條約和雙邊國際條約。這些條約分為三類：（1）中央授權香港特區自行締結的國際條約；（2）中央締結並決定延伸適用於香港特區的國際條約[2]；和（3）中央專門為香港締結並僅適用於香港特區的國際條約。本文將區分多邊條約和雙邊條約，分別予以統計。

（一）回歸以後新適用於香港的多邊國際條約[3]

回歸前生效並於回歸之日起繼續適用或開始適用於香港的多邊條約，在《中華人民共和國常駐聯合國代表秦華孫大使就多邊國際條約適用於香港特別行政區事項致聯合國秘書長的照會》（以下簡稱《照會》）及其附件一、二中所列自 1997 年 7 月 1 日起適用於香港的多邊國際條約清單中已詳細列明，包括 1997 年 7 月 1 日前中國已參加和尚未參加的多邊國際條約。

本節將對回歸以後新適用於香港的多邊國際條約進行統計。本節條約的統計方法是把律政司列表中適用於香港的條約與《照會》中的條約清單進行比較，將後者所列條約從律政司列表中排除，剩下的即為本節所要統計的條約[4]。本節條約共計 89 項，統計結果如下：

表 3.2.1 回歸以後締結的多邊條約統計結果

條約	日期	地點	備註
政治、國防、外交（9 項）			
《關於發生武裝衝突時保護文化財產的公約》，及訂於當日的第 1 號議定書	1954.5.14	海牙	
《維也納條約法公約》	1969.5.23	維也納	
《禁止為軍事或任何其他敵對目的使用改變環境的技術的公約》	1976.12.10	紐約	
《非洲無核武器區條約》的第 1 和第 2 號議定書	1996.4.11	開羅	
《上海合作組織成員國關於地區反恐怖機構的協定》	2002.6.7	聖彼得堡	
《上海合作組織成員國關於舉行聯合軍事演習的協定》	2007.6.27	比什凱克	
《上海合作組織成員國長期睦鄰友好合作條約》	2007.8.16	比什凱克	
《上海合作組織成員國保障國際信息安全政府間合作協定》	2009.6.16	葉卡捷琳堡	
《中亞無核武器區條約議定書》	2014.5.6	紐約	
國際犯罪（10 項）			
#《取締猥褻出版物流通協定》	1910.5.4	巴黎	於 1949 年修訂
#《取締猥褻出版物行銷國際公約》	1923.9.12	日內瓦	於 1947 年修訂
《制止危及海上航行安全非法行為公約》，及訂於當日的議定書	1988.3.10	羅馬	

《在可塑性炸藥上作標記以供偵察的公約》	1991.3.1	蒙特利爾	
《聯合國人員和有關人員安全公約》	1994.12.9	紐約	
《制止恐怖主義爆炸的國際公約》	1998.1.12	紐約	
《制止向恐怖主義提供資助的國際公約》	1999.12.9	紐約	
《聯合國打擊跨國有組織犯罪公約》	2000.11.15	紐約	
《聯合國反腐敗公約》	2003.10.31	紐約	
《亞洲地區反海盜及武裝劫船合作協議》	2004.11.11	東京	
國際私法（2項）			
《海牙國際私法會議章程》	1951.10.31	海牙	於 2007 年修訂
《跨國收養方面保護兒童及合作公約》	1993.5.29	海牙	
海關（4項）			
#《關於簡化關務手續的國際公約》，及簽約議定書	1923.11.3	日內瓦	
#《關於教育、科學和文化物品的進口的協定》	1950.11.22	紐約成功湖	
#《簡化商業樣品和廣告材料進口手續國際公約》	1952.11.7	日內瓦	
《關於憑ＡＴＡ報關單證臨時進口貨物海關公約》	1961.12.6	布魯塞爾	於 1987 年修訂
海洋污染（4項）			
《國際油污防備、反應和合作公約》	1990.11.30	倫敦	
＊修正《設立國際油污損害賠償基金國際公約》的 1992 年議定書	1992.11.27	倫敦	於 2000 年修訂

《關於防止傾倒廢棄物和其他物質污染海洋的公約》的 1996 年議定書	1996.11.7	倫敦	
《國際燃油污染損害民事責任公約》	2001.3.23	倫敦	
科技（5 項）			
#《關於核能方面第三方責任公約》	1960.7.29	巴黎	於 1964 年和 1982 年修訂
《外空物體所造成損害之國際責任公約》	1972.3.29	倫敦、莫斯科及華盛頓	
《乏燃料管理安全和放射性廢物管理安全聯合公約》	1997.9.5	維也納	
《第四代核能系統研究和開發國際合作框架協議》	2005.2.28	華盛頓	
《1987 年亞洲太平洋地區核科學技術研究、發展和培訓地區合作協議的第四次延長協議》	2006.6.22	維也納	
民航（1 項）			
《統一國際航空運輸某些規則的公約》	1999.5.28	蒙特利爾	
衛生（2 項）			
《世界衛生組織煙草控制框架公約》	2003.5.21	日內瓦	
《國際衛生條例》	2005.5.23	日內瓦	
環境、資源（6 項）			
《保護野生動物遷徙物種公約》	1979.6.23	波恩	
《聯合國氣候變化框架公約》，及 1997 年的議定書	1992.5.9	紐約	

《生物多樣性公約》，及2000年的議定書	1992.6.5	里約熱內盧	
《關於在國際貿易中對某些危險化學品和農藥採用事先知情同意程序的鹿特丹公約》	1998.9.10	鹿特丹	
《關於持久性有機污染物的公約》	2001.5.22	斯德哥爾摩	
《關於汞的水俁公約》	2013.10.10	熊本	
商船（6項）			
#《自由過境公約和規約》	1921.4.20	巴塞羅那	
#《國際海港制度公約和規約》	1923.12.9	日內瓦	
《國際船舶載重綫公約》	1966.4.5	倫敦	於1988年補充修訂(於2003年、2004年、2006年、2008年、2012年和2013年修訂)及2005年修訂
《國際集裝箱安全公約》	1972.12.2	日內瓦	於1981年、1983年、和1991年、2010年和2013年修訂
《船員培訓、發證和值班標準公約》	1978.7.7	倫敦	於1991年、1994年、1995年、1997年、2006年和2010年修訂
《船員培訓、發證和值班規則》	1995.7.7	倫敦	於1997年、1998年、2004年、2006年和2010年修訂
知識產權（4項）			
《世界版權公約》，及1971年的#第I號和#第II號議定書	1952.9.6	日內瓦	《公約》於1971年修訂

《商標註冊用商品和服務國際分類尼斯協議》	1957.6.15	尼斯	於 1967 年、1977 年和 1979 年修訂
《世界知識產權組織版權條約》	1996.12.20	日內瓦	
《世界知識產權組織表演和錄音製品條約》	1996.12.20	日內瓦	
郵政（3 項）			
《亞洲及太平洋郵政聯盟總規則》	1985.12.4	曼谷	於 1995 年和 2000 年修訂
《郵政付款協定》	1999.9.15	北京	
《萬國郵政公約》	1999.9.15	北京	
勞工（3 項）			
#《失業公約》（第 2 號公約）	1919.11.28	華盛頓	
《最低年齡公約》（第 138 號公約）	1973.6.26	日內瓦	
《關於禁止和立即行動消除最有害的童工形式公約》（第 182 號公約）	1999.6.17	日內瓦	
人權（5 項）			
《消除一切形式種族歧視國際公約》	1966.3.7	紐約	
＊《經濟、社會與文化權利國際公約》	1966.12.16	紐約	
# ＊《公民權利和政治權利國際公約》	1966.12.16	紐約	
《兒童權利公約關於兒童捲入武裝衝突問題的任擇議定書》	2000.5.25	紐約	
《殘疾人權利公約》	2006.12.13	紐約	
國際組織（18 項）			
《關於國際清算銀行豁免的議定書》	1936.7.30	布魯塞爾	

《各專門機構特權及豁免公約》〔只包括附件 I、II（第 2 次修訂）、III、IV、V、VI、VII（第 3 次修訂）、VIII、IX、XI、XII（修訂）、XIII 和 XIV〕	1947.11.21	紐約	
《國際原子能機構特權和豁免協議》	1959.7.1	維也納	
《國際移動衛星組織特權和豁免議定書》	1981.12.1	倫敦	
《國際遺傳工程和生物技術中心章程》	1983.9.13	馬德里	於 2007 年修訂
《亞洲太平洋郵政聯盟組織法》	1985.12.4	曼谷	於 1995 年和 2000 年修訂
《烏拉圭回合多邊貿易談判結果最後文件（建立世界貿易組織協定）》〔包括 # 附件 4（b）：政府採購協定〕	1994.4.15	馬拉喀什	
# 《就世界貿易組織法則提供意見的諮詢中心》	1999.11.30	西雅圖	
《上海合作組織憲章》，及訂於 2003 年和 2006 年的議定書	2002.6.7	聖彼德堡	
《中華人民共和國政府與上海合作組織關於秘書處的東道國協定》	2004.6.17	塔什幹	
《上海合作組織特權與豁免公約》	2004.6.17	塔什幹	
《亞太空間合作組織公約》	2005.10.28	北京	
《關於成立聯合實施國際熱核實驗堆項目國際熱核實驗堆國際聚變能組織的協議》	2006.11.21	巴黎	
《聯合實施國際熱核實驗堆項目國際熱核實驗堆國際聚變能組織特權與豁免協議》	2006.11.21	巴黎	

《關於建立一個國際組織形式的國際反腐敗學院的協定》	2010.9.2	維也納	
《關於成立新開發銀行的協定》	2014.7.15	福塔萊薩市	
《關於設立東盟 10+3 宏觀經濟研究辦公室的協議》	2014.10.10	華盛頓	
《亞洲基礎設施投資銀行協定》	2015.6.29	北京	
交通（3 項）			
#《公路交通公約》	1949.9.19	日內瓦	
《關於對輪式車輛、可安裝和 / 或用於輪式車輛的裝備和部件制定全球性技術法規的協議》	1998.6.25	日內瓦	
《泛亞鐵路網政府間協定》	2006.11.10	釜山	
文化、娛樂、體育（4 項）			
《保護非物質文化遺產公約》	2003.10.17	巴黎	
《反對在體育運動中使用興奮劑國際公約》	2005.10.19	巴黎	
《保護和促進文化表現形式多樣性公約》	2005.10.20	巴黎	
《上海合作組織成員國政府間教育合作協定》	2006.6.15	上海	

註：有部分在香港回歸後繼續適用於香港的條約近幾年存在修訂的情況，本文未把這些修訂的條約列入本節所統計的條約。表中 "#" 代表香港為締約方而不適用於中國內地的條約，"*" 代表根據中英聯合聲明和基本法第 39 條適用於香港的條約。

在該 89 項條約中，僅有 1 項為中國政府專為香港締結且僅適用於香港特區的條約，僅有 2 項為香港特區政府以 "中國香港" 的名義自行締結的條約。

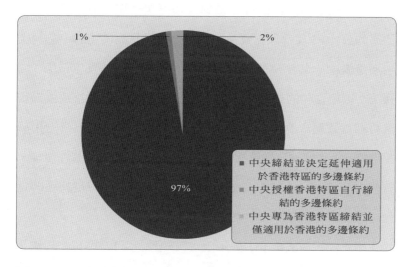

1% —————— 2%

■ 中央締結並決定延伸適用於香港特區的多邊條約
■ 中央授權香港特區自行締結的多邊條約
■ 中央專為香港特區締結並僅適用於香港的多邊條約

97%

圖 3.2.1　香港回歸後新適用的多邊條約分類

從統計數據可以反映出，香港在回歸後根據中央授權曾經以自身的名義簽訂多邊條約，但是這類條約數量極其有限。回歸後締結並適用於香港的多邊條約，多數仍然是由中央政府締結並延伸適用於香港，而且這些條約不僅僅包括政治、外交類，還包括科技、民航、衛生、文化、娛樂、體育類等條約。其法律依據在於基本法第 153 條第 1 款的規定，該款規定，"中華人民共和國締結的國際協議，中央人民政府可根據香港特別行政區的情況和需要，在徵詢香港特別行政區政府的意見後，決定是否適用於香港特別行政區。" 該條款並沒有對 "國際協議" 作出限制或者界定，推論而言，中央政府有權決定中國締結的任一 "國際協議" 適用於香港特區，而且也有權決定專門為香港締結"國際協議"並僅適用於香港特區,只不過該決定適用需要滿足兩個條件,即根據"情況和需要"以及"徵詢香港特別行政區政府的意見"。

而香港在回歸後自行締結的《在可塑性炸藥上作標記以供偵察的公約》、《就世界貿易組織法則提供意見的諮詢中心》兩項多邊條約,其法律效力來源於中央授權。根據基本法第153條第2款第2句的規定,"中央人民政府根據需要授權或協助香港特別行政區政府作出適當安排,使其他有關國際協議適用於香港特別行政區。"香港特區根據中央的一般性或具體性授權,有權自行締結多邊國際協議。但需要明確的是,香港特區的這一有限締約權限來源於中央的授權。

此外,基本法第151條規定:"香港特別行政區可在經濟、貿易、金融、航運、通訊、旅遊、文化、體育等領域以'中國香港'的名義,單獨地同世界各國、各地區及有關國際組織保持和發展關係,簽訂和履行有關協議。"該條中"有關協議"的表述包含了多邊協議和雙邊條約,並沒有把香港與世界各國、各地區及有關組織所簽訂的協議限定為雙邊條約。進一步而言,儘管香港特區有權根據基本法第151條的授權,單獨地同其他國家簽訂特定領域的條約,但這並沒有排除中央政府締結該特定領域的條約並決定適用於香港的權限。所以,香港特區在基本法第151條下的權限來源於中央的授權,且與中央政府的權力並存。

此外,關於條約保留問題,中國政府根據基本法第153條第1款決定將中國締結的條約適用於香港,一般是在締結條約當時或者之後聲明該條約適用於香港特區。如果中國政府對條約提出保留,在聲明中一般會注明該保留對香港一並適用。例如中國政府在加入《維也納條約法公約》時做出保留，並同時聲明該保留適用於香港特區。但在少數情況下，經徵詢香港特區政府的意見，會決定將專門針對內地具體情況作出的保留或者不涉及外交、國防和國家安全的重大利益性質的保留不適用於香港特區。例如，中國政府決定在香港特區適用《國際衛星組織特權和豁免議定書》時，聲明中國政府對該議定書第 4 條第 4 款作出的保留不適用於香港特區。

（二）回歸以後新適用於香港的雙邊國際條約

目前適用於香港的雙邊條約，可以分為（1）回歸前締結，回歸後繼續適用的雙邊條約；和（2）回歸後新適用於香港的雙邊條約。其中，回歸後新適用於香港的雙邊條約，在理論上也可以分為三類：（1）中央授權香港特區自行締結的雙邊條約；（2）中央締結並決定延伸適用於香港特區的雙邊條約；和（3）中央專門為香港締結並僅適用於香港特區的雙邊條約。

回歸前香港已經與不少國家、地區簽訂了民用航空運輸、促進和保護投資、移交逃犯、刑事司法互助、避免雙重徵稅等內容的雙邊協定。根據中英聯合聯絡小組的談判協商，香港在回歸前以自己的名義簽訂的一系列雙邊協定在回歸後繼續有效。而英國與外國簽訂的或代表香港簽訂並延伸適用於香港的雙邊協議，在香港回歸時均失去效力，不繼續適用。而香港回歸後，在雙邊協定的簽署上更加活躍，其根據中央授權自行締結的雙邊協定的數量和類別大幅增加，主要包括民用航空運輸協定、促進和保護投資協定 / 投資協定、刑事司法協助的協定、移交逃犯的協定、移交被判刑人的協定、避免雙重課稅的協定、稅務資料交換協定、緊密經貿合作協定、環保合作協定、勞務合作安排以及農業協定等十一類。[5]需要說明的是，雖然名為"雙邊協定"，但是不影響其作為雙邊條約的性質。[6]

此外，尚有與超過一百個國家和地區簽訂的互免簽證安排和協定，其中十項由香港特區政府簽訂。[7]香港特區已經與歐洲共同體簽訂海關合作及相互行政協助的協定，還與以色列簽訂關於資訊科技及通訊合作事宜的協定。而在香港設立國際機構的協定是由中國政府與國際機構作為締約方簽訂的，領事協定也是由中國政府與其他國家作為締約方簽訂的，並非香港特區政府以自身的名義簽訂的雙邊條約。因而該兩類協定不屬於所統計的回歸後香港自行締結的雙邊條約。

經過統計，截止到 2018 年 5 月 30 日，回歸後香港根據中央授權自行締結的雙邊協定共計 183 項，其中民用航空運輸協定有 51 個，數量最多。統計結果如下：

表 3.2.2　回歸後香港自行締結的雙邊條約統計

國家／地區	生效日期	國家／地區	生效日期	國家／地區	生效日期
民用航空運輸協定（51 個）					
加拿大	1988.6.24	汶萊	1989.1.9	日本	1997.6.18
印度尼西亞	1997.6.27	英國	1997.7.25	意大利	1998.1.19
巴基斯坦	1998.2.17	巴林	1998.3.3	阿聯酋	1998.4.29
馬爾代夫	1998.5.18	毛里求斯	1998.7.3	以色列	1998.9.8
尼泊爾	1998.10.29	奧地利	1998.12.1	阿曼	1999.3.26
吉爾吉斯	1999.7.15	越南	1999.9.10	白俄羅斯（現稱白羅斯）	1999.12.3

柬埔寨	2000.1.17	丹麥	2000.3.14	瑞典	2000.3.14
南非	2000.3.18	芬蘭	2000.4.1	蒙古	2000.5.24
挪威	2000.6.2	立陶宛	2000.7.7	孟加拉國	2000.10.24
土耳其	2001.4.20	匈牙利	2001.11.19	烏克蘭	2002.1.31
捷克	2002.4.26	克羅地亞	2003.1.30	盧森堡	2003.6.6
比利時	2003.7.1	肯尼亞	2004.5.21	約旦	2004.8.28
冰島	2004.10.29	沙特阿拉伯	2006.6.27	墨西哥	2008.5.1
馬爾代夫	2009.6.11	埃塞俄比亞	2009.7.14	老撾	2009.9.9
斐濟	2009.12.3	俄羅斯	2010.6.1	科威特	2013.3.1
塞舌爾	2013.6.24	卡塔爾	2013.12.16	巴布亞新幾內亞	2014.1.9
巴巴多斯	2015.6.18	馬爾他	2016.10.5	馬達加斯加	2017.7.27
促進和保護投資協定（10 個）					
韓國	1997.7.30	奧地利	1997.10.1	意大利	1998.2.2
德國	1998.2.19	英國	1999.4.12	盧森堡經濟聯盟	2001.6.18
泰國	2006.4.12	科威特	2013.9.14	芬蘭	2014.3.16
加拿大	2016.9.6				
刑事司法協助協定[8]（29 個）					
新西蘭	1999.3.2	法國	1999.9.29	澳大利亞	1999.11.6
美國	2000.1.21	韓國	2000.2.25	英國	2002.2.9
加拿大	2002.3.1	瑞士	2002.10.16	荷蘭	2003.12.1
菲律賓	2004.3.24	烏克蘭	2004.7.3	新加坡	2004.7.14
葡萄牙	2004.11.7	丹麥	2005.10.21	比利時	2006.12.1
以色列	2006.12.28	波蘭	2007.2.28	馬來西亞	2008.2.1
德國	2009.4.11	日本	2009.9.24	意大利	2010.8.14

愛爾蘭	2011.1.6	斯里蘭卡	2011.2.19	印度	2011.6.11
南非	2011.12.2	芬蘭	2012.2.19	印度尼西亞	2012.6.22
西班牙	2014.7.20	捷克共和國	2015.2.13		
移交逃犯協定（18 個）					
菲律賓	1997.6.20	荷蘭	1997.6.20 2016.5.21	印度	1997.11.14
美國	1998.1.21	英國	1998.3.19	新加坡	1998.6.11
新西蘭	1998.10.23	馬來西亞	2001.6.16 2007.11.1	印度尼西亞	2001.7.13
斯里蘭卡	2003.4.19	葡萄牙	2004.11.7	韓國	2007.2.11
澳大利亞	2008.5.7	愛爾蘭	2009.1.14	德國	2009.4.11
南非	2011.12.1	芬蘭	2013.8.15	捷克	2015.2.13
移交被判刑人士協定（15 個）					
英國	1998.3.19	美國	1999.4.17	斯里蘭卡	1999.5.12
泰國	2000.8.9	菲律賓	2002.6.15	意大利	2002.12.14
葡萄牙	2004.11.7	澳大利亞	2006.4.23	法國	2008.5.1
比利時	2009.4.15	西班牙	2013.7.5	韓國	2014.6.13
捷克	2014.11.28	印度	2015.6.1	蒙古	2016.8.19
避免雙重課稅協定（43 個）					
比利時	2004.10.7	新加坡	2004.12.30	挪威	2005.1.11
德國	2005.1.17	斯里蘭卡	2005.3.30	泰國	2005.12.7
丹麥	2005.12.16	芬蘭	2008.12.5	盧森堡	2009.1.20
越南	2009.8.12	文萊	2010.12.19	英國	2010.12.20
奧地利	2011.1.1	愛爾蘭	2011.2.10	匈牙利	2011.2.23
列支敦士登	2011.7.8	日本	2011.8.14	盧森堡（議定書）	2011.8.17

荷蘭	2011.10.24	新西蘭	2011.11.9	法國	2011.12.1
捷克	2012.1.24	印度尼西亞	2012.3.28	西班牙	2012.4.13
葡萄牙	2012.6.3	馬耳他	2012.7.18	瑞士	2012.10.15
馬來西亞	2012.12.28	墨西哥	2013.3.7	澤西島	2013.7.3
科威特	2013.7.24	加拿大	2013.10.29	根西島	2013.12.5
卡塔爾	2013.12.5	意大利	2015.8.10	南非	2015.10.20
阿聯酋	2015.12.10	俄羅斯	2016.7.29	韓國	2016.9.27
羅馬尼亞	2016.11.21	巴基斯坦	2017.11.24	拉脱維亞	2017.11.24
白俄羅斯（現稱白羅斯）	2017.11.30				

税務資料交換協定（7 個）

美國	2014.6.20	冰島	2015.12.4	丹麥	2015.12.4
法羅群島	2015.12.4	挪威	2015.12.4	瑞典	2016.1.16
格陵蘭	2016.2.17				

緊密經貿合作協定（3 個）

新西蘭	2011.1.1	歐洲自由貿易聯盟國家	2012.10.1	智利	2014.10.9

環保合作協定（1 個）

新西蘭	2011.1.1				

農業協定（3 個）

冰島	2012.10.1	瑞士	2012.10.1	挪威	2012.11.1

勞務合作安排（3 個）

新西蘭	2011.1.1	歐洲自由貿易聯盟國家	2012.10.1（冰島、列支敦士登及瑞士）2012.11.1（挪威）	智利	2014.10.9

表 3.2.3　回歸後香港自行締結的雙邊條約比重

	數量	百分比
民用航空運輸協定	51	27.87%
促進和保護投資協定	10	5.46%
刑事司法協助協定	29	15.85%
移交逃犯協定	18	9.84%
移交被判刑人士協定	15	8.20%
避免雙重課稅協定	43	23.50%
稅務資料交換協定	7	3.83%
緊密經貿合作協定	3	1.64%
環保合作協定	1	0.55%
農業協定	3	1.64%
勞務合作安排	3	1.64%
總計	183	100%

　　而對於中央政府締結的大量雙邊條約，由於實踐的困難及複雜性，其中哪些條約適用於香港特區，其數量和類別還不明確。除少數條約和協定外，大多數目前依然是模糊的和不確定的。中央政府簽訂的雙邊條約中已經明確延伸適用於香港特區的有 10 項，包括：

　　（1）《中華人民共和國與澳大利亞領事協定》（協定第 21 條明確規定適用於香港特區）；

　　（2）《中華人民共和國政府與加拿大政府領事協定》（協定第 15 條明確規定適用於香港特區）；

（3）《中華人民共和國政府和印度共和國政府就〈中華人民共和國和印度共和國領事條約〉適用港澳特區事宜的換文》（《中華人民共和國和印度共和國領事條約》在香港回歸前締結並生效，該換文明確《中華人民共和國和印度共和國領事條約》適用於香港特區）；

（4）《中華人民共和國和日本國領事協定》（協定第 13 條明確規定適用於香港特區）；

（5）《中華人民共和國和新西蘭領事協定》（協定第 22 條明確規定適用於香港特區）；

（6）《中華人民共和國和俄羅斯聯邦領事協定》（協定第 49 條明確規定適用於香港特區）；

（7）《中華人民共和國和越南社會主義共和國領事協定》（協定第 54 條明確規定適用於香港特區）；

（8）《中華人民共和國政府和尼日利亞聯邦共和國政府領事協定》（協定第 22 條明確規定適用於香港特區）；

（9）《中華人民共和國和柬埔寨領事協定》（協定第 49 條明確規定適用於香港特區）；

（10）中華人民共和國和菲律賓領事協定》（協定第 49 條明確規定適用於香港特區）。

　　可見，中央締結的雙邊條約中明確延伸適用於香港特區的主要是領事協定，而且多數是香港回歸後由中央締結並在協定條款中明確對香港特區予以領土適用。

表 3.2.4 香港特區的領事協定和協議列表

國家／地區	生效日期	國家／地區	生效日期	國家／地區	生效日期
意大利	1997.7.1	英國	1997.7.1	美國	1997.7.1
加拿大	1999.3.11	越南	2000.7.26	澳大利亞	2000.9.15
印度	2001.7.28	俄羅斯	2003.10.23	新西蘭	2006.4.23
日本	2010.2.16	柬埔寨	2011.1.12	菲律賓	2013.7.13
韓國	2015.4.12				

中央專門為香港締結並僅適用於香港的雙邊條約有 7 項，包括：

（1）《中華人民共和國政府與歐洲共同體委員會關於在中華人民共和國香港特別行政區保留辦事處藉換函而達成的協議》；

（2）《中華人民共和國政府和國際清算銀行關於國際清算銀行在中華人民共和國香港特別行政區設立代表處和代表處地位的東道國協議》；

（3）《中華人民共和國政府和國際貨幣基金組織關於國際貨幣基金組織駐華代表處在香港特別行政區設立分處的諒解備忘錄》；

（4）《中華人民共和國政府與國際復興開發銀行及國際金融公司關於在中華人民共和國香港特別行政區設立國際金融公司東亞及太平洋地區辦事處及世界銀行東亞及太平洋地區私營發展部辦事處的諒解備忘錄》；

（5）《中華人民共和國政府和意大利共和國政府關於意

大利共和國在中華人民共和國政府香港特別行政區保留總
領事館的換文》；

（6）《中華人民共和國政府和大不列顛及北愛爾蘭聯合
王國政府關於在香港特別行政區設立總領事館的換文》；

（7）《中華人民共和國政府和美利堅合眾國政府關於在
香港特別行政區保留美國總領事館的協定》。

可見，中央專門為香港締結並僅適用於香港的雙邊條約數
量也較少，主要是關於在香港特區設立國際機構、設立或者保
留總領事館的協定。

表 3.2.5　國際機構在香港設立辦事處或運作的協定和安排

協定和安排	生效日期
中華人民共和國政府與歐洲共同體委員會關於在中華人民共和國香港特別行政區保留辦事處藉換函而達成的協議	1997.7.1
中華人民共和國政府和國際清算銀行關於國際清算銀行在中華人民共和國香港特別行政區設立代表處和代表處地位的東道國協定	1998.5.11
中華人民共和國政府和國際貨幣基金組織關於國際貨幣基金組織駐華代表處在香港特別行政區設立分處的諒解備忘錄	2000.9.23
中華人民共和國政府與國際復興開發銀行及國際金融公司關於在中華人民共和國香港特別行政區設立國際金融公司東亞及太平洋地區辦事處及世界銀行東亞及太平洋地區私營發展部辦事處的諒解備忘錄	2000.9.28
海牙國際私法會議和中華人民共和國政府關於在中華人民共和國香港特別行政區設立海牙國際私法會議亞太區域辦事處的東道國協議	2012.12.13
關於海牙國際私法會議在中華人民共和國香港特別行政區設立亞太區域辦事處的行政安排備忘錄	2012.12.13

中華人民共和國政府和常設仲裁法院關於在中華人民共和國香港特別行政區開展爭端解決程序的東道國協議	2015.1.4
關於在中華人民共和國香港特別行政區開展爭端解決程序的行政安排備忘錄	2015.1.4

（三）香港回歸後參與國際條約的法律特徵分析

1. 國際條約對香港特區的領土適用問題

《維也納條約法公約》第 29 條規定，"除該條約顯示或另經確定有不同意思外，條約對每一當事國的拘束力及於其全部領土。"該規定所確定的規則是：一個條約究竟是否適用於各該當事國的全部領土的問題，是各該當事國可以依據意思自治原則協議決定的問題；但是，如果當事國沒有明示或默示的相反意思，應當認為條約適用於各該當事國的全部領土。[9] 這種默示的相反意思，可以從條約的前文或其他詞語、條約的區域性質、以及條約的準備資料等探索而得。[10] 由此可知，條約原則上適用於締約方全部領土，但作為例外，各締約方可通過明示或默示的意思表示決定不適用於其全部領土。根據這一國際法規則，中國簽訂的任一多邊或雙邊國際條約，如果沒有相反的意思表示，條約原則上應當適用於作為中國領土一部分的香港特區。在中國政府與其他國家簽訂的多邊或雙邊條約和協定中，既有外交、國防類條約，也有涉及經貿、金融、旅遊、航運、通訊、文化、科技、體育等領域各種性質的非外交、國防類條約。而目前的現狀是僅有 39 項中央締結並決定延伸適用於香港的多邊條約和 10 項領事協定等少數外交類雙邊條約已明確適用於香港特區，其他多邊和雙邊條約是否適用於香港特區還不確定。因而，關鍵的問題便在於中國對於這些其他多邊和雙邊條約是否存在不適用於香港特區的相反意思。

關於多邊條約是否適用於香港特區，前述中國常駐聯合國代表致聯合國秘書長的《照會》中第 4 條指出："未列入本照會上述附件的、中華人民共和國是當事方或將成為當事方的其他條約，如決定將適用於香港特別行政區，中華人民共和國政府將另行辦理有關手續。為避免疑問，對屬外交、國防類或根據條約的性質和規定必須適用於國家全部領土的條約，中華人民共和國政府無需辦理有關手續。"可見，對於這些尚未決定延伸適用於香港特區的多邊條約，中國的立場是暫不適用於香港特區，如需適用，中國政府將另行辦理有關手續。此外，基本法第 153 條第 1 款也規定，"中華人民共和國締結的國際協議，中央人民政府可根據香港特別行政區的情況和需要，在徵詢香港特別行政區政府的意見後，決定是否適用於香港特別行政區。"中國締結的協議，需要根據"情況和需要"，並"徵詢香港特區政府的意見"，從而"決定是否適用於香港特區"。中國締結的多邊條約，一般是在締約時明確聲明適用於香港特區，或者在條約對中國生效後經過徵詢香港特區政府的意見，"決定"聲明適用於香港特區。因而，中國政府對於條約適用香港特區的默示意思是：只有在締約時明確聲明或者嗣後單方聲明適用於香港特區的條約、協定，才對香港特區適用。可以說中國所締結的條約對香港特區的領土適用立場，符合《維也納條約法公約》第 29 條的條約領土適用規則，而且對於確定領土適用例外的"不同意思"在實踐上有所創新,並為國際社會所接受。

而關於雙邊條約適用於香港特區的問題,有學者認為,解決雙邊條約適用特別行政區問題對外是執行國際法的規定,向有關締約方明確條約的適用範圍,對內則是落實基本法規定的重要工作。[11] 中國締結的雙邊條約是否適用於香港特區,應按照多邊條約適用香港特區的原則:只有在條約、協議條款中明確適用於香港特區或者中國在締約時或嗣後聲明適用於香港特區,該條約、協定才對香港特區適用。當然,由於雙邊條約數量和種類繁多,哪些應當適用於香港特區應當按照基本法第153 條第 1 款的規定。對於外交、防務性質的條約或協定原則上應適用香港特區,而非外交防務類條約和協定,可根據"情況和需要",在徵詢特別行政區的意見後,決定是否適用特別行政區。

2. 香港特區自行締結條約權限的法律基礎

回歸後香港參與的國際條約包括三類:(1)中央授權香港特區自行締結的國際條約;(2)中央締結並決定延伸適用於香港特區的國際條約;(3)中央專門為香港締結並僅適用於香港特區的國際條約。後兩類條約的締約主體是中國政府,香港特區作為中國領土的一部分,是該條約的領土適用範圍,符合國際法上的領土適用規則。而第一類條約,其締約方是香港特區而並非中國政府。香港特區作為中國的領土組成單位具有一定的締約權限,是國際法上的創新實踐。香港特區所具有的締約權限是否具有國際法和國內法上的依據還需要具體考察。

（1）國際法基礎

《維也納條約法公約》將條約定義為，"國家間所締結的並受國際法支配的國際書面協定，不論其載於一項單獨文書或兩項以上相互有關的文書內，也不論其特定的名稱是什麼。"但該定義只是《維也納條約法公約》意義上的定義，該定義僅限於"國家間所締結"的條約，而沒有包括國際組織及其他非國家的國際法主體之間締結的條約。在一般國際法上，條約是兩個或兩個以上國際法主體依據國際法確定其相互間權利和義務的一致的意思表示。[12] 政府間國際組織、爭取民族解放運動的團體或組織、交戰團體或叛亂團體、羅馬教廷等非主權國家的其他國際法主體也有權締結條約。因而關鍵的問題在於，作為中國特別行政區的香港能否被認定為"其他國際法主體"。

如果否認香港特區的國際法主體地位，則難以解釋香港特區所具有的有限締約權。香港特區自行締結的協議據此難以認定為國際法上的條約，本文所統計的香港回歸後自行締結的 2 項多邊協議和 107 項雙邊協議將沒有國際法上條約的效力。一旦該協議被違反，則協議當事方難以依據條約法規則追究違約責任，因為該協議並非國際法上的條約。而如果肯定香港特區的國際法主體地位，又會因為香港的締約權不滿足國際法主體的條件而自相矛盾。在傳統國際法規則下，只有國家、政府間國際組織等才具有國際人格，即滿足三個條件：（1）獨立參與國際關係的能力；（2）直接承受國際法下權利和義務的能力；（3）獨立進行國際求償的能力。[13] 而根據中英聯合聲明以及基本法對香港特區對外事務權力的制度安排，與香港特區有關的外交事務由中央人民政府負責，但是香港特區有權依照基本法的規定或經中央人民政府授權自行處理有關經濟文化等的對外交往事務。[14] 香港特區參與國際關係、參與國際條約的權限是由中央授權而來，香港是 "一國兩制" 下的特別行政區，不具有傳統國際法主體的特徵。

可見，香港的這一有限締約權限對傳統國際法主體規則造成了衝擊。

（2）國內法基礎

香港特區所具有的締約權限的國內法基礎主要表現為基本法，基本法規定了其締約權限範圍和締約程序。

根據基本法第 96 條、第 116 條、第 133 條、第 134 條、第 150–155 條，香港特區被賦予了一定程度的締約權限。但是這一締約權限是不完全的締約權或受限制的締約權，該權限並非固有的，而是來源於中央的授權，而且所授予的締約權有範圍和程序上的限制。香港特區在經貿領域所具有的廣泛締約權限主要規定於基本法第 151 條，"香港特別行政區可在經濟、貿易、金融、航運、通訊、旅遊、文化、體育等領域以 '中國香港' 的名義，單獨地同世界各國、各地區及有關國際組織保持和發展關係，簽訂和履行有關協議。" 而其他條款則規定了刑事司法互助、民用航空運輸、互免簽證等具體授權的締約領域。

關於香港特區的締約程序，基本法第 96 條、第 133 條有 "在中央人民政府協助或授權下"、"經中央人民政府具體授權" 的措辭，因而香港特區與其他國家簽訂民用航空運輸協定、刑事司法互助協定，需要得到中央政府的明文具體授權。但是基本法第 151 條則是一般性地授權香港 "在經濟、貿易、金融、航運、通訊、旅遊、文化、體育等領域" 單獨地簽訂和履行有關協議，沒有提及在這些特定領域是否還需要經過中央政府的明文具體授權。

實踐中，香港特區與其他國家簽訂民用航空運輸協定、促進及保護投資協定、刑事司法互助協定、移交逃犯協定、移交被判刑人士協定、避免雙重徵稅協定等都需要由中國外交部簽發授權書，才能最終簽署。[15] 從香港特區與其他國家簽訂的一些雙邊協定的文本中也可以得到佐證。[16]

因而，香港所具有的有限締約權來自於中國中央政府的授權，這不僅體現在基本法的明文規定上，而且體現在香港特區的實際締約程序中。

三、香港回歸前後參與國際條約情況的比較

鴉片戰爭之後，香港曾被英國殖民統治長達一個半世紀之久。在英國殖民統治期間，香港具有一定的事實上自治權。隨著香港自治權的逐漸擴大，香港參與國際條約的數量和類別也不斷增加。香港回歸前，從條約適用於香港的方式來看，包括以下幾種情況。[17]

第一，由英國締結並通過"特別領土適用條款"延伸適用於香港的多邊條約。香港回歸前，適用於香港的國際條約達三百餘項，涉及政治、外交、經貿、金融、航運、民航、海關、科技、文化、人權等多個領域。其中絕大多數是由英國以主權國家身份參加，通過附加特別領土適用條款擴展適用於香港的。

第二，由英國締結並延伸適用於香港的雙邊條約。香港過渡期開始時，適用於香港的以英國為締約一方的雙邊條約有 14

類 220 多項，涉及民航、航運領事、文化、關稅、經濟合作、引渡、投資保護、司法協助與相互承認、執行司法判決、技術援助、通訊、貿易和互免簽證等事務。

第三，由英國專為香港締結並僅適用於香港的條約。比如 1973 年的《國際紡織品貿易協定》。

第四，香港經英國授權以自己名義自行參加的國際條約。這些公約是由香港獲得英國政府授權並取得相關締約方同意，以自身名義對外締結的，例如《關稅與貿易總協定》、《建立世界貿易組織協議》等。在雙邊條約方面，在 20 世紀 80 年代中後期，香港與澳大利亞等 29 國簽訂了民用航空運輸協定；與加拿大等五國就交換郵遞包裹，與巴林等 21 國就互遞特快專遞郵件簽訂了雙邊協定；與澳大利亞等 12 國簽訂了兌換匯票雙邊協定。[18] 根據香港律政司公佈的雙邊協定列表，香港在回歸前自行締結生效並於回歸之日起繼續適用的雙邊條約共有四十項，內容涉及民用航空運輸、促進和保護投資、移交逃犯、刑事司法互助、避免雙重徵稅等領域。[19]

香港回歸後，中國恢復對香港行使主權，並根據《中華人民共和國憲法》第 31 條的規定，設立香港特別行政區，實行"一國兩制"方針。按照基本法的規定，全國人民代表大會授權特區香港實行高度自治，享有行政管理權、立法權、獨立的司法權和終審權。這種高度自治權在對外事務方面的體現是香港特區享有一定的對外締約權。香港回歸後，中國政府締結並決定延伸適用於香港特區的多邊條約有 39 項，雙邊條約有 10 項；中國政府專為香港締結且僅適用於香港特區的多邊條約有 1 項，雙邊條約有 7 項；香港特區政府以"中國香港"的名義自行締結的多邊條約有 2 項，雙邊條約有 107 項。而且，香港特區自行締結的雙邊條約數量和類別還在大幅增加。此外，根據中英聯合聲明的制度安排和中國常駐聯合國代表致聯合國秘書長的《照會》聲明，214 項回歸前已生效的條約自回歸之日起繼續使用或開始適用於香港，其中有 127 項為回歸之日前中國已參加的條約，87 項為回歸日前中國未參加的條約。

　　香港從受英國殖民統治到成為中國的特別行政區，其地位和憲制基礎發生了變化，而且所享有的對外締約權範圍也有所擴大。在英國殖民統治時期，香港與英國之間是殖民地和宗主國之間的權力關係，而宗主國與殖民地的關係類似於母公司與子公司，香港在條約適用上相對獨立於英國本土。根據一般國際法規則，主權國家具有締約能力，是條約的主要締約主體。而政府間國際組織、爭取民族解放運動的團體或組織、交戰團體或叛亂團體、羅馬教廷等非主權國家的國際法主體也有權締結條約。"即使是殖民地也有或多或少的締約權，而其締約權的多少，一方面取決於殖民保護國的政策，另一方面取決於其他意欲與之締約的國家。" [20] 在英國殖民統治後期，由於英國對香港參與國際條約逐漸採取寬鬆默許的政策，香港實際上與越來越多的國家締結經貿等領域的相關國際條約，而且香港也開始以自身名義自行加入世界衛生組織等國際組織，香港的對外締約權逐漸為國際社會所接受。"國際社會傾向於承認香港具有獨特的國際法律地位，承認它在國際法律關係中事實上具有的行為能力和權利能力，從而使香港的國際地位遠遠超出一般英國屬土，而享有某種類似第一次世界大戰前英國自治領的地位。" [21]

香港回歸，改變了其被殖民統治的地位，香港的憲制基礎
和對外締約權範圍均有所變化。根據"一國兩制"的方針和基
本法，香港的法制保持不變，但是香港的憲制則發生了"革命
性"的變化。"一國兩制"的核心就是在實現"一國"的前提下，
維持"兩制"各自的現狀不變，寓"變"於"不變"中。[22] 回歸
前，香港的權力來源是英國的法統，其法律表現形式是《英皇
制誥》和《皇室訓令》，回歸後香港的權力來源是中國憲法，其
法律表現形式是中國最高權力機關全國人大為香港制定的基本
法。相應地，在回歸前香港的對外締約權限來自於殖民統治國
家英國的明示授權或默示許可，沒有明確的法律授權，而回歸
後香港的對外締約權來源於基本法的授權。

而且，香港回歸後所具有的對外締約權範圍和程度比回歸
前更為明確、更為廣泛、更為全面，香港已從英國殖民統治期
"不確定的、不完全的、臨時授權按性質的、事實上的"對外締
約權發展為回歸後"明確的、較完整的、法律意義上的"[23] 對外
締約權。當然，香港特區的對外締約權由於是中央通過法律授
予的，相對於主權權力而言具有派生性、有限性、相對性。與
香港特區有關的外交事務和香港特區的防務具有主權性質，仍
然由中央人民政府負責管理，香港特區對外交往的有限自治權
僅限於經貿、文化等非外交防務領域。

四、香港特區參與國際條約的地位與角色

本文前兩部分整理分析了適用於香港的國際條約的不同情
形，其中回歸前生效並於回歸之日起繼續適用或開始適用的多

邊國際條約有 214 項，回歸後新締結或新適用的多邊國際條約
有 42 項，回歸前生效並於回歸之日起繼續適用的雙邊國際條約
有 45 項，回歸後香港自行締結的雙邊國際條約有 107 項。這足
以說明適用於香港的國際條約數量之多、範圍之廣，而且從統
計數據中可以看出香港自行締結的雙邊、多邊國際條約數量在
回歸後有明顯的增加，而且還保持著繼續增長的趨勢。

　　但是香港特區作為中國領土的一部分，適港條約的數量和
範圍本身並不能為香港的締約權限與角色提供法律依據。考察
香港特區的締約權限與角色，不僅要考察香港在回歸後適用國
際條約的情況，還要系統地考察基本法與聯合聲明的相關規定
以及中英兩國政府的相關主張和聲明，並考察國際法規範關於
條約主體的要件。

（一）適港條約所產生的國際權利和義務是否由香港特區承擔？

　　香港特區根據中央的授權具有有限的締約權，但是這種有
限締約並沒有賦予香港特區獨自承擔條約權利義務的能力。進
一步而言，這種有限締約權是如何賦予了香港特區某種程度的
國際法人格也是需要予以明確的。

　　本文將適港條約分為兩類，分別為：（1）回歸前已生
效，自回歸之日起繼續適用或者開始適用於香港的國際條約；
（2）回歸後由中央政府或者香港特區政府締結並適用於香港的
國際條約。

　　對於前者，中國政府除了在 1997 年 6 月 20 日向聯合國秘
書長提交了一份全面闡述中國政府主張和聲明的《照會》外，

並沒有單獨與各條約的當事方逐項談判。中國政府就公約繼續適用於香港多所採取的法律行動是"由中國政府就每一公約逐項照會各公約保存機關"[24]。對於中國在 1997 年 7 月 1 日前未參加的公約，中國政府給公約保存機關的照會的內容格式主要如下：

根據一九八四年十二月十九日簽署的《中華人民共和國政府和大不列顛及北愛爾蘭聯合王國政府關於香港問題的聯合聲明》（以下簡稱《聯合聲明》），中華人民共和國政府將於一九九七年七月一日起對香港恢復行使主權。自該日起，香港將成為中華人民共和國的一個特別行政區，除外交和國防事務屬中華人民共和國中央人民政府管理外，享有高度自治權。

《聯合聲明》附件一《中華人民共和國政府對香港的基本政策的具體說明》第十一節和中華人民共和國全國人民代表大會於一九九零年四月四日通過的《中華人民共和國香港特別行政區基本法》第一百五十三條均規定，中華人民共和國尚未參加但已適用於香港的國際協議仍可繼續適用。

目前適用於香港的 ×× 年 × 月 × 日 × 公約（及 × 議定書或修訂）（以下簡稱"公約"），自一九九七年七月一日起，繼續適用於香港特別行政區。（同時，中華人民共和國政府作如下聲明／保留：××××。）

在上述範圍內，該公約當事方的國際權利和義務將由中華人民共和國政府承擔。[25]

而對於中國在 1997 年 7 月 1 日前已參加的公約，中國政府
給公約保存機關的照會的內容格式與前述照會的第一段相同，
其他段落的措辭及格式為：

中華人民共和國於 ×× 年 × 月 × 日批准／加入的
× 公約（及 × 議定書或修訂）（以下簡稱"公約"），自
一九九七年七月一日適用於香港特別行政區。（同時，中華
人民共和國政府作如下聲明／保留：——。）

因該公約適用於香港特別行政區所產生國際權利和義
務將由中華人民共和國政府承擔。[26]

從以上中國政府致各條約保存機關的照會內容來看，中國
政府對於回歸後繼續適用於香港的條約（包括 1997 年 7 月 1 日
前中國未參加和已參加的條約），均主張由中國政府承擔條約
的國際權利和義務。而英國政府則在 1997 年 6 月 20 日致聯合
國秘書長的照會中明確聲明，"自 1997 年 7 月 1 日起，英國政
府終止承擔因有關國際公約適用於香港所產生的國際權利與義
務。"可見，根據中英聯合聲明的制度安排，對於香港回歸後
繼續適用於香港的條約所產生的權利義務，由中國政府承擔，
不論中國政府是否同時為該條約的締約方。而且值得注意的
是，對於這些特定條約所產生的權利義務，香港並非直接的承
擔主體。由此導致了一種特殊現象，即某條約根據中英聯合聲
明的制度安排繼續適用於中國香港但不適用於中國內地，該條
約所產生的權利義務則由中國政府承擔，中國香港作為條約的
當事方卻不是條約權利義務的承擔主體。對於這一制度安排，

沿於中國香港的締約權由中央授權而來，而相關條約的締約國也對此沒有提出任何異議。因此可以說，一種新穎而獨特的國際法責任秩序及理論正通過"一國兩制"的具體實踐靜靜地形成。

對於回歸以後由中國政府締結並決定延伸適用於香港的條約，其國際權利義務的承擔者無疑是中國政府。存有疑問的是，香港自行締結的雙邊或多邊條約，其國際權利義務的承擔者是否也是中國政府？對此，西方學者一般承認香港的國際人格，從而認為香港可以直接承擔條約下的權利和義務，並對不履行該條約承擔國際責任；[27] 而中國學者一般認為適用於香港特區的國際條約，其國際權利義務以及相應的國際責任均應由中國政府承擔。[28] 在聯合聲明、基本法和相關的主張和聲明中我們找不到明確的答案，而且實踐中也未出現不履行適用於香港的條約義務從而承擔國際責任的情形。有香港律政司的官員表示，適用於香港的所有條約，其國際權利義務以及相應的國際責任均應由中央政府承擔。[29] 其實，對該問題的爭論更多的是停留在概念和理論上，因為實踐中還未出現適港條約未被履行的情形。這兩種觀點存在一個基本共識，即香港特區根據聯合聲明、基本法的規定具有一定程度的締約權限，香港特區根據中央的授權可自行處理有關的對外事務。其分歧點在於香港特區所具有的這種有限締約權是否賦予了香港特區獨自承擔條約權利義務的能力，甚至是某種程度上的國際法人格。

基本法第 151 條規定香港特區有權"在經濟、貿易、金融、航運、通訊、旅遊、文化、體育等領域"，"單獨地同世界各國、各地區及有關國際組織保持和發展關係，簽訂和履行有關協議。"該條的表述是"簽訂"和"履行",前者指的是香港特區在特定領域的有限締約權,後者則指的是對所簽訂的條約的"履行",這裏的"履行"當然包括對條約義務的履行。而且,從語義結構來看,"單獨地"作為副詞同時修飾後面的四個動詞,即"保持和發展"、"簽訂"和"履行"。可見香港特區"在經濟、貿易、金融、航運、通訊、旅遊、文化、體育等領域",不僅可以"單獨地"、"簽訂"有關協議,更要"單獨地"、"履行"有關協議。因而,僅從文義解釋的角度來看,香港特區對於其在經濟、貿易、金融、航運、通訊、旅遊、文化、體育等領域所締結的有關協議應當因基本法的制度安排而獲中央授權,具有單獨簽約和履約的能力。

根據一般國際法原則,條約僅對締約方具有拘束力,條約非經第三國的同意,不得對第三國創設條約義務。條約的當事方是承擔條約義務、享有條約權利的當然主體。這一原則在《維也納條約法公約》第 34 條中被予以確認。從這一條約法基本原則來看,香港作為條約的當事方,應當具有承擔條約所產生的權利和義務的能力。香港對於其自行締結的國際條約,有義務而且應當有能力履行條約義務。而中英聯合聲明以及基本法之所以對香港在回歸前已經適用但中國尚未參加的國際條約作出特殊安排,是因為香港作為一個主權國家的部分領土,單獨繼續適用條約在國際法上尚屬首創,各國對於香港能否履行條約義務還沒有信心,因而由中國政府作為最終的責任承擔者,能夠得到其他締約國的支持和默許。而且這些在回歸前適用於香港的多邊條約,絕大多數是由英國政府延伸適用於香港,而並非香港自行締結的多邊條約,香港在回歸前並非作為獨立的締約主體而適用多邊條約。因而，在回歸後由中國政府代替英國政府作為這些多邊條約的責任承擔者是最為適當的安排。

（二）香港特區的地位和角色

從以上分析可以得出這樣的結論：香港特區根據中英聯合聲明的安排和基本法的授權具有一定的締約權限，在回歸以後香港特區積極地去行使被授予的對外締約權。而且，香港特區作為其所締結條約的當事方，應當具有承擔條約所產生的權利和義務的能力。本文前兩部分所統計的適港條約中，有不少條約是香港自行簽訂或加入的，多邊條約包括香港回歸前自行締結的《國際衛生條例》、《建立海關合作理事會公約》以及香港回歸後自行締結的《在可塑性炸藥上作標記以供偵察的公約》、《就世界貿易組織法則提供意見的諮詢中心》，而對於雙邊條約的簽訂、締結，香港則表現出了極大的積極性，回歸前香港自行締結的雙邊條約僅有 40 項，而回歸後香港自行締結的雙邊條約有 107 項，涉及民用航空運輸、促進和保護投資、刑事司法互助、移交逃犯、移交被判刑人士、避免雙重徵稅、互免簽證、海關合作、資訊科技及通訊合作等多方面。

那麼，香港特區根據中央授權參與國際條約是否賦予了其締約主體的地位？換言之，香港特區可否被認定為非主權國家的國際法主體？根據前文論述，香港特區所具有的有限締約權限對傳統國際法主體理論造成了衝擊。為了將香港特區這一例外納入到傳統國際法主體理論，可以有兩個解釋路徑：

第一，否認香港特區的國際人格，香港特區自行簽訂的條約是經過中國中央政府的授權，以中國政府的"代理人"地位同外國締結條約，如果香港違約，其最終的責任應由中國政府承擔。根據這一解釋路徑，香港特區與其他國家、地區或國際組織在簽訂協議時，雖然使用的是"中國香港"的名義，但實質卻是中國政府的"代理人"或"代表"。進言之，香港特區根據授權簽訂的協議約束的不是自身，卻是中國政府，即該協議實際上是作為國際法主體的中國政府與作為國際法主體的其他國家、地區或國際組織之間確定其相互間權利和義務的一致的意思表示，而且該權利義務僅適用於香港特區這一領土組成部分。按照這一邏輯，香港特區所具有的有限締約權存在被虛化的可能，因為所締結的協議的效力是以中國政府的國際法人格作為基礎和前提，香港特區的這種締約權則有名實不符之嫌。而且，該解釋也無法說明中國與中國香港對同為締約方的條約適用的問題。

第二，承認香港的國際法主體地位，香港具有國際法意義上的締結條約和履行條約的能力，香港根據授權自行締結的協議所產生的權利義務均由香港特區承擔。但該解釋路徑需要解決的問題是香港的國際法主體地位是否具有國際法上的依據。香港特區所具有的特定對外締約權限的國內法依據是基本法，而國際法依據則是中英聯合聲明。但聯合聲明只是中英兩國之間的條約，對其他國家沒有約束力，其他國家對於香港特區的締約權可以接受，也可以否認。

而且該解釋路徑還必須說明為何香港在回歸前已經適用但中國尚未參加的國際條約所產生的權利義務由中國政府承擔，而不是由香港特區政府承擔。對於這一問題，前文已予以闡述。香港特區繼續適用回歸前已經適用但中國尚未參加的國際條約，這是中英兩國對香港回歸後過渡時期的特殊安排，是對涉及到主權的歷史遺留問題的解決。這些國際條約是英國政府締結並延伸適用於香港的，而且回歸後繼續適用於香港對香港和其他締約方而言都是最為妥善的安排。因而，對這些條約所產生的權利義務的特殊安排並不影響聯合聲明以及基本法對香港特區有限締約權的規定。

比較而言，第二種解釋路徑更為可取。香港特區的有限締約權有明確的國內法依據和國際法依據，而且其有限締約權也得到了國際社會的普遍認可，承認香港的國際法主體地位將促進香港特區政府依據授權更好地參與國際經貿往來，簽訂和履行相關協議，並保障協議的條約效力。而在承認香港締約權限的同時又否認香港的國際法主體地位，將導致香港以自身名義締結的協議不能被認定為國際法上的條約，因為根據一般國際法，條約是國際法主體之間的協議。在這種情況下，第一種解釋路徑把香港以自身名義締結的協議解釋成為香港特區 "代表" 中國政府締結的協議，從而認定作為主權國家的中國為締約方。這種解釋方法很明顯是不可取的。

所以，鑒於香港特區特有的有限締約權，以及多數國家、地區或國際組織與香港特區簽訂的大量協議，有必要把香港特區認定為國際法主體，如此香港所簽訂協議的效力才能得到國際法的保障。當然，香港特區的這種國際法主體地位，應當定位為派生的、有限的、不具有主權性質的國際法主體，因為香港特區的對外締約權是由中央授權而來，是有限的。這種限制不僅體現在基本法的規定上，也體現在中英聯合聲明的規定上。作為 "一國" 主權的必然要求，中央政府負責香港的國防和外交事務，屬外交、國防類或根據條約的性質和規定必須適用於國家全部領土的條約均由中央政府負責。

　　不論香港的這一特定締約權限是否為國際法理論所接受，這並不影響香港特區政府與越來越多的國家、地區或者有關國際組織締結經濟、貿易、金融、航運、通訊、旅遊、文化、體育等領域的雙邊或者多邊協議。而且，凡是願意同香港特區政府締結相關協議的國家、地區或者國際組織，首先都是基於對香港締約權限的承認。而且，香港特區還同中國內地之間簽訂了相關安排，其中最有影響力的是《關於建立更緊密經貿關係的安排》（CEPA）。CEPA 是否也是國際法下的條約有著很大的爭議。但不可否認的是，中國香港作為 WTO 的非國家成員，其與中國內地之間適用 WTO 規則，因而 CEPA 屬 1994 年《關稅與貿易總協定》第 24 條下的關稅同盟或自由貿易區協定。而且，中國中央政府之所以與香港特區政府通過對等簽訂 CEPA 的形式來促進相互間的經貿關係，正是基於對香港特區特定締約權的認可。

　　可以預見，香港特區的有限締約權將為"一國兩制"的實踐帶來更廣泛的生機和活力，並將促進國際法條約主體規則的實踐創新和發展。特別行政區參與國際條約的經驗，顯示了一種正在形成中的新國際法規則。

*　本文為李浩然、徐樹合著。收入本書時，已得到其他作者授權。

1.　本文條約信息來源包括中華人民共和國官方網站、香港律政司官方網站、聯合國官方網站、北大法寶網以及中華人民共和國外交部條法司收編的《中華人民共和國條約集》等，由於統計數據來源有限，統計結果可能並不完全準確。此外還有香港大學比較法與公法網站的"香港條約數據庫"（Hong Kong Treaty Project, Centre for Comparative and Public Law, Faculty of Law, The University of Hong Kong），http://www.hku.hk/ccpl/on25/12/2010（最後訪問日期：2016 年 12 月 22 日）。

2.　此外，還有很多中央締結但卻不適用於香港特區的國際條約，由於數量繁多，在此不予以詳細統計。中央締結的多邊條約的數量和類別可參見《中華人民共和國條約集》。

3.　適港條約數據主要來源於香港特區政府律政司公佈的"適用於香港特別行政區的公約列表（截至 2016 年 11 月 4 日）"（以下簡稱律政司列表），詳見香港特區政府官方網站，http://www.doj.gov.hk/chi/laws/interlaw.html#Sign（最後訪問日期：2016 年 12 月 22 日）。

4.　統計方法的具體介紹請參見劉洋：〈回歸以後條約在香港的適用——從兩種適用的關係看基本法〉，載一國兩制研究中心編：《香港回歸十周年——"基本法回顧與前瞻研討會"論文集》，香港：一國兩制研究中心 2008 年版，第 314 頁。

5.　條約數據來源於香港律政司公佈的雙邊協定列表，詳見香港特區政府官方網站，http://www.doj.gov.hk/chi/laws/treaties.html#mf（最後訪問日期：2016 年 12 月 22 日）。

6.　參見許昌：《澳門過渡期重要法律問題研究》，北京：北京大學出版社 1999 年版，第 232 頁。

7.　參見香港特區政府官方網站，http://www.doj.gov.hk/chi/laws/treaties.html#mf（最後訪問日期：2016 年 12 月 22 日）。

8.　本文均採用條約的生效時間作為判定條約是否為回歸後締結的標準。

9.　李浩培：《條約法概論》，北京：法律出版社 2003 年版，第 308 頁。

10.　同上，第 309 頁。

11.　王西安：《國際條約在中國特別行政區的適用》，廣州：廣東人民出版社 2006 年版，第 157 頁。

12.　王鐵崖：《國際法》，北京：法律出版社 1995 年版，第 293 頁。

13. 同上，第 64 頁。

14. 王振民：《中央與特別行政區關係：一種法治結構的解析》，北京：清華大學出版社 2002 年版，第 192 頁。

15. 取自筆者於 2010 年 2 月 9 日在香港與香港律政司國際法律科政府高級律師李秀江女士的談話。

16. 例如，《中華人民共和國香港特別行政區政府與大不列顛及北愛爾蘭聯合王國政府關於促進和保護投資協定》的前言中是這樣表述的："經中華人民共和國中央人民政府正式授權簽訂本協定的中華人民共和國香港特別行政區政府和大不列顛及北愛爾蘭聯合王國政府。"

17. 參見牛文軍：〈香港國際法律地位的嬗變〉，載《基本法回顧與前瞻研討會論文集》，香港：一國兩制研究中心，2007 年 5 月 30–31 日，第 289 頁。

18. 簡家聰：〈香港對外關係簡介〉，載港人協會編：《香港法律 18 講》，香港：商務印書館（香港）有限公司 1987 年版，第 448–449 頁。

19. 詳見香港特區政府官方網站，http://www.legislation.gov.hk/cchoice.htm#bf（最後訪問日期：2010 年 12 月 25 日）。

20. 李浩培：《條約法概論》，第 7 頁。

21. 饒戈平：〈香港特別行政與與國際法有關的幾個問題〉，載蕭蔚雲主編：《一國兩制與香港基本法律制度》，北京：北京大學出版社 1990 年版，第 394 頁以下。

22. 王振民：〈回歸後香港法制的"不變"與憲制的"變"——原有法制與新憲制的銜接〉，載《基本法回顧與前瞻研討會論文集》，香港：一國兩制研究中心，2007 年 5 月 30–31 日，第 14–26 頁。

23. 牛文軍：〈香港國際法律地位的嬗變〉，第 296 頁。

24. 徐宏：〈關於國際公約適用於香港特區的有關情況〉，《中國國際法年刊》1997 年版，第 353–357 頁。許昌：《澳門過渡期重要法律問題研究》，第 277 頁。

25. 王西安：《國際條約在中國特別行政區的適用》，第 219 頁。許昌：〈中國尚未參加的條約在港澳特別行政區繼續適用的問題〉，《中國國際法年刊》1999 年版，第 208–224 頁。

26. 許昌：《澳門過渡期重要法律問題研究》，第 278 頁。

27. Roda Mushka, *One Country, Two International Legal Personalities: The Case of Hong Kong* (Hong Kong: Hong Kong University Press, 1997).

28. 王西安：《國際條約在中國特別行政區的適用》，第 79 頁。

29. 取自筆者於 2010 年 2 月 8 日在香港與香港律政司國際法律科法律專員陸少冰女士的談話。

憲法與基本法研究叢書

主編　　　　王振民

———————————————————————————————

責任編輯　　蘇健偉
書籍設計　　任媛媛

———————————————————————————————

書名　　　　"一國兩制"下的香港法治和管治研究
著者　　　　李浩然
出版　　　　三聯書店（香港）有限公司
　　　　　　香港北角英皇道 499 號北角工業大廈 20 樓
　　　　　　Joint Publishing (H. K.) Co., Ltd.
　　　　　　20/F., North Point Industrial Building,
　　　　　　499 King's Road, North Point, Hong Kong
發行　　　　香港聯合書刊物流有限公司
　　　　　　香港新界大埔汀麗路 36 號 3 字樓
印刷　　　　美雅印刷製本有限公司
　　　　　　香港九龍觀塘榮業街 6 號 4 樓 A 室
版次　　　　2019 年 11 月香港第一版第一次印刷
規格　　　　16 開（170mm×245mm）328 面
國際書號　　ISBN 978-962-04-4508-8
　　　　　　© 2019 Joint Publishing (Hong Kong) Co., Ltd.
　　　　　　Published & Printed in Hong Kong